세상을 변화시키는 52주 구역공과

하나님께 영광 돌리는 구역

편찬위원회 지음

아가페문화사

하나님께 영광 돌리는 구역

구역부흥은 교회부흥

구역

이름

주소

교회 전화

하나님께 영광 돌리는 구역
성장하는 교회

교육 이념

1. 하나님의 영광을 높이는 구역
2. 하나님의 교회를 섬기는 구역
3. 하나님의 사랑을 실천하는 구역
4. 행복한 가정을 이룩하는 구역
5. 변화하는 시대를 선도하는 구역

구역공과 일러두기

교회 부흥은 교파를 초월한 예수 그리스도의 명령이며, 사도들의 소원이었습니다. 초대 예루살렘 교회는 광풍에 꽃가루가 날아가서 머무는 곳마다 꽃에서 씨앗을 맺듯이, 성령의 역사로 복음의 씨앗이 뿌리를 내려 꽃을 피우고, 부흥하게 되었습니다. 오늘날 속회 · 구역운영은 교회부흥의 모판입니다. 그 요건은 바로 그룹 및 셀 구역 예배를 통하여 '하나님께 영광 돌리는 구역' 에서 시작됩니다.

이 공과는 초교파 복음공과이며, 교회부흥을 염원한 일선 목회자가 목회현장에서 성도들을 양육하기 위해 만들어진 중 · 소 · 대 어느 교회나 쉽게 적용할 수 있는 '최강의 구역공과' 입니다. 교회부흥의 텃밭을 일구도록 어언 20년 째 달려온 성경공부 교재의 선두주자입니다. 이제 '거룩한 열정으로 형통하는 구역' 에 이어 '하나님께 영광 돌리는 구역' 을 출간함으로 이를 통하여 거룩한 씨앗에 생명이 움트고 자라 교회 부흥성장으로 이끌어 줄 것입니다. 구역성장과 교회부흥의 원천적인 동력은 교회를 태동케 하신 '말씀과 성령' 이시기 때문에, 북한에도 복음의 문을 여실 것입니다. 희망의 끈을 놓지 마시기 바랍니다. 이 공과가 통일의 그날에도 빛을 발할 것입니다.

교회 부흥은 '일꾼을 잘 세워 잘 키우고, 훈련해 파송하면' 됩니다. 편찬위원회(총신대학교 신학대학원 졸업, 목회 및 교육 전문가로 조직, 집필)는 그간 절찬리에 다루었던 '말씀의 생활화 구현' 을 위한 12년 커리큘럼 2차 계획 중 성경통독을 하도록, 주간 경건의 시간(Q. T) 본문을 설정하여, 연중 구역공과를 편찬했습니다. 그 보배로운 결과물의 주제는 다음과 같습니다.

[1]「부흥」· [2]「생동」· [3]「전진」· [4]「결실」· [5]「일꾼을 키움」· [6]「파송」· [7]「건강」· [8]「화목」· [9]「치유」· [10]「칭송」· [11]「생명을 살림」· [12]「주님과 동행」· [13]「성령 충만」· [14]「섬김과 전도로 부흥」· [15]「사랑으로 위로」· [16]「주님으로 새 힘 얻음」· [17]「하나님의 은총이 임함」· [18]「하나님의 은혜를 사모」· [19]「거룩한 열정으로 형통」에 이어, 20주년 기념작 [20]「하나님께 영광 돌리는 구역」이 출간 되었습니다.

이 공과를 사용해 본 그룹과 교회마다, '내적 성장' 의 부흥을 이루었기에, 절찬리에 다시 찾고 있습니다. 이제 온 맘 다해 '하나님께 영광 돌리는 해' 가 되었습니다. 성장과 부흥을 위해 거룩한 열정이 식어지지 않게 하시고, 농사짓듯 사랑과 헌신의 돌봄으로 생명을 살리는 사명을 훌륭하게 감당하시기 바랍니다.

영적 풍년 농사는, 첫째, 좋은 씨앗(복음 福音). 둘째, 좋은 땅(마음 誠心). 셋째, 선한 보살핌(양육 養育)이 필수적입니다.

보배로운 목회자님들께서 교회부흥의 텃밭을 소중히 여기셔서, 좋은 교재를 선택하여 말씀과 성령으로, 그룹과 셀 모임 · 속회 및 구역 모임에서 셀 리더 · 구역 및 · 속회장들을 잘 훈련시키셔서, 각 모임이나 구역 · 속회가 활성화되게 하시고, 거룩한 열정으로 전도하고, 구역 · 속회원들을 교육 · 훈련 · 양육시켜 파송한다면, 교회는 물론 영적 공동체가 부흥되어 하나님께 영광을 돌릴 수 있을 것입니다.

다음은 '내가 곧 교회부흥의 주역이다' 라는 책임감을 갖게 하는 행동지침입니다.

첫째, 하나님의 말씀을 날마다 겸손히 듣고(행 10:33),
둘째, 말씀을 매일 양식처럼 먹으며(신 17:19),
셋째, 말씀을 체계적으로 공부하십시오(행 17:11; 딤후 2:15).
넷째, 요절 성구를 소리 내어 암송하십시오(시 119:11).
다섯째, 성경 본문을 여러 번 읽고 깊이 묵상하십시오(수 1:8).

본 교재는 평신도 지도자가 목회하는 심정으로 일 년 열두 달 매월 신앙성장목표를 설정하여, "한 주간의 묵상 자료"(Q.T. 가정 예배 자료)와 교회절기, 가정예식 공과를 통해 교회절기 문화와 기독교 상조문화를 배우고 선도해 가도록 시도한 최초의 구역공과입니다. 이 공과는 신년 · 고난절 · 부활절 · 감사절 · 성탄절 1, 2 · 임종 · 입관 · 장례식 · 하관(안장) · 추모 예배 1, 2 · 중추절 예배 등, 교회절기 자료와 가정의례 예배 자료를 총망라했습니다. 또한 각 구역과 가정에서 아주 쉽고 간편하게 예배드릴 수 있도록 전교인이 한 권씩 비치해서, 예배를 생활화 하도록 했습니다. 감히 확신하건데, "이 구역공는 말씀 준비에 자신을 갖게 할 것입니다." 이 교재를 통하여 말씀의 생활화로 '성경을 배워, 예수님의 좋은 일꾼'으로 성장시키시기를 간절히 기도 드립니다.

2018년 10월

그룹 및 셀 구역공과 편찬위원회 집필책임 신소섭 목사

구역공과 교재 사용법

– 찬송 · 묵도 · 신앙고백(사도신경) · 찬송 · 나눔 기도 –

1. **먼저 '성경' 본문을 찾아 함께 읽으십시오.**
2. **'요절'을 3회 큰 소리로 함께 읽고 암기하세요.**
3. **'교재의 목표'를 읽고 마음에 새기십시오.**
4. **'시작하는 말'은 인도자나 지도자가 읽음으로 함께 이해하십시오.**
5. **'오늘의 말씀'은 한 대지씩 (팀, 개인) 돌아가면서 읽으십시오.**
6. **'함께 읽어요'는 모든 구역원이 한 목소리로 읽으십시오.**
7. **'정리하는 말'은 인도자나 지도자가 읽으십시오.**
8. **구역원 모두 기도의 제목들을 적어서 제출하시고, 짝 기도나 위하여 기도하십시오.**

–합심기도, 헌금, 가정을 위한 기도, 새 구역원 소개, 찬송, 주기도문

–※ **상기 사용법 4, 5, 6, 7번은 각 교회의 구역지침에 따라 진행하십시오.**

구역부흥은 교회부흥

성공적인 구역 운영 요령

1. 효과적인 개인전도 7가지 방법

- 영혼을 사랑하는 마음을 가져라.
- 전도 대상자를 확실히 정하라
- 상대를 위하여 충분한 기도로 준비하라.
- 인격적인 교제를 가져라.
- 상대에게 무엇이 필요한가를 파악하라.
- 문제점에 대하여 간증으로 권유하라.
- 결신 후 최소한 3개월간을 영적으로 보살펴라.

2. 구역배가를 위한 5가지 기도제목

- 믿지 않는 가족을 위한 기도
- 병든 자를 위한 기도
- 개인이나 가정의 문제 해결을 위한 기도
- 각자의 소원 응답을 위한 기도
- 성령 충만을 위한 기도

3. 효과적인 구역원 상담의 5가지 방법

- 상대에게 되도록 많이 말할 기회를 주라
- 관심을 주변 환경에서 신앙생활로 전환시켜라
- 말씀에 입각하여 근원적인 해답을 제시하라
- 함께 기도하고 상담을 마무리 하라
- 확신을 갖고 말로 시인케 하라

4. 구역 운영 3가지 주의사항

- 이단 사설에 현혹됨을 예방하라
- 성도간의 금전 문제에 주의 하라
- 신앙적인 이야기 외에 무익하고 부덕한 말을 피하라

그룹 및 셀 구역공과 교육과정(제 1, 2 학기)

학기	월	목표	과	제 목	본 문	요 절	경건의 시간
1 학기	1	새힘 충전의 달	1	온 마음 다해, 주님 사랑하라	신 6 : 1 - 19	신 6 : 5	신 1 : - 7 :
			2	하나님 규례를 지키는 행복	신 10 : 1 - 22	신 10 : 13	신 8 : - 14 :
			3	주신 복을 기쁨으로 드려라	신 16 : 1 - 22	신 16 : 17	신 15 : - 21 :
			4	보배로운 백성이 되리라	신 26 : 1 - 19	신 26 : 18	신 22 : - 28 :
	2	기도 지성의 달	5	약속을 붙들고 기도하라	신 29 : 1 - 15	신 29 : 9	신 29 : - 34 :
			6	새벽 여명에 기도하라	막 1 : 21 - 45	막 1 : 35	막 1 : - 4 :
			7	믿음으로 하는 기도의 위력	막 5 : 21 - 43	막 5 : 36	막 5 : - 7 :
			8	오직 기도로, 영적 무장하자!	막 9 : 14 - 29	막 9 : 29	막 8 : - 10 :
	3	전도 총력의 달	9	주신 줄 믿고, 전도하라	막 11 : 20 - 33	막 11 : 24	막 11 : - 14 :
			10	만민에게 복음 전도	막 16 : 9 - 20	막 16 : 15	막 15 : - 눅 2 :
			11	회개의 세례를 전파하라	눅 3 : 1 - 22	눅 3 : 3	눅 3 : - 6 :
			12	하나님의 나라를 전파하라	눅 9 : 1 - 17	눅 9 : 2	눅 7 : - 9 :
			13	시대를 분별하여 전파하라	눅 12 : 41 - 59	눅 12 : 56	눅 10 : - 12 :
2 학기	4	성령 충만의 달	14	성령 세례를 받으라	마 3 : 1 - 17	마 3 : 11	눅 13 : - 15 :
			15	작은 것에 충성하라	눅 16 : 1 - 18	눅 16 : 10	눅 16 : - 19 :
			16	성만찬에, 나를 기념하라	눅 22 : 7 - 23	눅 22 : 19	눅 20 : - 22 :
			17	성령이 너희에게 임하시면	행 1 : 1 - 11	행 1 : 8	행 1 : - 6 :
	5	가정 전도의 달	18	온 가족을 초청하라	행 7 : 9 - 41	행 7 : 14	행 7 : - 9 :
			19	베드로 시몬을 청하라	행 10 : 7 - 43	행 10 : 32	행 10 : - 14 :
			20	온 가족 세례를 받으라	행 16 : 11 - 34	행 16 : 33	행 15 : - 18 :
			21	다정한 신앙 부부가 되라	행 18 : 18 - 28	행 18 : 26	행 19 : - 22 :
	6	애국·애족의 달	22	최고 지도자에게 전도하라	행 26 : 12 - 32	행 26 : 27	행 23 : - 28 :
			23	위정자의 마음을 감동시키심	스 1 : 1 - 11	스 1 : 1	스 1 : - 7 :
			24	죄를 자복하고 통곡하라	스 10 : 1 - 17	스 10 : 11	스 8 : - 느 4 :
			25	청렴결백한 지도자가 되라	느 5 : 1 - 19	느 5 : 14	느 5 : - 11 :
			26	느헤미야의 개혁 실천	느 13 : 1 - 22	느 13 : 14	느 12 : - 에 5 :
13·교회 절기	신년절		53	새해마다 절기를 지켜라	에 9 : 11 - 32	에 9 : 21	에 6 : - 10 :
	고난절		54	예수, 십자가에 못 박히시다	눅 23 : 8 - 38	눅 23 : 33	마 26 : - 27 : ; 눅 23 :
	부활절		55	예수 다시 사셨네!	눅 24 : 1 - 12	눅 24 : 6	막 14 : - 16 :
	감사절		56	범사에 여호와께 감사하라	시 136 : 1 - 9	시 136 : 1	시 135 : - 141 :
	성탄절1		57	그의 이름 임마누엘	사 7 : 10 - 25	마 1 : 23	사 5 : - 11 :
	성탄절2		58	그 이름을 예수라 하라	마 1 : 18 - 25	마 1 : 21	마 1 : - 7 :

* 교회 절기 교육 내용은 분문 내용의 마지막 부분에 있습니다.

그룹 및 셀 구역공과 교육과정(제3, 4학기)

학기	월	목표	과	제　목	본 문	요 절	경건의 시간
3학기	7	생명교육의 달	27	성경공부에 전념하라	딤전 4 : 1 - 16	딤전 4 : 13	딤전 1 : - 딤후 1 :
			28	말씀을 생명처럼 여기라	딤후 4 : 1 - 18	딤후 4 : 13	딤후 2 : - 몬 1 :
			29	생명을 살리는 말씀 교육	히 4 : 1 - 13	히 4 : 12	히 1 : - 7 :
			30	말씀 인도자에게 순종하라	히 13 : 1 - 17	히 13 : 7	히 8 : - 13 :
	8	심신단련의 달	31	생명의 근원인, 마음을 지켜라	잠 4 : 20 - 27	잠 4 : 23	잠 1 : - 7 :
			32	의인의 열매, 생명나무	잠 11 : 1 - 31	잠 3 : 30	잠 8 : - 14 :
			33	마음에 즐거움을 가져라	잠 15 : 13 - 30	잠 15 : 13	잠 15 : - 21 :
			34	부지런하고 건강하게 하소서!	잠 24 : 23 - 34	잠 24 : 33-34	잠 22 : - 28 :
	9	헌신봉사의 달	35	가정은 봉사 실천의 장(場)	잠 31 : 10 - 31	잠 31 : 31	잠 29 : - 전 4 :
			36	지성으로 봉사하자!	전 11 : 1-10; 12 : 1-3	전 11 : 1	전 5 : - 11 :
			37	복음의 향기를 발하라!	아 4 : 1 - 16	아 4 : 16	전 12 : - 아 6 :
			38	종처럼, 신실하게 봉사하라!	히 3 : 1 - 19	히 3 : 5	아 7 : - 8 :, 히 1:-3:
			39	하나님의 뜻을 행하라!	히 10 : 1 - 25	히 10 : 9	히 4 : - 10 :
4학기	10	온마음 선교의 달	40	이스라엘의 회복과 선교	겔 36 : 1 - 28	겔 36 : 27	겔 36 : - 41 :
			41	하나님의 영광을 위한 선교	겔 43 : 1 - 27	겔 43 : 5	겔 42 : - 48 :
			42	이방에도 살아계신 하나님	단 6 : 1 - 27	단 6 : 27	단 1 : - 6 :
			43	황폐한 성소에 임하소서!	단 9 : 1 - 27	단 9 : 17	단 7 : - 12 :
	11	감사찬송의 달	44	고난 중에 감사 찬송	시 119 : 65 - 88	시 119 : 67	시 119 : 65 - 121 :
			45	우리 편이신 여호와께 감사	시 124 : 1 - 7	시 124 : 1	시 122 : - 128 :
			46	여호와의 이름을 찬송하라	시 135 : 1 - 21	시 135 : 1	시 129 : - 135 :
			47	전심으로 주께 감사하라	시 138 : 1 - 8	시 138 : 1	시 136 : - 142 :
	12	영광 찬양의 달	48	여호와의 영광을 회복하라	겔 1 : 1 - 28	겔 1 : 28	겔 1 : - 7 :
			49	여호와의 영광을 머물게 하라	겔 10 : 1 - 22	겔 10 : 4	겔 8 : - 14 :
			50	안식일을 거룩하게 하라	겔 20 : 10 - 26	겔 20 : 20	겔 15 : - 21 :
			51	하나님의 영광 나타나리라	겔 28 : 1 - 22	겔 28 : 22	겔 22 : - 28 :
			52	복된 소낙비를 내리리라	겔 34 : 7 - 26	겔 34 : 26	겔 29 : - 35 :
14. 가정예식	임종 예배		59	슬퍼하며 애통하다가	창 23 : 1 - 20	창 23 : 2	창 21 : - 27 :
	입관 예배		60	주 안에서 죽은 자의 복	사 26 : 16 - 21	사 26 : 19	사 22 : - 28 :
	장례 예배		61	영원한 삶의 문턱에서	고전 15 : 50 - 58	고전 15 : 52	고전 10 : - 16 :
	안장(하관)		62	생명의 부활에 참여하다	요 5 : 24 - 29	요 5 : 29	계 8 : - 14 :
	추모 예배1		63	영원하신 목자께 감사 찬송	시 28 : 6 - 9	시 28 : 9	시 22 : - 28 :
	중추절 예배		64	생활로 감사, 예배하자!	시 100 : 1 - 5	시 100 : 3	시 94 : - 100 :

* 가정 예식 교육 내용은 분문 내용의 마지막 부분에 있습니다.

하나님께 영광 돌리는 구역
성장하는 교회

하나님께
영광 돌리는 구역

하나님께 영광 돌리는 구역

구역부흥은 교회부흥

1단원 새힘 충전의 달

제1과

온 마음 다해, 주님 사랑하라

찬송 / 218, 217, 219 / 통일 369, 362, 279

성경 / 신명기 6:1-19

요절 / 신명기 6:5

"너는 마음을 다하고 뜻을 다하고 힘을 다하여 네 하나님 여호와를 사랑하라."

목표 / 새해는 온 마음 다해 주님 사랑함으로 주께 영광 돌리며 살아가도록 한다.

시작하는 말

대망의 새해가 밝았습니다. 새롭게 시작하는 여러분께 하나님의 은총이 충만하시기를 기원합니다. 인간의 삶의 목적은 하나님께 영광 돌리고, 하나님을 영화롭게 하는 것입니다. 따라서 세상에서 가장 고귀한 사람은 '하나님께 영광 돌리는 인물'입니다. 우리가 세상의 영화와 영광을 위해 고군분투할진대, 하물며 하나님의 축복을 누리는 천국 백성으로서 '하나님께 영광'을 돌리지 않을 수 있겠습니까? 금년 한 해, 온 마음 다해 주님을 사랑하고, 믿음과 사랑과 소망 가운데서, 가정과 사업과 비전을 통해 '하나님께 영광 돌리는' 삶을 펼쳐 가시기 바랍니다.

오늘의 말씀

1. 가장 큰 계명은 여호와를 사랑하는 것입니다(신 6:1~5).

세상에서 가장 큰 힘이 무엇입니까? 그것은 핵무기나 지도자의 권위나 기술의 힘이 아닙니다. 세상에서 가장 큰 힘은 하나님의 진실한 사랑입니다. 본문 말씀은 여호와께서 시내 산 위 불 가운데, 구름 가운데, 흑암 가운데서 큰 음성으로 임하시고, 이스라엘 총회에 이르신 후에, 이스라엘 백성을 위해 모세에게 십계명을 주셨습니다. 두 돌판에 기록 해 주신 십계명의 요지는, 첫째로, 하나님을 사랑하고, 둘째로, 이웃을 사랑하라는 말씀입니다. 1~4째 계명의 핵심은 '하나님 사랑'이며, 5~10째 계명은 '이웃 사랑'입니다. 이 명령을 일생 동안 실천하시기 바랍니다.

성도 여러분! 세상에서 어렵고 힘들 때에 온 마음 다해 하나님을 사랑하십시오. 형통의 복이 임할 것입니다. 금년 한 해도 주 하나님을 사모하는 열정으로 이웃을 돌아보고 주님께 영광 돌리시기를 축복합니다.

· 함께 읽어요 : 신명기 6장 5절
"너는 마음을 다하고 뜻을 다하고 힘을 다하여 네 하나님 여호와를 사랑하라."

2. 여호와를 사랑하고 믿는 자에게는 의무가 따릅니다(신 6:6~9).

모세는 여호와 하나님을 사랑하고 믿는 자의 의무에 대하여 분명하게 제시하고 실제적으로 설명하고 있습니다.

첫째로, 마음에 새겨야 합니다(6절). 믿는 자는 자기 마음속에 이 계명들을 간직하고 있어야 합니다. 계명들이 믿는 자들의 삶 가운데서 뚜렷하게 드러나야 합니다. 신자들은 계명들을 마음에 소중히 간직하고 계명들을 지키는 일에 온 마음을 바쳐 실천해야 합니다.

둘째로, 부지런히 가르쳐야 합니다(7절). 신앙인이라면 자녀들에게 이 계명들을 부지런히 가르쳐야 합니다. 자녀들에게 성경을 교육시키는 일은 인생 일대에 가장 큰 축복이기 때문에 절대적으로 필요한 것입니다.

셋째로, 증거로 삼아야 합니다(8~9절). 믿는 자는 이 계명들을 사람들 앞에서 강력하게 증언해야 합니다. 이스라엘 사람들은 자기 손과 이마에 매고 다녀야 했습니다. 집 안에서는 문설주와 바깥 문에 계명들을 써 붙여야 했습니다. 이 특별한 명령은 수세기 동안 정통 유대인들이 문자 그대로 시행하고 있었습니다. 그들은 이 하나님의 계명을 신앙의 척도로 삼고, 율법의 네 부분을 복사하여 가죽 상자 안에 담아 두거나 아침 기도 시간에 그들의 팔과 이마에 붙이곤 했습니다(출 13:1~10, 신 6:4~9).

· 함께 읽어요 : 신명기 6장 8~9절

"[8]너는 또 그것을 네 손목에 매어 기호를 삼으며 네 미간에 붙여 표로 삼고 [9]또 네 집 문설주와 바깥 문에 기록할지니라."

3. 형통할 때 깨달아 하나님의 의를 구해야 합니다(신 6:10~11).

오늘날 우리들의 현실은 문명의 발달로 모든 것이 발전되었습니다. 육신의 생명도 장수시대가 되었습니다. 과학적으로도 온 우주와 천체를 다 들여다 볼 정도로 발달했습니다. 이제 창조론이 아니라, 진화론을 주장하는 자가 많습니다. 세상의 문화는 하나님의 계명과 율례와 법도를 밀어내고 우리 곁을 떠났습니다. 에베소 교회처럼 처음 사랑을 잃어버렸습니다.

첫째로, 구원의 하나님을 잊어버렸습니다(11~13절). 육신의 형통과 향락에 빠져 말씀에 반하는 세상 문화를 동경하고, 동성애 찬성이 유행처럼 되었습니다. 하나님의 법도는 허물어져가고 윤리도덕이 붕괴되었습니다.

둘째로, 거짓과 타협의 위험에 노출되어, 이단에 빠져 돈과 물질세계의 허상을 좇고 있습니다. 하나님을 잊어버리고, 인간의 탐욕과 쾌락을 찾아 금수와 같은 생활로 영혼을 더욱 피폐케 하고 있습니다.

셋째로, 하나님을 시험하고 있습니다. 이 세대는 지나친 사람 중심(인본; 人本)으로, 하나님의 심판과 징계를 망각한 채, 죄에 깊이 빠져 하나님의 긍휼과 은혜를 잊어버리고 배은망덕하고 있습니다. 여러분! 형통할 때 깨달아 하나님의 의를 구하고, 공의의 결실을 기대하시기 바랍니다.

· 함께 읽어요 : 마태복음 6장 33절

"그런즉 너희는 먼저 그의 나라와 그의 의를 구하라 그리하면 이 모든 것을 너희에게 더하시리라."

정리하는 말

성도 여러분! 여러분의 현실 속에서 위기의식을 느끼십니까? 그렇지 않다면 세속화 감염을 의심해 보아야 합니다. 처음 믿을 때의 하나님 사랑과 감격을 잊지 마시기 바랍니다. 금년 한 해, 온 마음 다해 주님 사랑하시고, 주신 의무를 잘 감당하시고, 형통의 은혜가 충만하시길 바랍니다. 일생을 통해 마음을 다하고, 뜻을 다하고, 힘을 다하여 여호와 하나님께 영광 돌리시기 바랍니다. 그래서 축복의 주인공이 되시기 바랍니다.

평가와 결심

1. 가장 큰 계명이 무엇입니까?
   (신 6:4~5, 여호와 하나님을 사랑하는 것임)
2. 여호와 하나님을 사랑하는 자의 의무가 무엇입니까?
   (신 6:6~9, 계명을 ① 마음에 새겨야 함 ② 가르쳐야 함 ③ 증거 해야 함)
3. 형통할 때 조심해야 할 일은 무엇입니까?
   (신 6:11~19, ① 하나님 잊고 ② 타협하며 ③ 하나님 시험할 수 있음)

주간 경건의 시간 <1> · 날마다 말씀과 함께

요일 / 내용	주일/월(Mon)	화(Tue)	수(Wed)	목(Thu)	금(Fri)	토(Sat)
찬송	21동 / 93동	353 / 391	309 / 409	293 / 414	294 / 416	459 / 514
성경	신 1 : / 신 2 :	신 3 :	신 4 :	신 5 :	신 6 :	신 7 :
적용	천배 많게 / 삼십 팔년	친히 싸우시리	십계명 두 돌판	가르쳐 행하게 하라	질투하시는 하나님	너는 알라

* 하나님께 대적하는 자는 결코 인간에게도 진실한 친구가 된 적이 없다.
<에드워드 영, 1683~1765, 영국 시인>

* 매일 찬송 숫자에서, 앞 숫자는 21새 『찬송가』 / 그 옆은 전 통일찬송가 장수이다. 숫자 다음 '동'자가 첨부된 것은 21새찬송가 장수와 통일찬송가 장수가 같습니다.

제2과

하나님 규례를 지키는 행복

찬송 / 255, 278, 338 / 통 487, 336, 364
성경 / **신명기 10:1-22**
요절 / **신명기 10:13**

"내가 오늘 네 행복을 위하여 네게 명하는 여호와의 명령과 규례를 지킬 것이 아니냐?"

목표 / 행복을 위해 여호와 하나님의 법도와 규례를 지키는 습관을 기른다.

시작하는 말

하나님께서 모세에게 다시 율법을 주셨습니다. 이는 출애굽으로 구원받은 백성들이 지켜 행복하게 하기 위한 것입니다. 약속의 땅으로 들어갈 새 세대를 위해 하나님과 택한 백성 간의 규례입니다. 모압 평지에서 새롭게 갱신된 법적 계약은 내용의 수정 보완이 아니라, 인간 측의 새로운 결의요, 확인이었습니다(29:1-30:20). 여호와의 언약과 율례를 지킴으로서 신앙 정립에 철저하기 위함입니다. 오늘날, 우리도 우리의 목적지 천국에 가기까지 이 땅에서 겪어야 할 크고 작은 영적 싸움이 많습니다. 그럴 때마다 신앙 부흥의 횃불부터 밝히는 지혜를 가지시기 바랍니다.

오늘의 말씀

1. 하나님의 백성을 구원한 것은 놀라운 자비입니다(신 10:1~5).

하나님은 모세의 중보의 기도를 들으셨습니다. 그때 이스라엘 백성과 맺은 언약을 기억하셨습니다. 하나님은 진노를 돌이키시고 그들에게 또한 번의 기회를 주셨습니다. 모세에게 지시하셨습니다.

① 모세에게 십계명을 새길 돌판을 다시 준비하도록 하셨습니다. 그는 두 개의 새로운 돌판을 다듬고, 또 나무로 된 상자를 준비하도록 했습니다. ② 모세는 하나님의 명령을 순종해 나무 상자를 만들고, 두 돌판을 다듬어 가지고 시내 산에 올라갔습니다. ③ 여호와께서 친히 십계명을 다시 쓰셨고, 그분은 자기 백성과의 언약을 갱신했습니다. ④ 하나님은 모세에게 그 계명들을 주셨으며, 모세는 돌아와 새로 만든 궤 안에 십계명을 넣었습니다. 하나님은 놀라운 자비로 지시하시고 계셨습니다.

· 함께 읽어요 : 신명기 10장 2-3절

"[2] 네가 깨뜨린 처음 판에 쓴 말을 내가 그 판에 쓰리니 너는 그것을 그 궤에 넣으라 하시기로 [3] 내가 조각목으로 궤를 만들고 처음 것과 같은 돌판 둘을 다듬어 손에 들고 산에 오르매"

2. 중보자의 사역으로 백성은 심판에서 구원받았습니다(신 10:6~11).

하나님은 약속의 땅을 향한 여정에서 백성들을 인도하셨습니다(6~7절). 이스라엘 백성들은 하나님과의 언약을 파기하고 끔찍한 죄악을 범했습니다. 그러나 하나님은 형편없는 그들이지만 버리지 아니하시고 용서해 주셨습니다. 그리고 계속 그들을 이끌 사역자들을 세우셔서 인도하시고 결국 구원하셨던 것입니다(8~9절).

여기서, 결코 잊어서는 안 될 일이 있습니다. 모세의 중보의 기도 때문에 하나님은 그 백성들의 죄악을 심판하지 않으시고, 용서하셨다는 사실입니다. 하나님은 그들에게 다시 한 번 기회를 주셨습니다(10~11절).

이스라엘 백성과 여호와 하나님과의 관계에서 하나님은 그들에게 요구하시는 사항들이 있었습니다. 그것은 '충성'(忠誠)입니다. 충성이란, ① 하나님을 경외하는 것이요, ② 하나님의 길로 행하는 것이요, ③ 여호와를 사랑하는 것이요, ④ 마음과 성품을 다하여 여호와를 섬기라는 것입니다.

하나님이 이스라엘 백성을 구원하신 것처럼, 우리를 구원하셨습니다. 뒤돌아보면 우리나라도 하나님께서 구원하셨습니다. 일제 식민지 지배하에서 36년의 고통의 긴 터널에서 해방시키셨고, 대한민국 독립국가로 세워주셨습니다. 6. 25 전란에서도 긍휼히 여기서고, 유엔 우방의 파병 지원으로 이 나라를 수복시켜주셨습니다. 이 나라를 하나님의 자비와 긍휼로 지켜주셨습니다. 때문에 우리는 하나님을 섬겨 충성해야 합니다.

· 함께 읽어요 : 신명기 10장 12절

"이스라엘아 네 하나님 여호와께서 네게 요구하시는 것이 무엇이냐 곧 네 하나님 여호와를 경외하여 그의 모든 도를 행하고 그를 사랑하며 마음을 다하고 뜻을 다하여 네 하나님 여호와를 섬기고"

3. 마음에 할례를 행하고 하나님을 가까이 하라(신 10:12~22).

하나님께서는 이스라엘 백성들에게 '마음에 할례를 행하라'고 요구하셨습니다. 또한 다른 신들이나 우상을 숭배하지 말고, 오직 하나님만 믿고 섬기라고 명령합니다. '마음의 할례'는 자기 살에 칼을 대는 것처럼 극한 고통이 따릅니다. 세상사(事)는 마음먹기 달렸다고 합니다. 시대적으로 지도자들이 자신의 마음을 칼로 베듯 단속하면서 백성을 다스린다면 사회가 개혁되고 나라가 나날이 부흥 발전할 것입니다.

여호와 하나님께서는 성도가 오직 하나님을 경외하고 섬기며 사모하기를 원하십니다. 하나님은 우리를 이 세상의 속박과 종살이로부터 구원하셨으며, 사망, 정죄로부터 구원해 내셨기 때문입니다. 여러분! 하나님 앞에 마음의 할례를 행하고, 하나님만 섬기는 담대한 믿음의 용사가 되어 행복하고 복된 삶을 누리시기를 주님의 이름으로 축원합니다.

· 함께 읽어요 : 신명기 10장 16절

"그러므로 너희는 마음에 할례를 행하고 다시는 목을 곧게 하지 말라."

정리하는 말

성도 여러분! 사는 것이 어렵고 버겁습니까? 그러나 삶의 현장마다 여러분들을 죄와 사망으로부터 구원하시는 십자가의 보혈이 흐르고 있음을 믿으시기 바랍니다. 하나님의 자비와 사랑이 여러분과 함께 하신다는 사실을 아시고 담대하시기 바랍니다. 우리에게 주신 십계명은 죄에서 자유하고 치유하기 위한 구원의 굴레입니다. 행복하게 살도록 안내해 주시는 하나님 나라의 헌법이요, 규례들입니다. 이 사실을 감사하고 하나님께 영광과 찬양을 돌림으로 행복한 삶이 되시길 축원합니다.

평가와 결심

1. 하나님의 백성들을 위해 구원하심은 무엇 때문입니까?
   (신 10:1~5, 하나님의 자비하심 때문임)
2. 하나님께서 자기 백성에게 원하는 것이 무엇입니까?
   (신 10:6~19, 언약을 충성되게 지켜라)
3. 하나님을 가까이하고 경외하며 섬겨야 할 이유가 무엇입니까?
   (신 10:20~22, 그분은 우리의 하나님이시기 때문)

주간 경건의 시간 <2> · 날마다 말씀과 함께

요일 / 내용	주일/월(Mon)	화(Tue)	수(Wed)	목(Thu)	금(Fri)	토(Sat)
찬송	25동 / 28동	252 / 184	180 / 168	352 / 390	440 / 497	401 / 457
성경	신 8 : / 신 9 :	신 10 :	신 11 :	신 12 :	신 13 :	신 14 :
적용	기억하라/ 두 돌판	행복을 위하여	복과 저주	택하신 곳	돌로 쳐 죽여라	여호와의 성민

* 법은 마치 옷과 같아서 국가에 봉사하는 국민들에게 맞도록 만들어져야 한다.

<클레아렌스 대로우, 1857~1938, 미국 법률가>

1단원 새힘 충전의 달

제3과

주신 복을 기쁨으로 드려라

찬송 / 327, 217, 218 / 통 361, 362, 369
성경 / **신명기 16:1-22**
요절 / **신명기 16:17**
"각 사람이 네 하나님께서 주신 복을 따라 그 힘대로 드릴지니라."
목표 / 하나님께서 말씀대로 주신 복을 따라 힘껏 드리는 삶의 태도를 기른다.

시작하는 말

예배생활에서 말씀, 기도, 찬송이 기둥을 이루고, 또 빼 놓을 수 없는 것이 예물의 봉헌입니다. 봉헌은 삶에서 감사의 표현으로 드려지는 예물이기에 우리가 간과해서는 안 될 중요한 예배 요소입니다. 따라서 힘껏 드리고, 소중하게 사용되어야 합니다. 오늘날 교회재정이 풍성해지면서 많은 문제점들이 노출되고 있습니다. 한국 초기 부흥의 역사를 볼 때, 성령과 은혜가 충만하여 하나님께 풍성한 예물과 헌물이 드려졌고, 아름답게 쓰였습니다. 세계선교에 힘쓰고, 예배당 및 교육관을 건축하고, 양적 부흥의 역사를 이루었습니다. 우리는 이를 본받아 주신 복을 기쁨으로 힘껏 드리고, 애매한 용도로 사용하지 않도록 노력해야 합니다.

오늘의 말씀

1. 유월절, 하나님의 구원을 기억해야 합니다(신 16:1~8).

국가나 개인이 어려운 일을 만날 때가 있습니다. 이런 때는 지난날을 뒤돌아보면서 환난과 역경의 날에 건져주신 하나님의 구원의 손길을 기억하면서 믿음의 지혜를 구해야 합니다. 본문 1절은 중대한 의미를 담고 있습니다. 1절을 다함께 읽겠습니다. "아빕월을 지켜 네 하나님 여호와께 유월절을 행하라 이는 아빕월에 네 하나님 여호와께서 밤에 너를 애굽에서 인도하여 내셨음이라." 유월절은 첫 달에 지켜야 했습니다.

유월절 절기에 관련된 규례는, ① 하나님께서 택하신 곳에서 드려야 함, ② 칠 일 동안 무교병을 먹어야 함, ③ 칠 일간 누룩을 보여서는 안 됨. ④ 제사 드린 고기는 아침까지 남겨서는 안 됨, ⑤ 택하신 곳 이외에서 유월절을 지켜서는 안 됨, ⑥ 제 칠 일에는 성회로 모여야 합니다. 택한 백성에게 하나님의 구원을 기억하기 위한 철저한 절기였습니다.

· 함께 읽어요 : 신명기 16장 6절

"오직 네 하나님 여호와께서 자기의 이름을 두시려고 택하신 곳에서 네가 애굽에서 나오던 시각 곧 초저녁 해 질 때에 유월절 제물을 드리고"

2. 칠칠절, 추수하게 하신 은혜를 기억해야 합니다(신 16:9~12).

칠칠절은 신약의 오순절을 상징했으며, 이렇게 지켜졌습니다.

① 유월절 이후 50일째 되는 날에 드렸습니다. ② 자원하는 예물을 드렸습니다. ③ 택하신 곳에서 즐거워해야 합니다. ④ 다른 사람과 함께 하나님의 선하심을 찬양해야 합니다. ⑤ 애굽에서 종 되었던 것을 기억하면서 지켜야 했습니다.

칠칠절을 지키도록 한 이유는 추수를 할 수 있게 된 것에 대해 하나님께 감사를 드리고, 삶을 새롭게 헌신하도록 하기 위한 것입니다.

칠칠절은 맥추절(출 23:16), 또는 처음 익은 열매를 드린다고 해서 초실절(출 34:22)이라고 불렀습니다. 특히 신약성경(70인역)에서 오순절로 마가의 다락방에 성령이 강림하셨을 때, 일어났던 영혼들의 위대한 추수를 상징하기도 했습니다(사도행전 2장 1절 이하). 이는 추수의 은혜, 즉 한 사람의 삶을 하나님께 헌신하는 것을 축하하는 것이었습니다.

· 함께 읽어요 : 신명기 16장 10절

"네 하나님 여호와 앞에 칠칠절을 지키되 네 하나님 여호와께서 네게 복을 주신 대로 네 힘을 헤아려 자원하는 예물을 드리고"

3. 초막절, 광야에서의 방황 · 시련들을 기억해야 합니다(신 16:13~15).

이스라엘 백성들에게 주신 명령입니다. 출애굽 한 하나님의 백성들이 초막절을 기억하여 지키라고 했습니다. 초막절은 장막절로도 불렸습니다. 이 절기는 이스라엘이 광야에서 방황하고 온갖 시련을 겪은 것을 기념하려는 것이었습니다. 이것은 믿는 자가 하나님의 약속된 땅으로 행진해 나가는 과정을 상징한 것입니다.

① 칠 일 동안 지킵니다(13절). 칠 일 동안 나뭇잎으로 만든 초막에 거했습니다. ② 다른 믿는 자들과 함께 지켜야 했습니다(14절). ③ 하나님께서 택하신 예배 처소에서 지켜야 했습니다(15절).

바로 그곳에서만 하나님께 감사와 기쁨의 제사를 드릴 수 있었습니다. 이 축제는 하나님 앞에서 큰 기쁨과 즐거움의 절기가 되어야 했습니다. 그러나 여기서 주목할 것은 감사와 기쁨이 받아들여질 수 있었던 곳은 예배 중심지, 즉 하나님께서 친히 선택하신 처소였다는 사실입니다.

오늘날 무교회주의자들은 정한 장소라는 예배 처소의 개념이 없습니다. 그래서 모임 그 장소를 예배의 처소로 봅니다. 그러나 하나님의 말씀에 비추어 볼 때 잘못된 주장입니다. 오늘날 세상의 교회가 천상의 교회를 예표하고 있습니다. 하나님의 임재를 상징하고 있다는 사실을 명심하시기 바랍니다. 지금 세상에서의 교회가 예배 장소로서의 교회 뿐 아니라, 하나님의 나라를 예표하고 있음을 기뻐하시고 섬기시기 바랍니다.

· 함께 읽어요 : 신명기 16장 11절

"너와 네 자녀와 노비와 네 성중에 있는 레위인과 및 너희 중에 있는 객과 고아와 과부가 함께 네 하나님 여호와께서 자기의 이름을 두시려고 택하신 곳에서 네 하나님 여호와 앞에서 즐거워할지니라."

정리하는 말

성도 여러분! 우리는 천성을 향해 전진하는 성도들입니다. 하나님께서 정해주신 교회가 있어서 행복합니다. 이 교회에서 일 년 세 번 절기를 지킬 수 있다는 사실 자체가 무한한 축복인 줄 믿습니다. 찬송가 209장에 ♬ 이 세상 풍파 심하고 또 환난 질고 많으나 / 나 편히 쉬게 될 곳은 주 예비하신 시은소. ♬ 하고 찬송을 부릅니다. 하나님이 계신 이 땅의 시은소에서, 이 세상의 교회에서 온 맘 다해 헌신하고, 절기를 지키며, 소원 성취하시고, 하나님께 영광 돌리시기를 주님의 이름으로 축복합니다.

평가와 결심

1. 유월절은 어떤 절기입니까?
   (신 16:1~8, 하나님의 구원을 기억하며 지키는 절기임)
2. 칠칠절은 어떤 절기입니까?
   (신 16:9~12, 첫 곡식을 거두며 은혜를 감사하며 지키는 절기임)
3. 초막절은 어떤 절기입니까?
   (신 16:13~15, 광야생활 중 초막에 거주했던 것을 기념하는 절기)

주간 경건의 시간 <3> · 날마다 말씀과 함께

요일 / 내용	주일/월(Mon)	화(Tue)	수(Wed)	목(Thu)	금(Fri)	토(Sat)
찬송	27동 / 29동	95 / 82	338 / 364	337 / 363	383 / 433	250 / 182
성경	신 15 : / 신 16 :	신 17 :	신 18 :	신 19 :	신 20 :	신 21 :
적용	복 주시리라/ 택하신 곳	장구하리라	완전하라	살인자 도피성	화평을 선언하라	나무에 달린 자

* 인생의 여정에서 열심과 열정은 전염된다. 또한 나태와 게으름증도 전염된다.

< *Joseph, Shin* >

1단원 새힘 충전의 달

제4과

보배로운 백성이 되리라

찬송 / 338, 354, 186 / 통 364, 394, 176
성경 / 신명기 26:1-19
요절 / 신명기 26:18
"여호와께서도 네게 말씀하신 대로 오늘 너를 그의 보배로운 백성이 되게 하시고 그의 모든 명령을 지키라 확언하셨느니라."
목표 / 하나님의 보배로운 백성의 위치를 회복하여 살아가는 태도를 기른다.

시작하는 말

현대는 '인본주의'를 신봉하는 자가 넘칩니다. 인간의 '이성 만능주의'는 인간이 우주의 궁극적 권세와 능력이라는 생각들을 드러냅니다. 그러나 성경은 여호와께서 우리를 자기의 '보배로운 백성'으로 인정하시고 그의 모든 명령을 지키게 하리라 하셨습니다. 이 얼마나 감격스러운 일인지 찬송이 저절로 나옵니다. 우리를 보배로운 백성으로 삼으시고, 우리를 통하여 예배를 받으시겠다고 확언하고 계십니다. 여러분! 온 마음과 정성 다해 하나님께 예배로 영광을 돌리시기를 축복합니다.

오늘의 말씀

1. 첫 소산물을 드릴 때 해야 할 신앙고백이 있었습니다(신 26:1~11).

이스라엘 백성들이 꿈에 그리던 약속의 땅에 들어갔습니다. 그들이 첫 소산물을 거두게 되었을 때 해야 할 신앙고백이 있었습니다. 하나님의 백성들은 언제나 하나님의 구원과 축복에 대해 감사를 나타내야 했습니다. 매년 두 차례 하나님께 감사하며 신앙고백을 드려야 했습니다.

① 감사하고 찬양하라(1~2절). 소산물을 얻게 하신 하나님께 소산물의 일부를 언약궤가 놓인 성소에 가지고 와서 예물로 예배해야 했습니다.

② 네 가지 신앙고백이 있어야 했습니다. 첫째로, 조상들에게 약속하신 땅에 정착하게 되었음을 선언해야 했습니다(3절). 둘째로, 예배자는 첫 소산물을 제사장에게 가져가고 제사장은 단 앞에 두어야 합니다(4절). 셋째로, 예배자는 제사장과 모든 사람 앞에서 하나님의 놀라운 구원을 선포해야 했습니다(5~9절). 그리고 함께 즐거워해야 했습니다.

· 함께 읽어요 : 신명기 26장 8~9절

"[8]여호와께서 강한 손과 편 팔과 큰 위엄과 이적과 기사로 우리를 애굽에서 인도하여 내시고 [9]이곳으로 인도하사 이 땅 곧 젖과 꿀이 흐르는 땅을 주셨나이다."

2. 제 삼 년의 십일조를 드릴 때 해야 할 신앙고백입니다(신 26:12~15).

첫째로, 매년마다 십일조를 드려야 합니다(12절). 매 삼 년마다 특별한 십일조가 레위인과 객과 고아와 과부들을 위해서 드려졌습니다.

둘째로, 하나님 앞에서 신앙고백을 선포해야 합니다(13~15절).

① 십일조 중에서 조금도 자신을 위해 사용하지 않았습니다.

② 애곡하는 동안에도 십일조를 사용하지 않았습니다.

③ 부정한 기간 동안에도 십일조를 사용하지 않았음을 선포합니다.

셋째로, 신앙고백을 한 후 예배자는 기도로 하나님을 구해야 합니다(15절). 우리는 하늘에서 굽어 살피시고 계속 축복하심으로써 땅을 충만케 해주시도록 하나님께 간구해야 합니다.

삼 년마다 드려지는 십일조는 레위인과 객과 과부와 고아를 위해 쓰였습니다. 믿는 자는 하나님의 사역자들과 타국인들과 고와와 과부들과 도움을 필요로 하는 자들을 다 도와주어야 합니다. 그리고 아래 성경구절과 같이 축복을 소원하고 간구해야 합니다. 여러분은 이러한 하나님의 보배로운 백성이 되시기를 바랍니다.

· 함께 읽어요 : 신명기 26장 15절

"15원하건대 주의 거룩한 처소 하늘에서 보시고 주의 백성 이스라엘에게 복을 주시며, 우리 조상들에게 맹세하여 우리에게 주신 젖과 꿀이 흐르는 땅에 복을 내리소서 할지니라."

3. 하나님께 순종해야 할 의무가 있습니다(신 26:16-19).

모세는 이제 계명과 율법에 대한 그의 설교의 결론을 내립니다. 그가 지금 선포하는 메시지는 다시는 되풀이 될 수 없는 매우 중요한 설교이기에, 강한 어조로 권면합니다. 이 권면은 하나님의 절대적인 명령이었습니다.

첫째로, 모든 율법을 순종해야 합니다(16절). 모세의 명령은 강력했습니다. 백성들은 하나님의 모든 계명과 율법에 순종해야 했습니다. 모세는 "너는 마음을 다하고 뜻을 다하여 지켜 행하라"고 선포했습니다.

둘째로, 순종이 필요한 이유를 강조합니다(17~19절).

① 이스라엘은 하나님의 모든 말씀에 순종하겠다고 약속했으므로 순종해야만 합니다(17절). ② 그들의 이러한 신앙고백으로 하나님께서는 그들과 언약을 체결하셨습니다. 따라서 하나님께서는 이스라엘이 그분의 보배로운 백성이라고 선포했습니다. ③ 이스라엘이 하나님의 계명들을 지킨다면, 그들을 이 땅의 모든 민족 위에 뛰어나게 하시고 위대한 나라로 만드실 것입니다. 그들은 칭찬과 명예와 영광으로 높임을 받을 것입니다. 그들은 하나님께 구별된 거룩한 백성이 될 것입니다. 이것이 순종이 필요한 이유입니다. 여러분! 순종의 의무를 다하여 축복의 주인공이 되시기 바랍니다.

· 함께 읽어요 : 신명기 26장 16절

"오늘 네 하나님 여호와께서 이 규례와 법도를 행하라고 네게 명령하시나니 그런즉 너는 마음을 다하고 뜻을 다하여 지켜 행하라."

정리하는 말

오늘날 성도들은 열심히 신앙생활을 합니다. 그런데, 실속은 별로인 경우가 있습니다. 강단에서 외쳐지는 회개의 메시지가 삶의 현장에서 실천되는지 점검해 보십시오. 하나님은 우리가 온 마음과 정성을 다해 순종하면 우리들을 높여주시고, 하나님의 특별하고 보배로운 백성으로 세워 주실 것입니다. 여러분! 굳건한 믿음으로 승리하시고 하나님께 영광 돌리시기 바랍니다. 그래서 축복의 주인공이 되시기를 축복합니다.

평가와 결심

1. 첫 소산물을 드리며 고백되어야 할 것이 무엇입니까?
   (신 26:1~11, 감사 찬양 예배할 때 신앙고백하며 하나님 구원을 선포해야 함)
2. 매 삼 년마다 무엇을 드리며 해야 할 신앙고백이 무엇입니까?
   (신 26:12~15, 십일조를 드려 레위인 가난한 자 주란 명령 순종)
3. 하나님께 무엇을 순종해야 하며 그들의 의무가 무엇입니까?
   (신 26:16~19, 모든 율법 순종, 하나님과의 약속대로 순종할 의무)

주간 경건의 시간 <4> · 날마다 말씀과 함께

요일 / 내용	주일/월(Mon)	화(Tue)	수(Wed)	목(Thu)	금(Fri)	토(Sat)
찬송	145동 / 249동	345 / 461	347 / 382	351 / 389	358 / 400	320 / 350
성경	신 22 : / 23 :	신 24 :	신 25 :	신 26 :	신 27 :	신 28 :
적용	창기의 행동/ 범사에 복	당일에 품삯을	공정한 저울추	거룩한 처소	축복의 산	순종의 복

* 사람은 홀로 있을 때는 다 정직하나 다른 사람이 들어오는 동시에 위선이 시작된다.
<랄프 왈도 에머슨, 1803~1882, 미국 시인 수필가>

2단원 기도 지성의 달

제5과

약속을 붙들고 기도하라

찬송 / 546, 217, 545 / 통일 399, 362, 344
성경 / **신명기 29:1-15**
요절 / **신명기 29:9**
"그런즉 너희는 이 언약의 말씀을 지켜 행하라 그리하면 너희가 하는 모든 일이 형통하리라."
목표 / 약속의 말씀을 붙들고 기도하며 주께 응답받는 태도를 기른다.

시작하는 말

하나님께서는 모세를 통하여 이스라엘 백성들과의 언약을 새롭게 세우셨습니다. 이 약속을 지켜 행하면 형통하리라는 것입니다. 여호와 하나님은 언약을 통해 백성들의 소원과 기도를 응답해 주셨습니다. 만물의 주인이신 하나님은 인격적이십니다. 그런데, 우리 민족과 조상은 제사를 지내고 우상을 섬기는 샤머니즘[1]에 빠졌었습니다. 우리는 하나님과 인격적 바른 관계를 가지시고, 비인격적인 기복신앙을 배제해야 합니다. 오직, 하나님의 약속을 붙들고 기도하셔서 형통하시기 바랍니다.

오늘의 말씀

1. 여호와 하나님과 언약의 당사자들이 있습니다(신 29:1).

신명기 29장과 30장을 팔레스타인 언약으로 봅니다. 앞서 세우신 시내 산 언약의 갱신과 재확증인 것입니다. 이웃과의 약속도 분명한 계약

1) 샤머니즘(shamanism)이란 미개 종교의 하나, 신령 · 악령 따위 세계와의 교류는 오로지 무당에 의한 주술이나 기도로만 가능하다고 하는 신앙이나 행사.

서를 작성하고, 쌍방이 한 부씩 보관함으로써 약속내용을 철저히 지킵니다. 하물며, 하나님과 이스라엘 백성간의 계약인데 철저히 해야 하지 않겠습니까? 계약의 당사자는 ① 하나님 자신과, ② 이스라엘 백성들이고, 여기에 ③ 모세가 중재(중보)를 섰습니다. 이것은 예수 그리스도가 구원하시는 은혜 언약을 예표하고, 즉 새 언약의 중보를 서신 것입니다.

여러분! 온갖 위기 속에서도 하나님은 그의 백성들의 부르짖음과 호소를 간과치 않으셨습니다. 하나도 잊지 않고 응답하셨습니다. 신실한 하나님의 약속을 붙들고, 주께 영광을 돌리며 사시기를 부탁드립니다.

· 함께 읽어요 : 예레미야 33장 3절

"너는 내게 부르짖으라. 내가 네게 응답하겠고, 네가 알지 못하는 크고 은밀한 일을 네게 보이리라."

2. 하나님과의 언약이 필요한 다섯 가지 이유가 있습니다(신 29:2~9)

중재자 모세는 약속의 땅에 들어가기에 앞서 말씀합니다. 하나님과 이스라엘 백성들 사이에 언약이 필요한 다섯 가지 이유를 밝힙니다.

① 하나님의 구원의 역사가 있었기 때문입니다(2-3절).

② 백성들이 강퍅하기 때문입니다(4절).

③ 하나님의 인도와 공급의 필요성 때문이었습니다(5-6절).

④ 대적들을 물리쳐야 할 필요성 때문입니다(7절).

⑤ 약속된 땅의 소망과 순종의 필요성 때문이었습니다(8절).

오늘날 성도들의 문화생활을 살펴보면 스마트폰으로 친교하며 살아가는 것 같습니다. SNS, 즉 소셜 미디어로[2] 실시간 정보를 주고받으며 친교활동을 하면서 살아가고 있습니다. 걱정되는 문제는 여기에 게시되는 정보들이 전통가치관이나 신앙규범에 탈선된 내용들이 여과 없이 유포되고 있다는 사실입니다. 심지어 젊은이들은 실시간 검색어 순위가

2) SNS, 즉 '소셜 미디어'란 온라인상에서 여러 사람들과 관계를 맺을 수 있는 서비스를 말함. 전자 네트워크서비스(Social Networking Service)의 준 말임.

마치 진실의 순위인양 착각하고 오르내리고 있습니다. 여러분! 세상에서 진리는 여호와 하나님의 변치 않는 신실한 약속과 언약뿐입니다. 항상 하나님의 약속을 감사하며 순종하시고, 신실한 약속을 붙들고 기도하시고, 범사에 하나님께 영광을 돌리며 살아가시기를 축복합니다.

· 함께 읽어요 : 신명기 29장 3~4절
"[3]곧 그 큰 시험과 이적과 큰 기사를 네 눈으로 보았느니라. [4]그러나 깨닫는 마음과 보는 눈과 듣는 귀는 오늘까지 여호와께서 너희에게 주지 아니하셨느니라."

3. 하나님께서 언약을 주신 분명한 목적이 있습니다(신 29:10~15)

지도자라면 누구나 그렇듯이, 백성들이 하나님 앞에 신실하게 살기를 원합니다. 본문에 나오는 탁월한 민족지도자 모세는 백성들이 하나님과의 언약에 순종하기를 바라는 순수한 열정으로 타오르고 있었습니다. 지금 이 언약은 분명한 목적이 있으며, 중대한 것임에 틀림없습니다.

첫째로, 하나님 앞에 선 모든 사람들이 언약의 대상입니다(10-12절).

둘째로, 언약의 목적(13절)을 밝힙니다. 이에 순종하는 자는 하나님의 백성들이며 그들의 하나님임을 확실하게 보여주고 싶었습니다.

셋째로, 언약의 대상은 모든 세대입니다(14~15절). 여기 언약은 여호와 하나님 앞에 서 있었던 모든 사람을 대상으로 한 것입니다. 언약의 수혜자가 한 두 사람이 아니라, 거기에 있는 지도자 장로들과 어른, 그리고 아이들과 타국인들, 모든 무리들인 것입니다.

이스라엘 백성들이 오만 방자하게도 금송아지를 섬기며, 이것이 너희를 애굽에서 인도한 신이라고 하며 뛰놀았던 그들이었습니다. 다시는 침륜한 죄에 빠져 하나님 영광의 은혜를 더럽히지 않기 위해서입니다.

· 함께 읽어요 : 신명기 30장 6절
"[6]네 하나님 여호와께서 네 마음과 네 자손의 마음에 할례를 베푸사 너로 마음을 다하며 뜻을 다하여 네 하나님 여호와를 사랑하게 하사 너로 생명을 얻게 하실 것이며"

정리하는 말

성도 여러분! 여러분들의 모습은 어떻습니까? 현실에서 영적 위기의식을 느끼고 있습니까? 그렇지 못하다면 세속화 감염을 의심해 보아야 합니다. 처음 믿을 때의 주님 사랑과, 의지할 곳 없어 하나님을 찾아 눈물로 부르짖었던 그 때를 잊지 마시기 바랍니다. 여호와 하나님의 신실한 약속, 성경 말씀을 붙들고 기도하셔서 응답받으시고, 여러분의 인생에 위로와 새 힘과 사랑의 감격이 지속되기를 원합니다. 온 맘 다해 주님을 사랑하고 하나님께 영광을 돌리는 삶을 살아가시기를 축복합니다.

평가와 결심

1. 언약의 당사자는 누구입니까?
   (신 29:1, ①여호와 하나님 ②이스라엘 백성 ③중보자 모세)
2. 중재자 모세가 가장 걱정했던 부분이 무엇이라고 생각합니까?
   (신 29:2~9 ①백성들의 강퍅함 ②불순종한 경력 ③대적들의 위협)
3. 새 언약의 수혜자가 누구입니까?
   (신 29:10~15, ①지도자 장로들 ②어른과 아이들 ③타국인)

주간 경건의 시간 <5> · 날마다 말씀과 함께

내용 \ 요일	주일/월(Mon)	화(Tue)	수(Wed)	목(Thu)	금(Fri)	토(Sat)
찬송	144동 / 93동	347 / 382	212 / 342	251 / 137	215 / 354	84 / 96
성경	신 29 : / 30 :	신 31 :	신 32:1-20	신 32:21-52	신 33 :	신 34 :
적용	질투의 불/ 생명과 복	후계자 여호수아	모세의 노래	나 외에 신 없도다.	모세의 축복	모세의 죽음

* 어떤 마귀라도 기도하는 어머니의 자녀를 빼앗아 가지 못한다.

<빌리. 선데이, 1863~1935, 미국 전도자>

제6과

새벽 여명에 기도하라

찬송 / 361, 471, 365 / 통 480, 528, 484
성경 / **마가복음 1:21-45**
요절 / **마가복음 1:35**
"새벽 아직도 밝기 전에 예수께서 일어나 나가 한적한 곳으로 가사 거기서 기도하시더니"
목표 / 새벽 날이 밝기 전 이른 새벽에 기도하는 태도를기른다.

시작하는 말

한국교회가 한 세기만에 괄목할 만큼 급성장한 이유가 무엇입니까? 성령의 역사에 삶을 바쳤기 때문입니다. 1907년 평양 대 부흥운동이 일어났습니다. 그 저변에는 길선주 장로가 친구 장로와 같이 1906년부터 시작한 새벽기도가 있었습니다. 이 사건은 한국교회를 부흥시키는데 분화구가 되었습니다. 평양 대부흥운동의 기폭제는 단연 평양신학교 졸업을 앞둔 길선주 장로의 회개기도였습니다. 그는 "형제를 질시하고 방위량 선교사를 미워했다"면서 땅바닥에 뒹굴며 회개했습니다. 그 회개의 불길은 모든 회중에게 붙어서 거대한 활화산처럼 타올랐습니다.

오늘의 말씀

1. 예수 그리스도의 사역은 예배로 시작되었습니다(막 1:21~22)

예수님의 사역은 회당에 들어가셔서 예배로 시작하셨습니다. 육상경기에서 막 출발 신호를 기다리는 긴박한 순간처럼 숨소리를 죽이면서 호흡을 가다듬고 있었습니다. 요즘처럼 힘들고 바쁘고 식사할 겨를도 없이 직장으로 달려가기 바쁜데 무슨 새벽예배냐고 불평을 토로하는 젊은이들이 있을 것입니다. 그러나 새벽기도회를 해 보십시오. 너무 신기한 일들이 벌어지는 것을 경험하게 될 것입니다. 부정적이고 비판적인 성격이 긍정적인 삶으로 변하고, 하나님의 능력을 체험하는 놀라운 일을 보게 될 것입니다. 새벽에 주님을 찾아 무릎을 꿇고 간절히 기도해 보십시오. 하나님은 부르짖는 자에게 위로하사 하루 일과를 격려하시고 소망과 비전을 주시고, 일과를 행복하게 하실 것입니다. 여러분! 새벽에 하나님을 만나시고 기도와 성경읽기, 찬송을 부르며 하루 일과를 시작해 보시기 바랍니다. 그 자체가 기쁨이 되고 하나님께 영광이 될 것입니다.

· 함께 읽어요 : 마가복음 1장 35~37절

"35새벽 아직도 밝기 전에 예수께서 일어나 나가 한적한 곳으로 가사 거기서 기
도하시더니 36시몬과 및 그와 함께 있는 자들이 예수의 뒤를 따라가 37만나서 이르
되 모든 사람이 주를 찾나이다."

2. 악한 영 꾸짖으며, 병 고치는 은사가 나타났습니다(막 1:23~28).

예수 그리스도의 사역에서 설교 대부분은 성경의 약속의 증언이었습니다. 예수 그리스도께서 천국복음을 전파하실 때, 악한 영들의 방해공작이 나타났습니다. 오늘날도 마찬가지입니다. 성령의 역사가 필요할 때마다 먼저 문제가 발생한 것을 봅니다. 귀신들린 사람이 교회를 혼란케 합니다. 대부분 교인은 시끄럽고 점잖은 예배시간에 망신을 당하지 않을까 미리 겁을 먹거나 피합니다. 그러나 이때 기도의 용사들을 대동하고 정면 도전해 승부를 걸어야 합니다. 세상에서 불치병으로 내 놓은 자들을 보내주십니다. 기도로 치유의 승부를 거시기 바랍니다. 이를 극복해야 합니다. 그럴 때 교회가 부흥하게 됩니다(8~9절).

성령 충만하면, 기도에 능력을 주십니다. 귀신 들린 사람을 고치는 은사도 주십니다. 병 고치는 은사도 나타납니다. 그러나 은사가 믿음의 척

도는 아닙니다. 오늘날 교회에서 말씀만 전하면 됐지, 무슨 귀신을 쫓나? 하지만 그렇지 않습니다. 기도하면 내 병을 먼저 고쳐주시고, 병 고치는 은사도 주십니다. 그러나 내 병이 완치되지 않았다고 걱정하지 마십시요. 은사를 행하는 바울 사도에게도 가슴에 박힌 못처럼, 육신에 가시를 남겨주심으로 자만하지 않고 겸손하도록 하셨습니다(고후12:7).

· 함께 읽어요 : 고린도후서 12장 7절

"여러 계시를 받은 것이 지극히 크므로 너무 자만하지 않게 하시려고, 내 육체에 가시 곧 사탄의 사자를 주셨으니 이는 나를 쳐서 너무 자만하지 않게 하려 하심이라."

3. 예수님의 능력은 가정과 개인을 고치셨습니다(막 1:29~39)

성경에 나타난 예수 그리스도의 사역은 전도, 교육, 봉사로써 각양 각색으로 나타납니다. 요즘 세상에 사람 중심의 인본주의가 극에 달하고 있습니다. 그 중심에 교육이라는 기관이 자리하고 있고 정치가 지원하고 있습니다. 이것은 교회와 복음에 큰 위협입니다. 예수께서는 제자들을 부르셔서 그들을 실물교육으로 모범을 보이셨습니다. 권위 있는 새 교훈을 주셨습니다. 따라서, 더러운 귀신들에게 명한 즉 순종했습니다(막 1:27). 이제 교육조차 자연주의, 인본주의 사조가 신본주의를 위협하고, 안티 기독교가 복음을 부정하고 도전합니다. 창세기의 창조사역을 설화로 비하시키고, 신유 은사까지 사이비 이단들의 손에 들려 신자들을 유혹하고 있습니다. 예수님처럼 능력 전도로 가정과 개인을 복음화하고 말씀의 능력으로 승리하셔서 하나님께 영광 돌리시기를 축복합니다.

· 함께 읽어요 : 마가복음 1장 38절

"이르시되 우리가 다른 가까운 마을들로 가자 거기서도 전도하리니 내가 이를 위하여 왔노라 하시고"

정리하는 말

성도 여러분! 개신교의 특징은 날마다 개혁하는 것입니다. 자신도 이웃도 갱신되어야 합니다. 기도하면서도 회개가 없는 것은 자신과 이웃에게 큰 부담입니다. 귀신들이 겸손한 자 앞에서는 머리 숙여도, 교만한 자 앞에서는 당신이 최고라고 부추깁니다. 한국 초대교회의 대 부흥운동은 회개운동이 먼저였습니다. 신앙의 교만을 버리고, 연중 새벽기도로 회개하시고, 영적 부흥운동에 동참하시어 조국과 세계의 복음화를 위한 헌신의 결단으로 하나님께 영광 돌리시기 바랍니다.

평가와 결심

1. 예수 그리스도의 사역은 어떻게 시작되었습니까?
   (막 1:35, 예배와 새벽기도)
2. 예수 그리스도의 사역에 나타난 특징이 무엇입니까?
   (막 1:25~26, 32~34, 새벽기도, 전도, 귀신 축사와 병 고치심)
3. 예수 그리스도께서 어떤 사역을 통해 역사하셨습니까?
   (막 10:29~39, 전도로 가정 회복과 개인 구원과 귀신 축사 · 치유하심)

주간 경건의 시간 <6> · 날마다 말씀과 함께

요일 / 내용	주일/월(Mon)	화(Tue)	수(Wed)	목(Thu)	금(Fri)	토(Sat)
찬송	25동 / 28동	252 / 184	180 / 168	352 / 390	440 / 497	401 / 457
성경	막 1:1-28 / 29-45	막 2 :	막 3:1-12	막 3:13-35	막 4:1-25	막 4:26-41
적용	하나님 나라/ 전도 하리니	새포도주 새 부대	안식일 선행	열 두 제자	좋은 땅	바다를 잔잔케

* 매일의 기도가 두려움을 쫓아냈다. <오비디우스, B. C. 43~A. D. 17?, 로마 시인>

제7과

믿음으로 하는 기도의 위력

찬송 / 327, 217, 218 / 통 361, 362, 369
성경 / **마가복음 5:21-43**
요절 / **마가복음 5:36**

"예수께서 그 하는 말을 곁에서 들으시고 회당장에게 이르시되 두려워하지 말고 믿기만 하라 하시고"

목표 / 기도할 때 두려워하지 말고 믿기만 하며 기도드리는 태도를 기른다.

시작하는 말

성도의 신앙생활 중에서 기도생활은 제일 중요한 것입니다. 그 비중은 상상을 초월합니다. "쉬지 말고 기도하라"는 말씀은 숨을 쉬듯 기도하고, 생명이 있는 한 기도하라는 것입니다. 오늘 본문에 나오는 회당장이라면 회당 관리자를 관리하는 총감독입니다. 회당장은 예수님을 신뢰하고 오시기를 기다렸습니다. 우리는 위기에 처할 때 교회에 가서 주님의 응답을 기다리며 간절히 기도합니다. 믿음으로 하는 기도는 위력으로 나타납니다. 그래서 그를 일깨워주시고 위로하시고 축복하십니다.

오늘의 말씀

1. 회당장의 기도는 참 응답이 어려운 기도였습니다(막 5:21~24).

예수께서 배를 타시고 건너편으로 가시매, 큰 무리가 바닷가에 몰려왔습니다. 회당장 중 '야이로'라는 이가 예수 발 앞에 엎드리어 간구합니다. 어린 딸이 죽게 되었사오니 오셔서 손을 얹으사 살려달라고 간구합니다. 아직 말씀하실 때에 전갈이 왔습니다. 회당장의 딸이 죽었사오니 예수님을 괴롭게 말라는 것입니다. 예수님으로는 이미 틀렸다는 것입니다. 참 현실적인 언급입니다. 그러나 예수님은 두려워 말고 믿기만 하라고 말씀하셨습니다. 이런 때 여러분은 어떻게 하시겠습니까? 오직 믿기만 하고 하나님께서 다 해결해 주실 줄 믿으시기 바랍니다.

· 함께 읽어요 : 마가복음 5장 36절

"예수께서 그 하는 말을 곁에서 들으시고 회당장에게 이르시되 두려워하지 말고 믿기만 하라 하시고"

2. 예수께서 능력이 자기에게서 나간 줄을 아셨습니다(막 5:25~34).

회당장 야이로가 간구 하는 동안 더 절박한 한 여인이 있었습니다. 그는 무단으로 예수님께 접근하여 자신의 숨길 수밖에 없는 질병을 치유 받는 사건이 일어납니다. 예수께서 계신 곳은 바로 능력치유의 현장이었습니다. 남모르는 혈루증을 앓는 여인이 속 깊은 사연을 숨긴 채 사람들이 에워싸고 미는 틈을 이용해 예수께 접근하여 그분의 옷자락을 만지는(touch) 일이 벌어졌습니다. 그 현장에서 누가 예수의 옷자락을 만졌는지 손을 댄 여인 외에는 아무도 알 수 없는 노릇이었습니다. 그러나 문제는 그 일로 인해 예수님께서 능력이 자신에게서 나간 줄을 아셨다는 것입니다(30절).

예수님은 누가 내 옷에 손을 대었느냐고 물으셨습니다. 제자들은 오히려 예수님께 반문했습니다. 그러나 손을 댄 여인 자신의 병인 혈루증의 근원이 곧 말랐고, 병이 나은 줄을 몸에서 깨달았습니다. 정말 놀라운 일이 벌어졌습니다. 이렇게 기도는 은밀하게 하든, 사람들이 알게 하든 그 응답의 결과에서 확연하게 들어나고 나타납니다. 그리고 이어서 예수님의 놀라운 구원과 치유의 선언이 그 여인에게나 무리들에게 평안과 기쁨을 주었습니다. 그로 인해 하나님께 영광을 돌리게 되었습니다.

· 함께 읽어요 : 마가복음 5장 34절

"예수께서 이르시되 딸아 네 믿음이 너를 구원하였으니 평안히 가라. 네 병에서 놓여 건강할지어다."

3. 상황은 악화될 수 있지만 믿음은 약화될 수 없습니다(막 5:35~43).

기도할 때 꼭 명심해야 할 점이 있습니다. 기도하면 바로 다 응답되는 것이 아닙니다. 그러나 한 번 기도해서 응답이 없다고 실망하거나 불평해서는 안 됩니다. 더 좋은 것을 주실 줄 믿고 감사하면서 응답해 주시기를 기다려야 됩니다. 그리고 하나님 편에서 생각해 보는 것입니다.

① 무슨 일이든 해결과 응답에 순서가 있다(26절). 기다려야 한다.

② 바로 고쳐주면 내가 고친 것처럼 착각을 하게 되며 교만에 빠질 수도 있다(요 8:11절). ③ 병 고침보다 더 중요한 것은 영혼 구원이다(34절). ④ 너만 생각하지 말고 다른 사람도 생각해 봐라(40절). ⑤ 궁극적으로 하나님께 영광을 돌리는 일인가? 생각하라(막 12:2절).

기도 응답이나 병 고침을 통해서 천국복음이 전파되어야 합니다. 한 사람으로 인하여 만인이 복을 받고 축복을 누리며 살아가도록 해야 합니다. 기도생활을 통하여 어떤 목표를 가지고 기도하다 보면 상황이 악화될 수도 있습니다. 그러나 낙심하거나 서로 원망하지 말고, 길이 참고 마음을 굳게 하여 주의 강림을 바라보며 응답을 기다려야 합니다(약 5:9). 그럴 때일수록 믿음이 약화되어서는 안 됩니다. 담대하시기 바랍니다.

· 함께 읽어요 : 야고보서 5장 13~14절

"[13]너희 중에 고난 당하는 자가 있느냐 그는 기도할 것이요 즐거워하는 자가 있느냐 그는 찬송할지니라. [14]너희 중에 병든 자가 있느냐 그는 교회의 장로들을 청할 것이요 그들은 주의 이름으로 기름을 바르며 그를 위하여 기도할지니라."

정리하는 말

성도 여러분! 신앙생활에서 즐거운 일은 어려운 일을 만났을 때 기도함으로 하나님께서 응답해 주심을 간증하는 일일 것입니다. 어려움이 심할수록 더욱 짜릿한 기도의 쾌감을 느낄 수 있을 것입니다.

찬송가 288장에 ♬ 예수를 나의 구주 삼고 성령과 피로서 거듭나니 / 이 세상에서 내 영혼이 하늘의 영광 누리도다. / 이것이 나의 간증이요 이것이 나의 찬송일세. 나, 사는 동안 끊임없이 구주를 찬송하리로다. ♬

우리의 기도 응답을 찬송하며 하나님께 영광 돌리시기를 바랍니다.

평가와 결심

1. 회당장은 예수께 나아와 무엇을 구했습니까?
   (막 5:21~43, 죽어가는 딸, 죽은 어린 딸을 살려달라고 함)
2. 열두 해를 혈루증으로 고통 받던 여인이 어떻게 나았습니까?
   (막 5:25~34, 예수의 옷을 만지기만 해도 낫겠다는 믿음으로 만짐)
3. 기도 중에 더욱 악화되더라도 믿음 식지 않으면 어떻게 됩니까?
   (막 5:35~43, 믿음의 기도는 상황이 악화된다 할지라도 응답받음)

주간 경건의 시간 <7> · 날마다 말씀과 함께

요일 / 내용	주일/월(Mon)	화(Tue)	수(Wed)	목(Thu)	금(Fri)	토(Sat)
찬송	27동 / 29동	95 / 82	338 / 364	337/ 363	383 / 433	250 / 182
성경	막 5:1-20/ 21-43	막 6:1-29	막 6:30-44	막 6:45-56	막 7:1-23	막 7:24-37
적용	귀신 축사 / 달리다굼	제자 파송	오병 이어	바다 위 걸으심	장로들의 전통	에바다

* 안이한 생각을 위해 기도해서는 안 된다. 강하게 되기 위해 기도하라. 당신의 일에 감당할 수 있는 힘이 주어지도록 기도하라. <웬델 필립스, 1809~1885, 영국 정치가>

2단원 기도 지성의 달

제8과

오직 기도로, 영적 무장하자!

찬송 / 338, 354, 186 / 통 364, 394, 176

성경 / **마가복음 9:14-29**

요절 / **마가복음 9:29**

"이르시되 기도 외에 다른 것으로는 이런 종류가 나갈 수 없느니라 하시니라."

목표 / 벽에 부딪쳤을 때 오직 기도밖에 없다하고 살아가는 태도를 기른다.

시작하는 말

기독교의 역사를 뒤돌아보면 누구나 가장 어렵고 힘든 때가 있듯이, 우리도 길이 보이지 않고, 사면초과 되어 캄캄한 터널에 갇혀있을 때가 있습니다. 그때 살려주신 것은 생명을 걸고 기도했기 때문입니다. 본문은 귀신을 쫓는데 한 가지 방법밖에 없다는 것을 가르쳐주고 있습니다. 오직 기도밖에 없다는 것입니다. 우리가 귀신 들린 자를 고치는 데는 기도의 능력밖에 없음을 명심하시기 바랍니다. 우리의 간절한 기도와 믿음으로 귀신을 물리치고 하나님께 영광 돌리시기 바랍니다.

오늘의 말씀

1. 제자들의 영적 무능함이 예수님을 실추시켰습니다(막 9:14~19)

신앙생활에서 이런 난처한 사례가 발생해도 그 장면만 모면하려는 경우가 있습니다. 본문에 제자들은 무리들이 둘러싸 보는 앞에서 서기관들과 변론하고 있었습니다. 화제는 말 못하게 귀신 들린 아들을 제자들에게 데려와 내쫓아 달라 했으나 그들이 능히 하지 못 했습니다.

복음전파 하는데 장애물은 제자들의 영적 무능함으로 시험을 돌파하지 못한 것입니다. 이로 인해 예수님의 체면을 실추시켰습니다. 주님의 제자가 된 우리는 영적 성숙함으로 주님의 사명을 잘 감당해야 합니다.

· 함께 읽어요 : 마가복음 9장 18절

"귀신이 어디서든지 그를 잡으면 거꾸러져 거품을 흘리며 이를 갈며 그리고 파리해지는지라. 내가 선생님의 제자들에게 내쫓아 달라 하였으나 그들이 능히 하지 못하더이다."'

2. 제자들의 영적 미성숙이 주님을 실망시켰습니다(막 9:19~22)

제자들이 속수무책으로 당하고 있었습니다. 귀신 들린 아들의 아버지의 설명을 들으신 예수께서는 "믿음이 없는 세대여 내가 얼마나 너희와 함께 있으며 얼마나 너희에게 참으리요 그를 내게로 데려오라"고(19절) 하셨습니다. 영적 미성숙은 세 가지 면에서 주님을 슬프게 합니다.

① 사람들의 불신앙이 그리스도를 슬프게 합니다.

② 곤궁에 처한 사람의 가련한 상태가 그리스도를 슬프게 합니다.

③ 사랑하는 자들의 절망적인 상태가 그리스도를 슬프게 합니다.

예수 그리스도께서 그 아들을 돌보신 것만큼 그 아버지도 돌보아 주었습니다. 그 아버지는 깊은 사랑을 갖고, 아들의 상태를 호전시켜 보려고 예수님을 찾아 나섰습니다. 그러나 더 이상 손을 쓸 수 없는 한계를 느끼고 마음에 깊은 상처를 입었습니다. 그는 절망적이었지만 포기하지 않았습니다. 이를 예수께로 이끌어 믿음이 아니면 해결이 불가능함을 깨닫게 하셨습니다. 예수님의 목적대로 그 사람의 관심의 초점은 예수님과 자기 아들의 질병 상태에 맞춰졌습니다. 그 사람은 예수님께 의미심장한 애기를 꺼냈습니다.

① "무엇을 할 수 있거든 우리를 … 도와주옵소서."

② "우리를 불쌍히 여기사 도와주옵소서." 그 사람의 큰 결점은 예수님의 능력에 대한 개인적인 지식과 믿음이 부족했습니다. 그러나 그는 마치 예수님이 정말 도와주실 능력을 갖고 있는 것처럼 믿었습니다. 그분께 "하실 수 있거든 우리를 불쌍히 여기사 도와주시라"고 부르짖었습니다.

· 함께 읽어요 : 마가복음 9장 23절
"예수께서 이르시되 할 수 있거든 이 무슨 말이냐 믿는 자에게는 능히 하지 못할 일이 없느니라 하시니"

3. 예수님의 영적 능력만이 해결할 수 있습니다(막 9:23-29).

누구에게나 가장 절박할 때나 긴급하고 절실한 필요가 있을 때, 간절한 기도가 터지는 법입니다. 예수께 나와 말 못하는 귀신이 들린 아들의 절박한 상태를 고백했습니다. 그가 예수님께 나왔지만 무엇을 어떻게 할지를 몰라 당황했습니다. 그냥 불쌍히 여겨달라고만 부르짖습니다. 누구에게나 닥쳐오는 영적 위기에서 해결의 실마리는 있습니다.

첫째로, 영적 미성숙은 영적 능력을 간절히 구함으로써 이겨낼 수 있습니다. 제자들조차 자기들이 왜 실패했는지 모르고 있었습니다. 그들에게 이미 악한 영들을 지배할 수 있는 능력을 주셨습니다(마 10:1절). 그러나 담대함이 없어 활용하지 않고 있는 동안 무능해 졌습니다. 그래서 예수 그리스도께서는 그들의 믿음을 일깨워 주신 것입니다.

둘째로, 영적 미성숙은 기도와 금식으로 이겨낼 수 있습니다. 오늘날 현대 교인들의 가장 큰 문제는 위기에 처해 있으면서도 이미 우리에게 주신 영적 능력조차 사용하지 않고 있다는데 있습니다(25~29절). 영적 성숙을 위해 기도에 전념하시고, 영적 능력을 담대하게 활용하시기 바랍니다.

· 함께 읽어요 : 마가복음 9장 29절
"이르시되 기도 외에 다른 것으로는 이런 종류가 나갈 수 없느니라 하시니라."

정리하는 말

성도 여러분! 절박한 상황에서 왜 기도하지 않습니까? 마태복음 10장 1절을 보세요. "예수께서 그의 열두 제자를 부르사 더러운 귀신을 쫓아내며 모든 병과 모든 약한 것을 고치는 권능을 주시니라"고 하셨습니다. 우리가 어렵고 힘들 때나 병들어 고통을 당할 때, 마음과 정성을 다해 하나님께 기도하고 부르짖으면 다 응답해 주실 것입니다. 예수께서 가르쳐 주신 대로, 오직 기도 외에 다른 방법이 없음을 명심하시고 부르짖어 간구하시기 바랍니다. 하나님이 역사하사, 형통케 하실 것입니다.

평가와 결심

1. 말 못하게 하는 귀신 들린 아들의 아버지 문제가 무엇입니까?
   (막 9:14~18, 제자들에게 내쫓아 달라 하였으나 능히 하지 못했음)
2. 귀신 들린 아들의 아버지가 예수께 무엇이라고 하였습니까?
   (막 9:19~24, 내가 믿나이다. 나의 믿음 없는 것을 도와주소서라고 함)
3. 귀신을 쫓아내 주시고 제자들의 물음에 뭐라고 하셨습니까?
   (막 9:29, 기도 외에 다른 것으로는 이런 종류가 나갈 수 없다)

주간 경건의 시간 <8> · 날마다 말씀과 함께

요일 / 내용	주일/월(Mon)	화(Tue)	수(Wed)	목(Thu)	금(Fri)	토(Sat)
찬송	145동 / 249동	345 / 461	347 / 382	351 / 389	358 / 400	320 / 350
성경	막 8:1-21/22-38	막 9:1-29	막 9:30-50	막 10:1-16	막 10:17-34	막 10:35-52:
적용	7병 2어 / 다시 안수하매	변화되심	죽음과 부활	이혼 증서	하나님의 나라	맹인 바디매오

* 예수님을 닮기 위한 묵상, 이렇게 기도할 때 내가 말하는 것이 아니라, 하나님이 말씀해 주신다. <사두 썬다 싱, 1889~1929, 인도의 기독교 성자, 신비주의자>

제9과

주신 줄 믿고, 전도하라

찬송 / 515, 531, 545 / 통일 256, 321, 344

성경 / **마가복음 11:20-33**

요절 / **마가복음 11:24**

"그러므로 내가 너희에게 말하노니 무엇이든지 기도하고 구하는 것은 받은 줄로 믿으라. 그리하면 너희에게 그대로 되리라."

목표 / 전하는 이마다 하나님께서 주실 줄로 믿고 전도하는 태도를 기른다.

시작하는 말

본문에서 제자들이 화요일 아침 성전으로 되돌아오고 있을 때, 무화과나무가 그들의 눈에 띄었습니다. 그 무화과나무는 잎이 무성해서 과실이 많을 것처럼 보였습니다. 그러나 자세히 보니 열매가 없었습니다. 예수님은 그 나무를 저주했습니다. 베드로는 저주한 그 무화과나무가 말랐다고 예수님께 보고했습니다. 베드로는 무화과나무에 저주를 선포하신 예수님의 기도에 대한 효과와 응답의 신속함에 놀랐습니다. 우리가 기도한 후 주신 줄 믿고 전도하면 속히 이뤄주실 것입니다.

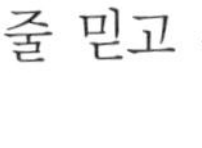

오늘의 말씀

1. 전도의 첫 번째 조건은 믿음과 기도입니다(막 11:20~23).

전도에 대해 다음 네 가지 중요한 사실들을 주목하시기 바랍니다.

① 믿음의 대상은 하나님 자신이십니다. 예수님은 '믿음을 가져라' 하

시지 않고 '하나님을 믿으라'고 하셨습니다. ② 전도자들은 믿음의 대상을 분명히 할 때 믿음이 생깁니다. ③ 믿음을 소유하는 방법은 기도입니다. ④ 전도는 기도와 믿음의 결과입니다. 따라서, 기도와 믿음은 전도의 결실을 위해 필수 전제 조건입니다. 기도하고 믿음으로 담대히 나아가 전해야 합니다. 이를 개인 영혼을 전도하는데 활용하시기 바랍니다.

· 함께 읽어요 : 마가복음 11장 23절

"내가 진실로 너희에게 이르노니 누구든지 이 산더러 들리어 바다에 던져지라 하며 그 말하는 것이 이루어질 줄 믿고 마음에 의심하지 아니하면 그대로 되리라."

2. 기도나 전도의 두 번째 조건이 있습니다(막 11:24).

어떤 일이든지 목적하고 계획한 것이 이루어지기 위해서는 기도하고 바라는 목표가 있어야 합니다. 그러나 오늘날 그리스도인들은 기도는 하는데 무엇을 얼마만큼 얻었는지 기대치나 목표를 점검하는 작업을 흐지부지 합니다. 기도할 때도 기도해 놓고 이루어졌는지 확인도 안합니다. 말하자면, 주문을 해 놓고, 도착했는지 확인조차 하지 않는다는 것입니다. 천국에 기도로 부탁해 놓고 찾아가지 않은 소포들이 부지기수로 많다는 예화가 생각납니다. 기도에 대한 응답을 꼭 확인하시어, 주신 은혜 감사 감격하며 살아가시기 바랍니다.

전도 해놓고도 그분이 교회에 왔나 오지 않았나? 관심도 없습니다. 전도자들이 의례히 그랬듯이 확인도 하지 않고 한 번만 출석하면 교역자들에게 인계해 버립니다. 그러니까 그 다음부터 전도 받은 자가 교회에 가기 싫어집니다. 전도해서 한 영혼이 믿음을 받아들이고 회심하는 순간 천국에서는 축하의 팡빠레가 울려 퍼질 것입니다. 그런데 총동원 전도주일에 교회로 인도해 놓고 챙기지 않는다면, 누가 전도 받고 또 교회에 오겠습니까? 요즘 총동원 전도주일 지키고 그런 교회에 출석해서 총동원 전도주일 선물이나 주고, 연중행사처럼 하는 것은 불신자들의 심령에 감동이 없습니다. 길가에 뿌린 씨앗처럼 복음의 씨앗이 발아하지 못합니다. 밟혀버리거나 새들이 와서 먹어버리고 맙니다. 그러니 어떻게 그 영혼이 살아 구원을 받겠습니까? 전도는 씨 뿌리고, 잘 자라도록 관심을 갖고, 그 영혼이 결실하기까지 최선을 다 해 돌봐야 하는 것입니다.

· 함께 읽어요 : 마가복음 11장 24절
"그러므로 내가 너희에게 말하노니 무엇이든지 기도하고 구하는 것은 받은 줄로 믿으라. 그리하면 너희에게 그대로 되리라."

3. 전도나 기도를 위한 세 번째 조건이 있습니다(막 11:25~26).

전도나 기도에서 세 번째 조건은 용서입니다(마 6:14~15절). 사람이 용서해야 할 때, 실제로 용서해야 할 사람에 대해 먼저 기도해야 합니다, 그리고 용서해야 합니다. 어떤 사람에 대하여 강퍅한 마음을 가지거나 화가 나 있는 것은 죄입니다. 그것은 자신이 죄에서 진정으로 돌이키지 않은 증거입니다. 진실한 마음으로 하나님의 용서를 간구하지 않고 있음을 말해줍니다. 전도는 사람의 영혼을 건지겠다는 행위입니다. 그래서 전도의 열망을 가진 사람은 준비가 필요합니다. 먼저 자신을 비우고, 용서하고 깨끗한 마음으로 복음을 전해야 그 영혼이 응답하는 것입니다.
사람의 마음은 거울과 같습니다. "너희는 세상의 빛이라"(마 5:14상)고 말씀하셨습니다. 이것은 깨끗이 닦여진 마음의 거울을 통해 주님의 빛된 말씀을 그대로 전달해 줄 수 있다는 말씀입니다. 주님은 산상보훈에서 "심령이 가난한 자는 복이 있나니 천국이 그들의 것임이요"(마 5:3)라고 말씀하셨습니다. 깨끗한 심령으로 은혜를 담아 전도하시기 바랍니다.

· 함께 읽어요 : 마가복음 11장 25절
"서서 기도할 때에 아무에게나 혐의가 있거든 용서하라 그리하여야 하늘에 계신 너희 아버지께서도 너희 허물을 사하여 주시리라 하시니라."

정리하는 말

성도 여러분! 길거리에서 서서 기도하고 전도한다는 것은 대단한 용기입니다. 전도는 먼저 마귀의 시험을 물리쳐야 합니다. 마귀는 전도를 부끄럽게 하고 포기하게 만듭니다. 그래서 성령 충만함을 간구해야 합니다. 성령 충만함이 세상을 이길 수 있습니다. 하나님께서 붙들어 주실 줄 믿고 전도에 임하시기 바랍니다. 여러분! 먼저 상대를 위해 기도하고 주님이 주신 능력으로 담대하게 나아가 전하십시오. 분명히 십자가 보혈의 능력이 전도자에게 임하셔서 복음전파에 힘을 실어줄 것입니다.

평가와 결심

1. 기도와 전도에서 응답과 성공의 첫째 조건이 무엇입니까?
(막 11:23~24, ① 마음에 의심 말라 ② 구한 것을 받은 줄로 믿으라)
2. 기도와 전도에서 응답과 성공의 둘째 조건이 무엇입니까?
(막 11:24 ① 믿고 구한 대로 ② 기대치를 설정하고 ③ 늘 확인하라)
3. 기도와 전도에서 응답과 성공의 셋째 조건이 무엇입니까?
(막 11:25, ① 보혈 능력 믿고 ② 허물 용서하며 ③ 담대히 전하라)

주간 경건의 시간 <9> · 날마다 말씀과 함께

요일 / 내용	주일/월(Mon)	화(Tue)	수(Wed)	목(Thu)	금(Fri)	토(Sat)
찬송	144동 / 93동	347 / 382	212 / 342	251/ 137	215 / 354	84 / 96
성경	막11:1-18 / 19-33	막 12:1-27	막 12:28-44	막 13:1-37	막 14:1-31	막 14:32-72
적용	호산나찬송/ 용서하라	가이사의 것	첫째 계명	깨어있으라	마지막 만찬	겟세마네 기도

* 내가 철학을 전파하였더니 사람들은 칭찬하였다. 그러나 내가 그리스도를 전파하였더니 사람들은 회개하였다. <A. P. 깁스>

3단원 전도 총력의 달

제10과

만민에게 복음 전도

찬송 / 505, 502, 500 / 통 268, 259, 258
성경 / **마가복음 16:9-20**
요절 / **마가복음 16:15**
"또 이르시되 너희는 온 천하에 다니며 만민에게 복음을 전파하라."
목표 / 온 천하에 다니며 많은 이웃에게 복음을 전파하는 태도를 기른다.

시작하는 말

한국교회가 한 세기만에 괄목할 만하게 급성장한 이유가 있었습니다. 최권능(최봉석) 목사는 1869년 평양에서 출생하여 33세 때 예수 믿고, 45세에 목사가 되어 86개의 교회를 세웠습니다. 그가 '예수 천당'을 외치며 전도하는 소리에 평양의 새벽은 밝았다고 합니다. 수사관들이 문초하고 때리면 '예수' 또 한대 때리면 '천당'이라고 외쳤다고 합니다.

최목사님은 옥중에서 40일 금식 기도하고, 옥중전도하다 순교하셨습니다(1944. 4. 16). 한국교회의 부흥은 이런 전도자들과 전국 각지에서 부흥성회가 열려 삼천리 금수강산은 전도부흥으로 복음의 꽃이 피어, 전국 방방곡곡에 푸르고 푸른 그리스도 복음의 계절이 다가오게 된 것입니다.

오늘의 말씀

1. 예수께서 부활하셔서 먼저 마리아에게 나타나셨습니다(막 16:9~11).

본문에 나오는 막달라 마리아는 일곱 귀신이 들렸던 여인이었습니다. 그녀는 귀신에게 정신과 육체가 조정 당하였던 여자입니다. 그녀는 따뜻한 가정을 떠나 음침한 무덤가로 밤마다 끌려 다녔습니다. 그런 그녀에게 예수님의 만남은 최고의 복음이었을 것입니다. 예수님께서는 귀신을 내쫓아주시고 새 사람이 되게 하셨습니다. 그 일 이후로 그녀는 고마움 때문에 혼신을 다해 예수님을 섬기며 주님을 떠날 수가 없었습니다. 바로 이 은혜가 그녀를 예수님께서 떠나지 못하고 매달리도록 했을 것입니다. 예수께서 십자가에 달리셨을 때에도, 무덤에 장사 지낼 때에도 지켜보았고, 장사 지낸 후 사흗날 사람들이 가기 무서운 어둠의 새벽에 무덤을 찾아갔습니다. 예수님은 그녀에게 나타나셔서 만나주셨습니다.

· 함께 읽어요 : 마가복음 16장 9절
"예수께서 안식 후 첫날 이른 아침에 살아나신 후 전에 일곱 귀신을 쫓아내어 주신 막달라 마리아에게 먼저 보이시니"

2. 부활의 증언을 듣고, 믿지 않는 자를 책망하셨습니다(막 16:12~14).

막달라 마리아는 전에 부활의 메시지를 직접 들었습니다(눅 24:6~8). 오늘날 신자들은 성경 말씀을 읽고 또 공부해서 성경 지식을 넓히는 것이 필요합니다. 여기에 성경 말씀을 암송하는 것도 매우 중요합니다. 예수 그리스도는 그의 사역에서 구약성경을 읽고, 예언들을 증언하셨습니다. 예수 그리스도께서 천국복음을 전파하실 때에도, 악한 영들은 말씀을 듣는 데 방해공작을 했습니다. 그러나 주님은 그들을 물리치셨습니다. 오늘날 우리들도 말씀으로 무장하여 시험을 물리쳐야 할 것입니다.

막달라 마리아가 제자들에게 부활의 소식을 전했을 때, 그들은 그 사실을 의심하고 믿지 않았습니다. 그들은 예수님의 말씀에 확신이 없었기 때문에 믿지 못했습니다. 확신 없는 믿음은 신앙생활에 자신이 없고 활력을 주지 못합니다. 전도자들은 믿고 아는 만큼 전할 수 있는 것입니다. 내가 믿지도 않는데 어떻게 전할 수 있겠습니까? 가장 어렵고 힘든 형편에서 귀신 축사함을 입은 막달라 마리아는 평생, 그의 여생을 주님을 위해 헌신하고 봉사하며 복음전도로 살았을 것입니다. 예수께서는 믿지 않는 제자들을 책망하셨습니다. 성도 여러분! 예수님의 부활을 믿고 평생 전도하면서 하나님께 영광을 돌리는 여러분 되시기를 부탁드립니다.

· 함께 읽어요 : 마가복음 16장 14절

"그 후에 열한 제자가 음식 먹을 때에 예수께서 그들에게 나타나사 그들의 믿음 없는 것과 마음이 완악한 것을 꾸짖으시니 이는 자기가 살아난 것을 본 자들의 말을 믿지 아니 함일러라

3. 만민에게 복음을 전파하라고 명령하셨습니다(막 16:15~20).

여러분! 주님의 책망은 제자들에게 큰 자극을 주는 계기가 되었습니다. 제자들에게 경각심을 불러일으켰습니다. 주님의 책망은 영광스러운 부활체와 더불어 제자들의 영혼 깊숙이 각인 되었을 것입니다. 일생 동안 결코 '부활의 증인'(행 1:1-8)의 사명을 감당하기 위해 그 자리를 이탈하지 않았으며, 전도와 선교의 사명을 끝까지 감당할 수 있었던 참된 계기가 되었을 것입니다.

복음전파의 사역은 주님의 명령입니다(막 16:15). 제자들이 착한 마음으로 시작했다기보다는 복음전도의 주체와 명령자는 천하만국을 통치하시는 사랑의 주 하나님이시라는 사실입니다. 하나님께서는 이 땅에 그 아들의 '몸 된 교회'(고전 12:27)를 통하여 만인에게 복음이 전파되고 하나님의 나라가 속히 이루어지기를 원하고 계십니다. 믿고 세례를 받는 사람들에게 복음 전파의 지상명령을 가르치고, 성숙한 신앙인으로 살아갈 수 있도록 양육하시기를 축복합니다.

· 함께 읽어요 : 마가복음 16장 16절

"믿고 세례를 받는 사람은 구원을 얻을 것이요 믿지 않는 사람은 정죄를 받으리라."

정리하는 말

성도 여러분! 복음사역은 말씀과 기도 및 은사로 무장한 다음 전도의 현장에 나서야 합니다. 말씀을 묵상하고 기도하면서 전도하므로 싹이 돋아난 말씀과 은사의 싹이 자라도록 해야 합니다. 은사 전도도 중요하지만, 먼저 하나님의 말씀으로 마음과 심령에 예수 그리스도의 십자가와 말씀과 복음만을 전해 줄 수 있기를 바랍니다. 올해도 각 속회와 구역과 속한 그룹에서 복음을 전하셔서 천국을 이루어가시기를 소망합니다.

평가와 결심

1. 예수께서 부활하신 후 맨 처음 누구에게 보이셨습니까?
   (막 16:9, 막달라 마리아)
2. 부활의 주님을 본 자들의 증언에 제자들의 반응이 무엇입니까?
   (막 16:9~13, 예수님의 제자, 시골로 가던 두 사람 믿지 않음)
3. 예수 그리스도께서는 믿지 않는 자들에게 어떻게 하셨습니까?
   (막 16:14~16, 불신과 마음 완악한 것을 꾸짖고, 전도의 사명 주심)

주간 경건의 시간 <10> · 날마다 말씀과 함께

요일 / 내용	주일/월(Mon)	화(Tue)	수(Wed)	목(Thu)	금(Fri)	토(Sat)
찬송	25동 / 28동	252 / 184	180 / 168	352 / 390	440 / 497	401 / 457
성경	막 15:1-20/21-47	막 16:	눅 1:1-25	눅 1:26-60	눅 2:1-21	눅 2:22-52
적용	빌라도 심문/ 십자가 달림	예수 부활	세례 요한 탄생	마리아 찬가	그리스도 탄생	열두 살 시절 예수

* 십자가에 못 박힌 그리스도를 전파하려는 자는 자신도 반드시 십자가에 못 박힌 사람이 되어야 한다. <찰스엘 구떨>

3단원 전도 총력의 달

제11과

회개의 세례를 전파하라

찬송 / 522, 520, 516 / 통 269, 257, 265
성경 / 누가복음 3:1-22
요절 / 누가복음 3:3
"요한이 요단 강 부근 각처에 와서 죄 사함을 받게 하는 회개의 세례를 전파하니"
목표 / 세례 요한처럼 전도할 때 회개의 세례를 전파해야 함을 알게 한다.

시작하는 말

예수 그리스도의 오심은 인류 역사의 전환점이었습니다. 그분이 오심을 기점으로 세계 연대가 주전(B. C.)과 주후(A. D.)로 나뉘었습니다. 그만큼 예수 그리스도의 탄생은 역사상 가장 큰 사건이었습니다. 그런 위대하신 분을 맞이하기 위해 선구자로 오실 분이 필요했습니다. 그는 먼저 와서 준비하고, 사람들을 일으킬 자였습니다. 그분은 바로 세례 요한입니다. 그는 백성들에게 외쳤습니다. 광야와 요단 강 각처에서 회개의 세례를 외쳤습니다. 진정한 구세주가 오시리니, 예비하라고 외쳤습니다.

오늘의 말씀

1. 세례 요한은 빈들에서 부름 받은 사람이었습니다(눅 3:1~2).

① 하나님의 부르심은 변방 외진 곳, 광야에 있는 요한에게 임했습니다. 요한이 자라난 곳은 거의 사람이 없었던 광야로 알려집니다. 그 지역은 단지 여섯 개의 작은 마을이 여기저기 흩어져 있는 곳입니다. ②

하나님의 부르심은 매우 개인적인 문제입니다. 세례 요한은 자신이 부르신 사건을 마음에 담아두었습니다. 그의 마음은 순전하고 깨끗했습니다. 요한의 아버지는 사가랴 제사장이었고, 상속에 따라 제사장 직분을 갖게 됩니다. ③ 요한에 대한 하나님의 부르심은 제도적인 섬김보다 온 백성을 구원할 예수 그리스도를 섬기게 하기 위함입니다.

· 함께 읽어요 : 누가복음 3장 2절

"안나스와 가야바가 대제사장으로 있을 때에 하나님의 말씀이 빈 들에서 사가랴의 아들 요한에게 임한지라."

2. 요한은 회개와 죄 사함의 세례를 전파했습니다(눅 3:3~14).

첫째로, 요한의 전도는 죄 사함을 원하는 자는 회개해야 한다는 단순한 외침입니다. 말하자면, 죄에서 돌이키고 삶을 바꾸고, 그 증표로 세례를 받으라는 것입니다. 세례는 하나님께 자신의 죄를 용서해 주시기를 간구하고 그로 인해 죄 씻음 받았다는 뜻입니다. 그리하여 삶을 바꿔 회개했음을 이웃들과 세상에 보이는 표적인 것입니다.

① 죄 사함은 조건적입니다. 사람은 용서받기 위해서는 회개해야만 합니다. 그리고 진실로 회개했다면 그는 세례를 받아야 합니다.

② 세례는 회개하고 자신의 삶을 바꾸려 한다는 것에 대한 즉각적인 증거이자 표징입니다.

둘째로, 요한은 성경 계시로 외친 사람이었습니다(4~6절). 그는 이사야 선지자의 예언(사 40:3~5절)을 인용해 사람들에게 선포했습니다. 예수님을 예비할 것을 외쳤습니다.

① 예비하라. 비천한 자가 높임을 받게 될 것이기 때문입니다.

② 예비하라. 교만한 자들이 낮아질 것이기 때문입니다.

③ 예비하라. 비뚤어진 것이 곧게 될 것이기 때문입니다.

④ 예비하라. 거친 길들이 평탄하게 될 것이기 때문입니다.

⑤ 하나님의 구원이 모든 육체들에게 보여 질 것입니다. 길이 준비되면 구세주가 나타나시고, 우리가 하나님의 구원을 보게 것입니다.

· 함께 읽어요 : 누가복음 3장 6절
"모든 육체가 하나님의 구원하심을 보리라 함과 같으니라."

3. 메시지는 강력하며 모든 세대를 위한 것이었습니다(눅 3:7~22).

첫째로, 요한의 메시지는 강력하며, 모든 세대를 위한 것이었습니다.
① 책망하며 회개를 설교했습니다(7~8절).
② 교만에 대해서, 그리고 심판을 설교했습니다(8~9절).
③ 사회 정의를 설교했습니다(10~14절).
④ 메시야의 도래를 설교했습니다(15~17절).
⑤ 다른 많은 것과 왕의 죄에 대해서 설교했습니다(18~20절).

둘째로, 세례는 하나님께 순종하는 것이며, 또한 하나님의 인정을 확정하는 것입니다.
① 예수님은 사람들과 함께 세례를 받으심으로써 하나님께 순종했습니다(21절).
② 예수님은 기도로 하나님께 순종했습니다(21절).

세례는 하나님의 승인을 확정하는 것입니다. 사람이 세례를 받을 때, 하나님께서 매우 기뻐하시며 인정하십니다. ① 하늘이 열렸습니다(21절). ② 성령이 형체로 비둘기같이 예수께 내려오셨습니다(22절). ③ 하나님의 음성이 들렸습니다(22절). 성령이 그에게 강림했습니다. '내 사랑하는 아들이라'고 했습니다. 예수님은 하나님의 아들이었습니다.

· 함께 읽어요 : 누가복음 3장 22절
"성령이 비둘기 같은 형체로 그의 위에 강림하시더니 하늘로부터 소리가 나기를 너는 내 사랑하는 아들이라 내가 너를 기뻐하노라 하시니라."

정리하는 말

사랑하는 성도 여러분! 여러분들은 세례 요한의 사역을 주의 깊게 살펴보시기를 바랍니다. 그는 제사장의 아들로 태어나 그의 유복한 제사장 가문의 영광스러운 사역을 뒤로한 채, 조용하게 광야에서 메뚜기와 석청(야생 꿀)을 먹으면서 영성을 키웠습니다. 그리고 그는 세상의 제도적인 것을 뒤로하고, 오실 예수님을 전파하며 사명을 감당했습니다. 그는 모든 욕망을 포기하고 하나님의 부르심에 순종하여 광야에서 예수님의 길을 예비했습니다. 이 삶을 본 받으시기 바랍니다.

평가와 결심

1. 세례 요한의 출생 그리고 어디에서 부르심을 받았습니까?
   (눅 3:1~2, 급변하는 시대 제사장 가문 출생, 광야생활 중에서)
2. 요단 강 근처 세례 요한의 메시지의 핵심은 무엇입니까?
   (눅 3:2~3, 죄 사함을 받게 하는 회개의 세례를 전파하였음)
3. 야인(野人)인 세례 요한의 메시지의 성격은 어떠했습니까?
   (눅 3:4~22, 매우 강력했으며, 모든 사람 모든 계층을 위한 메시지)

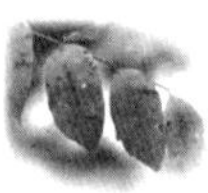

주간 경건의 시간 <11> · 날마다 말씀과 함께

요일 / 내용	주일/월(Mon)	화(Tue)	수(Wed)	목(Thu)	금(Fri)	토(Sat)
찬송	27동 / 29동	95 / 82	338 / 364	337 / 363	383 / 433	250 / 182
성경	눅 3:1-20/ 21-38	눅 4:1-30	눅 4:31-44	눅 5:1-16	눅 5:17-39	눅 6:1-49
적용	귀신 축사/ 예수 족보	시험을 이기심	온갖 병 고치심	사람 낚는 어부	죄 사하는 권세	12제자 세우심

* 위대한 자에게는 위대한 결함이 있다. < T. 드락스 >

3단원 전도 총력의 달

제12과

하나님의 나라를 전파하라

찬송 / 360, 359, 356 / 통 402, 400, 396
성경 / 누가복음 9:1-17
요절 / 누가복음 9:2
"하나님의 나라를 전파하며 앓는 자를 고치게 하려고 내보내시며"
목표 / 전도는 영혼 구원과 하나님 나라를 전파하는 것임을 알게 한다.

시작하는 말

기독교가 살아남은 것은 수많은 핍박에도 불구하고 하나님의 나라를 바라보며 천국복음을 전파하였기 때문입니다. 전도하지 않았다면 온 유대와 사마리아 변방에서 멈추었을지도 모릅니다. 그러나 예수께서 세우신 제자들과 사도 바울을 비롯하여 수많은 전도자들이 하나님 나라 전파에 동참했습니다. 이로 인하여 하나님의 나라가 점점 커지고 지경이 넓어졌던 것입니다. 여러분! 우리 인생은 하나님의 것입니다. 하나님의 나라를 전파함으로 하나님께 영광을 돌리시기 바랍니다.

오늘의 말씀

1. 예수께서 제자들을 세우시고 파송하셨습니다(눅 9:1~9).

첫째로, 제자들을 부르심은 함께 사역하기 위한 것이었습니다(1절).
오늘날 가정교육의 위기는 가정에서 밥상 공동체가 깨어졌기 때문입니다. 전통적인 가정에서는 밥을 먹으면서 자연스럽게 예절교육이나 학교교육을 점검하고 가르칠 수 있었습니다. 그러나 이런 교육은 옛말이 되었고 교육할 시간을 내지 못하고, 자녀들을 유아원이나 학교에 맡겨 놓는 것이 고작입니다. 직장에서 너무 늦게 퇴근하고 아이들과 부모가 만날 시간이 적어졌습니다. 애완동물들에게 쏟는 시간이나 정성이 비교될 정도니 제대로 교육이 될 수가 있습니까? 그러나 주님은 모든 귀신을 제어하며 병을 고치는 능력과 권위를 주셔서 제자들을 파송하셨습니다. 주님은 복음을 전파하는데 실전을 가르치시기 위해 새벽이나 철야기도를 할 수밖에 없었고, 실전 전도훈련을 가르쳐 파송했던 것입니다.

· 함께 읽어요 : 누가복음 9장 1~2절
"[1]예수께서 열두 제자를 불러 모으사 모든 귀신을 제어하며 병을 고치는 능력과 권위를 주시고 [2]하나님의 나라를 전파하며 앓는 자를 고치게 하려고 내보내시며"

2. 제자들의 전도 방법은 배운 대로 실천했습니다(눅 9:3~5).

첫째로, 스승이신 그리스도께서 제자들에게 가르쳐 주신 대로 배우며 실천하고 전도했습니다.

① 개인적인 외모와 물질에 의한 성공을 구하지 않았습니다. 전도자는 날마다 하나님을 믿고 신뢰하고 전도자의 생생한 본보기가 되어야 합니다.

② 제자들은 그들에게 관심을 갖고, 환대하는 가족들이 있는 가정에서 먼저 전도하도록 했습니다. 가정을 전도사역 중심지로 삼았습니다.

③ 배척하는 자들에게 경고했습니다. 제자들은 논쟁하지 않았으며, 그곳을 떠났습니다.

둘째로, 그리스도께서는 가정복음화를 강조하셨습니다(4절).

① 가정을 강조하여 사역 중심에 두었습니다. ② 확실성, 안정성, 확고성을 강조합니다. ③ 살아가는 공동체 안에 전도와 사역 중점을 두고 있습니다. ④ 메시지는 더 크게 가족에서 가정으로 넓혀져 갔습니다.

셋째로, 말씀을 전파하고 복음을 전하기 위하여 앞으로 나아갔습니다. 그들은 성읍의 한 가정을 기점으로 점차 지역 전체로 넓혀갔습니다.

그 결과는 놀라웠습니다. 예수님과 제자들의 메시지와 사역은 권력 핵심부까지 미쳐지도록 했습니다(7~9절). 이것이 하나님의 방법입니다.

· 함께 읽어요 : 누가복음 9장 6절
"제자들이 나가 각 마을에 두루 다니며 곳곳에 복음을 전하며 병을 고치더라."

3. 예수께서 사역하는 방법까지 가르쳐 주셨습니다(눅 9:10-17).

파송했던 제자들이 돌아와서 각각 보고했습니다. 그때 제자들과 따로 교육할 장소를 찾아 '벳세다'라는 마을로 가 갈릴리 사역을 마감하려고 하셨으나 무리가 거기까지 따라왔습니다.

이때 주님은 무리들의 요구를 내치지 아니하시고 채워주도록 요구하셨습니다(12~13절). 이토록 주님께서는 좀 쉬며 제자들과 얘기할 시간까지 빼앗기고 계셨음에도 당신의 사역에 집중하셨습니다.

우리가 주님의 사역을 감당하면서 제자들과 무리들이 주님께서 쉬셔야 될 시간마저 빼앗는 경우가 생기는 것처럼, 우리의 신앙생활이나 전도 사역에서도 시간과 돈으로 계산될 수 없는 부분들이 많다는 사실을 알아야 합니다. 우리는 항상 그 때를 대비해야 합니다.

아기는 자고 있어도 엄마는 쉴 사이 없이 일 해야 한다는 말이 있습니다. 목회자나 전도 사역자는 일하면서 쉬고 쉬면서 늘 말씀을 준비하고, 성경말씀을 읽고 묵상하면서 영적 수련을 게을리 해서는 안 됩니다. 그리고 예수님처럼 제자들과 무리들의 필요를 채우기 위해 하나님께 전적으로 의지해야 합니다(16~17절). 예수님의 가르침 대로 사람 낚는 어부가 되시기 바랍니다. 오병이어의 기적의 역사를 체험하기기 바랍니다.

· 함께 읽어요 : 누가복음 9장 17절
"먹고 다 배불렀더라. 그 남은 조각을 열두 바구니에 거두니라."

정리하는 말

성도 여러분! 제자들이 배고파 허기진 무리들을 대했을 때 당황하지 않고 줄지어 앉혔던 것은 무엇 때문입니까? 예수님에 대한 신뢰가 있었기 때문입니다. 이 많은 무리들을 예수께서 능히 먹일 수 있을 것을 믿었기 때문입니다. 그래서 불평도 감내할 수 있었을 것입니다. 무리들에게 설교만이 필요한 것이 아니라, 육신의 배고픔도 해결 해 주어야 했습니다. 제자들은 이 문제를 예수께 보고하고 예수님의 지시를 받아 해결해 주었습니다. 이것이 오병이어의 기적, 하나님 나라의 전파였습니다.

평가와 결심

1. 예수께서 복음을 전파하기 위하여 무슨 일을 하였습니까?
   (눅 9:1~2, 제자들을 세우시고 파송하였음)
2. 예수님의 제자들의 전도 방법은 어떻게 하였습니까?
   (눅 9:3~5, 예수님께 배운 대로 실천하며 전도하였음)
3. 예수님께서 가르쳐 주신 사역방법이 어떠했습니까?
   (눅 9:1~17, 배고픔도 해결해 주고 전도하라 가르쳐 주셨음)

주간 경건의 시간 <12> · 날마다 말씀과 함께

요일 / 내용	주일/월(Mon)	화(Tue)	수(Wed)	목(Thu)	금(Fri)	토(Sat)
찬송	145동 / 249동	345 / 461	347 / 382	351 / 389	358 / 400	320 / 350
성경	눅 7:1-17/18-50	눅 8:1-25	눅 8:26-39	눅 8:40-56	눅 9:1-36	눅 9:37-62
적용	이만한 믿음 / 믿음과 구원	좋은 땅	군대 귀신 축사하심	믿음 구원 평안	오직 예수만	하나님의 나라

* 위대한 사람들 없이는 어떤 위대한 것도 이룩되지 않을 것이며, 사람은 그가 위대해지겠다고 결심 해야만 위대해 진다. <샤를 드골, 1890~1970, 프랑스 장군, 정치가, 대통령>

3단원 전도 총력의 달

제13과

시대를 분별하여 전파하라

찬송 / 429, 421, 357 / 통 489, 210, 397

성경 / 누가복음 12:41-59

요절 / 누가복음 12:56

"외식하는 자여 너희가 천지의 기상은 분간할 줄 알면서 어찌 이 시대는 분간하지 못하느냐"

목표 / 전도할 때 시대를 분간해 전파하는 태도를 기른다.

시작하는 말

오늘날 대한민국은 기독교 신앙과 자유경제 체제로 한강의 기적을 이루고 급성장했습니다. 반면에 사회주의 체제를 유지한 북한은 모든 면에서 빈약하여 비교할 수 없을 정도로 대조가 됩니다. 그러나 우리가 잊지 말아야 할 것은, 부와 재산의 풍부함이 오히려 이 시대에 기독교의 가장 큰 걸림 돌이 된다는 사실입니다. 믿는 자의 마음은 삶과 봉사의 순수성에 붙잡혀 있어야 합니다. 이 세상의 소유와 명예와 관심에 있어서는 안 됩니다. 그래서 예수님은 항상 깨어 준비하라고 하십니다.

오늘의 말씀

1. 깨어 있어 주님의 재림을 준비하라고 하셨습니다(눅 12:35~40).

큰 혼인 잔치에 참석하기 위해 집을 떠난 주인에 관한 이야기입니다. 그의 종들은 가정을 돌보고 그의 귀가를 기다리기 위해 뒤에 남겨두었습니다. 종들은 그들의 주인이 혼인 잔치에 참석하는 특권에 대해 함께 기뻐해야 합니다. 그들은 혼인잔치에 참석하지 않았지만 주인이 대표하기 때문입니다. 그리고 그들은 주인이 돌아올 때까지 전심을 다해 부지런히 모든 것을 돌보아야 합니다. 예수님은 이 이야기를 자신과 그의 제자들에게 적용하셨습니다. 믿는 자는 준비된 상태에 있어야 합니다. 그는 항상 준비되어 있어야 하고, 항상 주님의 재림에 대해 깨어 있을 뿐 아니라, 그를 소망 가운데 기다려야 사명을 다 할 수 있는 것입니다. 우리는 항상 깨어 있어서 주님의 재림을 준비하고, '주여 어서 오시옵소서'라고 고백하고 사모하는 재림 신앙의 축복을 누리시기 바랍니다.

· 함께 읽어요 : 누가복음 12장 40절
"그러므로 너희도 준비하고 있으라. 생각하지 않은 때에 인자가 오리라 하시니라."

2. 이는 청지기의 비유입니다(눅 12:41~48).

믿는 자는 그리스도께서 언제 오실지 알 수 없기 때문에 항상 긴장하고 기다려야 합니다. 주님의 충성된 종이 되어야 합니다.

첫째로, 베드로는 '깨어 있으라'는 교훈으로 권면합니다.

둘째로, 충성스럽고 지혜로운 청지기(관리인)가 있었습니다.

셋째로, 불충스럽고 지혜롭지 못한 청지기가 있었습니다.

넷째로, 불충스러움이 밝혀진 청지기가 있었습니다. 여기에서 예수님께서 대답하신 것을 주목하십시오. 예수님은 믿는 자와 믿지 않는 자 모두에게 말씀하시고 계십니다.

누가 그리스도께 섬김을 받고 크게 복을 받게 됩니까? 대답은 명백합니다. 불충스러운 청지기가 아니라 충성스러운 청지기입니다. 그러면 누가 불충스러운 청지기입니까?

① 주님의 뜻을 알고도 준비하지 않고(35절), 주님의 뜻을 행하지도 아니한 종입니다.

② 주님의 뜻을 알지 못한 사람들입니다. 그러므로 그들은 스스로 준비할 수 없었고, 주님을 신실하게 섬길 수도 없었기에 적게 벌받습니다.

여러분! 착하고 충성된 종이 되어 하나님께 영광 돌리시기 바랍니다.

· 함께 읽어요 : 누가복음 12장 48절

"알지 못하고 맞을 일을 행한 종은 적게 맞으리라. 무릇 많이 받은 자에게는 많이 요구할 것이요 많이 맡은 자에게는 많이 달라 할 것이니라."

3. 예수님은 사람의 세 가지 잘못된 개념을 다루십니다(눅 12:49-53).

메시야이신 예수님은 지상에 오신 것에 대해 말씀하셨습니다. 오직 평화만을 주려고 오신 것은 아니라고 말씀했습니다.

첫째로, 그리스도께서 평화뿐 아니라 불, 즉 심판도 가지고 오셨습니다. 그리스도께서 인류를 위해 고통을 받고 죽으시기 위해, 즉 죽음의 심판으로 하나님으로부터 분리되지만 구원의 평화를 가져다 주셨습니다.

둘째로, 예수님은 인간의 몸을 입고 오신 메시야인데 아직 안 왔다고 오해했습니다. 세상에 오신 메시야를 믿지 않았습니다. 그래서 천기를 분별할 줄 알면서 왜 이 시대는 분간하지 못하느냐고 꾸짖으셨습니다.

① 사람들은 날씨, 세상의 육적인 문제들은 잘 분간합니다.

② 그러나 사람들은 영적인 문제들을 잘 분별하지 못합니다.

a. 사람들은 시대, 즉 메시야가 오신 것을 분간하지 못했습니다.

b. 그들은 무엇이 옳은지 분간하고 판단하지 못했습니다. 지식인이라고 성경을 다 아는 것은 아닙니다. 그들도 하나님이 천지를 창조하신 사실, 그리스도께서 성경에 예언된 메시야라는 사실을 분별하지 못해 부인합니다. 여러분! 영적인 감각을 회복하여 시대를 분별하시기 바랍니다.

· 함께 읽어요 : 누가복음 12장 56절

"외식하는 자여 너희가 천지의 기상은 분간할 줄 알면서 어찌 이 시대는 분간하지 못하느냐"

정리하는 말

여러분! 요즘은 누가 불신자인지, 누가 진정한 크리스천인지 분간이 가지 않습니다. 말하는 것을 들어보면 똑똑한 것 같은데, 아주 기본적인 진리마저 부인하고 있습니다. 믿음과 과학을 동일시하며 똑똑한 체 합니다. 하나님께서 만드신 자연과학의 법칙대로 운행되는 경우도 있지만, 하나님의 비상적인 방법에 의해 진행되는 경우도 있음을 명심해야 합니다. 시대를 분별하여 지혜로 전도하시고 영광 돌리시기 바랍니다.

평가와 결심

1. 어떤 종들이 복이 있는 종들입니까?
   (눅 12:35~40, 깨어서 주인을 기다리는 종들임)
2. 누가 깨어있어야 한다고 말씀하셨습니까?
   (눅 12:35~48, 충성스러운 종이나 불충성하는 종이나 다 해당됨)
3. 주님의 종들은 이 시대에 어떻게 살아야 합니까?
   (눅 15:49~59, 시대 잘 분간하고 지혜로운 청지기로 살아야함)

주간 경건의 시간 <13> · 날마다 말씀과 함께

요일 / 내용	주일/월(Mon)	화(Tue)	수(Wed)	목(Thu)	금(Fri)	토(Sat)
찬송	145동 / 249동	345 / 461	347 / 382	351 / 389	358 / 400	320 / 350
성경	눅 10:1-24/25-42	눅 11:1-28	눅 11:29-54	눅 12:1-21	눅 12:22-34	눅 12:35-59
적용	성령 기쁨 / 안수하매	성령주심	공의와 사랑	성령이 가르치리라	하나님의 나라	시대를 분간하라

* 진정한 위인은 자신을 위인으로 생각하지 않는다.

<윌리엄 해줄 리트, 1778~1830, 영국 비평가, 작가>

4단원 성령 충만의 달

제14과

성령 세례를 받으라

찬송 / 288, 184, 182 / 통일 204, 173, 169
성경 / **마태복음 3:1–17**
요절 / **마태복음 3:11**
"나는 너희로 회개하게 하기 위하여 물로 세례를 베풀거니와 내 뒤에 오시는 이는 나보다 능력이 많으시니 나는 그의 신을 들기도 감당하지 못하겠노라 그는 성령과 불로 너희에게 세례를 베푸실 것이요."
목표 / 성령으로 세례 베푸시는 줄로 믿고 성령 충만한 상태로 살아간다.

시작하는 말

본 공과 11단원 누가복음 3장에서 세례 요한은 물로 '회개의 세례'를 베풀었습니다. 성도들이 오해하기 쉬운 부분이기에 마태복음의 본문을 가지고 '성령과 불로 세례를 베푸신다'는 내용을 다시 설명하고자 합니다. 세례에서 '성령 세례'와 '불 세례'는 서로 다른 내용입니다. 성령과 불로 세례를 준다는 것이지, 성령의 불로 세례를 준다는 것이 아닙니다. 성령의 세례는 예수님의 초림 때 승천 후에 오순절 성령 강림으로 이루어졌고, '불 세례'는 재림 때에 베풀어질 심판을 가리키는 것입니다.

오늘의 말씀

1. 요한은 유대 광야에서 성령 세례를 선포합니다(마 3:1).

세례 요한이 사역하던 유대 광야는 사막과 같이 전혀 사람이 살지 않는 곳이 아닙니다. 적어도 여섯 개 정도의 마을, 즉 작은 촌락이 여기저기 흩어져 있었습니다. 이 광야에 요한이 나타나, 오랫동안 기다려 온 메시야가 가까웠다고 외쳤습니다. "메시야가 성령과 불로 너희에게 세례를 베푸실 것이라"고 선포했습니다. 광야는 하나님의 일꾼들이 훈련 받았던 곳입니다. 모세는 미디안 광야에서 양을 치며 떨기나무에 붙은 불 가까이에서 하나님의 부르심을 받았습니다(출 3:2~4). 엘리야는 갈멜 산에서 여호와의 불로 응답하는 체험을 했습니다(왕상 18:38~39). 예수께서는 성령에 이끌리시어 광야에서 마귀의 시험에 처했을 때, 물리쳐 이기시고, 그 마귀는 떠나고 천사들이 나아와서 수종했습니다(마 4:1~11). 여러분도 성령 세례를 체험하고 세상에서 성령이 충만하시길 바랍니다.

· 함께 읽어요 : 마태복음 3장 11절

"나는 너희로 회개하게 하기 위하여 물로 세례를 베풀거니와 내 뒤에 오시는 이는 나보다 능력이 많으시니 나는 그의 신을 들기도 감당하지 못하겠노라 그는 성령과 불로 너희에게 세례를 베푸실 것이요."

2. 세례 요한의 메시지는 분명하고 확고했습니다(마 3:2~6).

세례 요한은 "회개하라 천국이 가까웠느니라"고 외쳤습니다. 모든 복음 사역자와 복음을 믿는 자들에게 참된 모범을 보였습니다. 그의 메시지는 모든 사람을 임박한 진노에서 피하게 하고, 주 예수 그리스도의 오심을 예비했습니다. 세례 요한의 선포는 결국 예언을 성취시켰습니다.

복음전파는 성령께서 죄악에 눌려 질식해 있는 사람들의 심령을 일깨워 하나님의 말씀을 받아들이도록 돕는 것입니다. 하나님의 말씀은 갓난아기들 같이 순전하고 신령한 젖을 사모하도록 하시고, 그로 말미암아 구원에 이르도록 자라게 하십니다(벧전 2:2).

성령님께 순종하여 죄를 회개하고 복음을 받아들이면 생명의 씨앗이 되어 자라납니다. 그러나 불순종하면 말라버린 검불처럼 되어 불에 던져 태워버리십니다. 곧 심판이 임할 것입니다. 주님께서 재림하실 때에도 분명히 불로 심판하실 것입니다. 이 사실을 믿으시기 바랍니다.

· 함께 읽어요 : 베드로후서 3장 12~13절

"[12]하나님의 날이 임하기를 바라보고 간절히 사모하라 그 날에 하늘이 불에 타서 풀어지고 물질이 뜨거운 불에 녹아지려니와 [13]우리는 그의 약속대로 의가 있는 곳인 새 하늘과 새 땅을 바라보도다."

3. 세례 요한의 메시지는 결실이 있었습니다(갈 5:22-23; 마 3:7~12).

요한의 예언의 메시지는 이스라엘의 선지자들과 같았습니다. 구약의 선지자들이 일어난 이래로 오랫동안 선포되어진 말씀이었습니다. 구약의 말라기가 마지막 선지자였습니다. 그 후 예수님이 오시기까지 400년이 걸렸습니다. 예언이 성취된 것입니다. 세례 요한은 털이 많은 사람으로 예언자로서 걸 맞는 편한 옷을 입었습니다. 음식도 메뚜기와 석청(야생 꿀)을 먹었습니다. 그는 메시야를 맞이하기 위한 준비를 했습니다. 열매 없는 나무는 베어 불에 던져 버리게 됩니다. 세례 요한의 메시지는 열매를 맺으라는 것입니다. 열매 맺지 아니하는 나무마다 찍혀 불에 던져지리라고 했습니다. 신앙에 결실이 없으면 허무한 인생이 되고 맙니다. 풍성한 결실로 하나님께 영광 돌리시기 바랍니다.

사도 바울은 '성령을 따라 행하라'고 하면서 '육체의 소욕은 성령을 거스른다'고 했습니다. 육체의 일은, 곧 음행, 더러운 것, 호색, 우상 숭배, 주술, 원수 맺는 것, 분쟁, 시기, 분냄, 당 짓는 것, 분열함, 이단, 투기, 술 취함, 방탕, 또 그와 같은 것들이라고 지적하고 있습니다. 그러나 성령으로 거듭난 성령 충만한 사람은 하나님의 나라를 유업으로 받고, 성령의 아홉 가지 열매를 맺어 하나님께 영광을 돌리게 될 것입니다.

· 함께 읽어요 : 갈라디아 5장 22~23절

"[22]오직 성령의 열매는 사랑과 희락과 화평과 오래 참음과 자비와 양선과 충성과 [23]온유와 절제니 이같은 것을 금지할 법이 없느니라."

정리하는 말

성도 여러분! 당시 요한이 유대 광야에 있을 때, 나아온 여러 계층의 사람들은 세례 요한의 설교를 듣고서 죄를 자복하고 회개의 세례를 받았습니다. 하나님은 우리가 죄를 자백하면 우리 죄를 사하시고 모든 불의에서 우리를 깨끗하게 하십니다(요일 1:9). 하나님의 말씀은 살아 있고 활력이 있어 좌우에 날선 검보다도 예리하여 혼과 영과 및 관절과 골수를 찔러 쪼개기까지 합니다(히 4:12). 여러분! 성령으로 세례를 받아 말씀 충만, 성령 충만한 삶을 사시고 하나님께 영광 돌리시기 바랍니다.

평가와 결심

1. 세례 요한은 어디에서 무슨 사역을 하였습니까?
   (마 3:1~2, ① 유대 광야에서 ② 회개의 메시지를 전함)
2. 세례 요한이 전한 메시지를 한 마디로 요약한다면 무엇입니까?
   (마 3:24 ① 성령의 세례를 받고 ② 불의 심판을 피하라)
3. 성령 세례를 받은 결과로 그의 생애에 무엇이 나타납니까?
   (막 11:25, ① 하나님의 나라를 유업으로 받고 ② 9가지 열매를 맺음)

주간 경건의 시간 <14> · 날마다 말씀과 함께

요일 / 내용	주일/월(Mon)	화(Tue)	수(Wed)	목(Thu)	금(Fri)	토(Sat)
찬송	144동 / 93동	347 / 382	212 / 342	251 / 137	215 / 354	84 / 96
성경	눅 13:1-9/10-21	눅 13:22-35	눅 14:1-14	눅 14:15-35	눅 15:1-10	눅 15:11-32
적용	회개하라 / 안식일	끝자리에 앉으라	하나님 나라 잔치	잃은 양 찾아	잃은 양 드라크마	잃은 아들 되찾음

* 성령은 우리들의 심령에 거하시는 동반자이시다. <C. E. 카우 멘>

4단원 성령 충만의 달

제15과

작은 것에 충성하라

찬송 / 311, 314, 315 / 통 185, 511, 512

성경 / **누가복음 16:1-18**

요절 / **누가복음 16:10**

"지극히 작은 것에 충성된 자는 큰 것에도 충성되고 지극히 작은 것에 불의한 자는 큰 것에도 불의하니라."

목표 / 지극히 작은 것에 충성하여 큰 사명을 감당할 수 있는 태도를 기른다.

시작하는 말

하나님은 한국교회를 성령으로 이끄시고, 초대교회 예루살렘 마가의 다락방에서 느꼈던 감동을 맛 볼 수 있게 하셨습니다. 그 후 한국교회가 부흥하고 급성장은 했으나 반면에 기복신앙을 양산했습니다. 신앙의 본질을 흔들었습니다. 잘 믿으면, 복 받는다는 것을 물질의 복으로 착각하고 더 소중한 영혼의 축복을 잃어버렸습니다. 참된 그리스도인은 작은 것에 충성하는 것입니다. 충성은 성령의 열매이기 때문입니다. 작은 일에 충성하지 못하는 데, 무슨 큰 일을 감당할 수 있겠습니까? 하물며 하나님께서 중대한 사명을 맡길 수 있겠습니까? 작은 것에 충성하는 것은 모든 것에 충성하는 성령의 열매입니다. 이것이 우리의 소명입니다.

오늘의 말씀

1. 주님은 불의한 청지기를 비유합니다(눅 16:1~7).

청지기는 주인의 재산을 맡아 관리하는 신임 받는 종입니다. 이 '청지기'라는 용어는 사역자들을 일컬을 때(고전 4:1), 그리고 일반적으로 믿는 자들을 널리 일컬을 때도 쓰입니다(벧전 4:10). 본 비유에서 예수님은 몇 가지를 정황을 말씀해 주셨습니다. ① 그 청지기는 주인의 소유를 횡령했기 때문에 문책 당하게 되었습니다. ② 주인은 '보던 일을 셈하라'고 했습니다. ③ 청지기는 주인을 잊고, 사람들에게 환심을 사서 그들의 호의와 보답을 얻어 내려 했습니다. 우리는 이 세대에 잘못된 것에 빠지게 될 수도 있습니다. 이때 최선을 다했지만 일을 그르쳤다고 좌절하지 마시기 바랍니다. 최선책이 아니면, 차선책을 찾아 최선을 다 하시기 바랍니다. 불의한 청지기는 포기하는 청지기입니다. 명심하시기 바랍니다.

· 함께 읽어요 : 누가복음 16장 4절, 7절
"[4]내가 할 일을 알았도다. 이렇게 하면 직분을 빼앗긴 후에 사람들이 나를 자기 집으로 영접하리라 하고 [7]또 다른 이에게 이르되 너는 얼마나 빚졌느냐 이르되 밀 백 석이니이다. 이르되 여기 네 증서를 가지고 팔십이라 쓰라 하였는지라."

2. 세상 사람들이 추구하는 이익보다 영적인 것이 지혜롭다(눅 16:8-9).

본문은 성경 전체를 통틀어 가장 이해하기 어려운 부분입니다. 그러므로 8절이 가장 중요합니다. 그리스도께서 말씀하신 이 비유와 설명을 읽기만 하고 비유가 말씀하는 것만을 받아들이십시오.

주인의 재산을 관리하는 청지기로서 주인의 재산을 횡령하는 잘못이 들어난 이상 살아남기란 어렵습니다. 다만 같은 처지에 있는 사람들의 진 빚을 탕감해 주는 방법으로 자신이 해고 된 후에 용신할 방법을 찾아냈습니다. 여기서 주의해야 할 점이 있습니다.

① 예수님은 불의한 청지기가 지혜롭게 행했다고 말씀하셨습니다.

그러나 주님은 그의 간교한 속임수를 칭찬하는 것이 아니고, 사실 미래를 위해서 혼신의 힘을 다하여 준비하는 태도를 칭찬한 것입니다.

② 예수님은 이 세대의 아들들이 믿는 자들보다 더 지혜롭다고 말씀하셨습니다. 왜 그렇습니까? 그들은 수많은 방법으로, 노력과 수고를 지

상의 재물을 관리하기 위하여 바치기 때문입니다. 이른 새벽, 얼음 빙판길에 폐품 박스를 모아 싣고 가는 분들을 볼 수 있을 것입니다. 다 팔아도 라면 몇 봉지 밖에 살 수 없습니다. 저렇게 수고하는데 영적 양식을 얻기 위해 우리는 얼마나 노력했는지 반성이 됩니다. 여러분! 영적 양식을 위해 고군분투합시다. 소중히 모은 재물을 이웃을 위해 사용합시다. 세상 사람들이 우리를 보고 예수 믿고 싶다고 고백할 수 있어야 합니다.

· 함께 읽어요 : 누가복음 16장 9절

"내가 너희에게 말하노니 불의의 재물로 친구를 사귀라 그리하면 그 재물이 없어질 때에 그들이 너희를 영주할 처소로 영접하리라."

3. 성령을 구하고, 지극히 작은 것에 충성하라(눅 16:10-13; 11:5-13).

여러분! 누가복음 11장 5절에서 밤중에 벗에게 떡 세 덩이를 빌려달라고 했지만 문이 이미 닫혔고, 아이들이 나와 침실에 누웠으니 일어나 줄 수가 없다고 거절합니다. 그러나 계속해서 간청할 때 "벗됨을 인하여는 일어나서 주지 아니할지라도 그 간청함을 인하여 일어나 그 요구대로 주리라"고 합니다. 그 말씀 결론 부분(13절)에 보면 "너희가 악할지라도 좋은 것을 줄줄 알거든 하물며 너희 하늘 아버지께서 구하는 자에게 성령을 주시지 않겠느냐"라는 말씀을 하십니다. 그렇습니다.

세상만사가 쉽게 되는 일이 없습니다. 살다보면, 생각지도 못한 일들이 생깁니다. 가드레일이나 담, 문 잠김, 교통사고, 사기 당함, 질병, 파산 등 갖은 고비가 있고, 어둠이 칠흑 같은 터널도 지나야 합니다. 그러나 분명한 사실은 '지성이면 감천'(至誠感天)입니다. 우리가 최선을 다하고 주님을 사모하고 충성하면 하나님께서 다 응답해 주실 것입니다.

· 함께 읽어요 : 누가복음 11장 13절

"너희가 악할지라도 좋은 것을 자식에게 줄 줄 알거든 하물며, 너희 하늘 아버지께서 구하는 자에게 성령을 주시지 않겠느냐 하시니라."

정리하는 말

성도 여러분! 오늘날 교회는 사명을 잃고, 양적 팽창을 지상 목표로 삼고 있는 것 같습니다. 그래서 작지만 가장 소중한 것을 놓치고 있습니다. 예수님은 작은 것에 관심을 가지고 자기가 맡은 작은 일에 충성을 다할 것을 가르칩니다. 여러분의 마음의 보좌에, 세상일보다 더욱 소중한 성령님을 모시고 사시기 바랍니다. 그리고 지혜롭고 진실한 청지기가 되어, 주인이 주신 사명을 잘 감당하고 그 집, 종들을 맡아 때를 따라 양식을 나누어 주는 착하고 신실한 종이 되시기를 축복합니다.

평가와 결심

1. 예수님이 불의한 청지기를 칭찬한 점이 무엇입니까?
   (눅 16:8, 미래를 위해서 혼신의 힘을 다하여 준비한 점)
2. 하나님께서 간절히 기도하고 구하는 자에게 무엇을 주십니까?
   (눅 11:5~13, 성령을 주심)
3. 어떤 사람이 지혜롭고 진실한 청지기입니까?
   (눅 12:42, 그 집, 종들을 맡아 때를 따라 양식을 나눠주는 청지기)

주간 경건의 시간 <15> · 날마다 말씀과 함께

요일 / 내용	주일/월(Mon)	화(Tue)	수(Wed)	목(Thu)	금(Fri)	토(Sat)
찬송	25동 / 28동	252 / 184	180 / 168	352 / 390	440 / 497	401 / 457
성경	눅 16:1-13/14-31	눅 17:1-37	눅 18:1-17	눅 18:18-43	눅 19:1-27	눅 19:22-52
적용	작은 일 충성/ 부자와 거지	믿음이 너 구원	예수께서 만져 주심	가난한 자 나눠 주라	있는 자 받겠고	놓은 곳에 영광

* 우리가 이웃을 사랑할 때, 그 시간부터 우리 생활의 본원 되시는 성령이 우리에게 나타나리라.
<레오 N. 톨스토이, 1828~1910, 러시아 작가>

4단원 성령 충만의 달

제16과

성만찬에, 나를 기념하라

찬송 / 227, 229, 232 / 통 283, 281, 282
성경 / 누가복음 22:7-23
요절 / 누가복음 22:19
"또 떡을 가져 감사 기도하시고 떼어 그들에게 주시며 이르시되 이것은 너희를 위하여 주는 내 몸이라 너희가 이를 행하여 나를 기념하라 하시고"
목표 / 성만찬을 행할 때 예수 그리스도를 기념해야 함을 알게 한다.

시작하는 말

성만찬은 우리에게 은혜를 주시기 위한 은혜의 방편입니다. 성례는 세례와 성찬을 일컫습니다. 그리스도교의 성찬은, 온 교회가 그리스도의 몸과 피를 상징하는 떡과 포도즙에 참례(參禮)하는 제의적 만찬입니다. 예수 그리스도는 십자가 죽음에 직면해서도 유월절을 지키셨습니다. 유월절 잔치는 곧 오늘날 '성만찬'과 관계가 있습니다. 많은 사람들이 성만찬을 경홀히 여기지만 성만찬이야말로 구속 사역의 핵심입니다. 주님은 곧 '성만찬을 행하여 나를 기념하라'고 하셨습니다. 그리스도 안에서 생명의 근원(몸과 피)으로서 그분의 죽으심을 천명하는 성례입니다.

오늘의 말씀

1. 주님의 만찬은 중대한 목적이 있었습니다(눅 22:7~14).

유월절은 역사적으로 하나님께서 애굽의 속박에서 이스라엘을 구원하신 때로 거슬러 올라갑니다(출 11:1이하). 하나님께서는 애굽 사람들에게 그들의 불의함에 대해 장자를 죽이는 심판을 내리실 것이라고 말씀하셨습니다. 하나님께서 마지막 심판을 내리시기에 앞서, 그분의 백성들에게 순전한 어린 양 한 마리를 잡아 그 피를 각 집의 문설주 위에 바를 것을 명령하셨습니다. 이때 순전한 어린양의 피가 발라진 집은 넘어(유월: 踰月)가셨습니다. 이를 믿고 행한 가정은 구원해 주셨습니다. 성만찬의 깊은 의미도 죄악에서 구원해 주신 그리스도의 십자가 사건을 기념하는 것입니다. 이것은 곧 '보이는 말씀'과도 같습니다. 주님은 "내가 곧 생명의 떡이로다." 이어서 "내 살은 참된 양식이요, 내 피는 참된 음료로다"(요6:55)라고 하셨습니다. 여러분! 성만찬을 통하여 주님을 더욱 사랑하고, 흔들리지 않는 견고한 믿음을 소유하시기를 축복합니다.

· 함께 읽어요 : 누가복음 22장 7절, 요한복음 6장 54절
"[눅22:7]유월절 양을 잡을 무교절날이 이른지라." "[요6:54]내 살을 먹고 내 피를 마시는 자는 영생을 가졌고, 마지막 날에 내가 그를 다시 살리리니"

2. 주님의 만찬은 두 가지 뜻이 있습니다(눅 22:15~18).

주님의 만찬은 주님의 죽음과 연관되어 있습니다.

첫째로, 떡에 대한 의미는 그분의 찢기신 육체를 상징합니다. 찢겨진 그분의 몸은 구원의 대속물로 희생당하신 것입니다(요 6:50~55절). 그분은 인간의 죄를 대속해 주시기 위해 못 박히신 것입니다.

둘째로, 잔에 대한 의미는 그 잔을 자신이 흘리는 '새 언약의 피'라고 말씀하셨습니다. 즉 예수님이 생명을 희생하심으로써 하나님과 인간 사이에 새 언약을 세우신 것입니다(히 9:11~15절). 곧 그리스도께서 죽으셔서 흘리신 보배로운 피는, 속죄를 위해 흘려야 할 짐승의 희생의 피를 대신하신 것입니다. 그것이 십자가상의 구속의 보혈이었습니다.

· 함께 읽어요 : 히브리서 9장 12~14절
"[12]염소와 송아지의 피로 하지 아니하고 오직 자기의 피로 영원한 속죄를 이루사 단

번에 성소에 들어가셨느니라. [13]염소와 황소의 피와 및 암송아지의 재를 부정한 자에게 뿌려 그 육체를 정결하게 하여 거룩하게 하거든 [14]하물며 영원하신 성령으로 말미암아 흠 없는 자기를 하나님께 드린 그리스도의 피가 어찌 너희 양심을 죽은 행실에서 깨끗하게 하고 살아 계신 하나님을 섬기게 하지 못하겠느냐?"

3. 주님은 자신의 만찬을 유월절과 관련짓고 계십니다(눅 22:19~20).

주님께서 "나를 기념하라"는 말씀에 주목하십시오. 친히 자신이 십자가에서 피를 흘려 유월절을 이루심으로써 주님은 자신의 만찬을 관련짓고 계십니다. 제자들은 만찬에 참례하면서 다음과 같은 것을 깨닫고 기억해야 했습니다. ① 하나님께서 애굽의 속박으로부터 이스라엘 백성을 어떻게 자유하게 하셨는지 기억해야 할 것입니다.

② 주님의 피가 그들을 세상과 죄악의 속박으로부터 어떻게 자유하게 하셨는지 기억해야 할 것입니다. 주님의 만찬은 제자들에게 주의 보혈이 하나님의 엄중하신 심판에서 어떻게 지켜 주고, 영광의 나라에 들어가게 할 것인지를 기억하게 될 것입니다. 주께서 갈보리에서 희생하심으로써 하나님과 인간 사이의 막힌 담을 허물고, 하나님의 은혜와 사랑의 절정을 이루셨습니다. 비둘기 같은 형체로 성령이 내려 오셔서 인간에게 함께 하셨습니다. 세례 요한은 확실하게 증언합니다. 요한을 보내어 물로 세례를 베풀라 하신 하나님이 말씀하시되 '성령이 내려서 누구 위에든지 머무는 것을 보거든 그가 곧 성령으로 세례를 베푸는 이인 줄 알라'고 하셨습니다(요 1:33절). 예수 그리스도는 성령으로 세례를 베푸실 하나님의 아들이요, 구원자이심을 믿으시기 바랍니다. 할렐루야!

· 함께 읽어요 : 요한복음 1장 33~34절

"[33]나도 그를 알지 못하였으나 나를 보내어 물로 세례를 베풀라 하신 그이가 나에게 말씀하시되 성령이 내려서 누구 위에든지 머무는 것을 보거든 그가 곧 성령으로 세례를 베푸는 이인 줄 알라 하셨기에 [34]내가 보고 그가 하나님의 아들이심을 증언하였노라 하니라."

정리하는 말

사랑하는 성도 여러분! 여러분은 회개의 물세례를 받아야 합니다. 세례 요한은 "회개하라 천국이 가까웠느니라"는 메시지를 전했습니다. 그는 약대 털옷을 입고, 메뚜기와 석청을 먹으며, 광야에 거하며 성령 세례를 베푸시는 분이 오실 것을 선포합니다. 애굽의 속박에서 해방되어 나올 때 유월절을 지키며, 열 번째 장자가 죽는 재앙을 넘었기에 출애굽 영광의 탈출을 하게 했던 것입니다. 여러분! 성만찬에 참례하여 '그리스도의 살과 피'로 그리스도를 기념하면서, 주님과 신비적으로 연합하여 이 세상에서 승리하시기 바랍니다. 하나님께 영광 돌리시기 바랍니다.

평가와 결심

1. 주님의 성만찬의 가장 중요한 어떤 의미를 가졌습니까?
   (눅 22:7~14, 어린양 예수 그리스도의 피로 대속의 의미)
2. 성만찬의 재료 두 가지와 그 뜻은 무엇이며 무엇을 기념합니까?
   (눅 22:15~18, ①떡-찢기신 몸 ②잔-대속의 피를 기념)
3. 주님은 자신의 만찬과 구약의 어떤 절기와 연관시키십니까?
   (눅 22:19~20, 이스라엘이 출애굽 전에 가졌던 유월절과 연관)

주간 경건의 시간 <16> · 날마다 말씀과 함께

요일 내용	주일/월(Mon)	화(Tue)	수(Wed)	목(Thu)	금(Fri)	토(Sat)
찬송	27동 / 29동	95 / 82	338 / 364	337 / 363	383 / 433	250 / 182
성경	눅 20:1-18/19-47	눅 21:1-19	눅 21:20-38	눅 22:1-23	눅 22:24-46	눅 22:47-71
적용	머릿돌/ 부활 논쟁	환난의 징조	무화과 나무 교훈	마지막 만찬	감람산 기도	베드로 세 번 부인

* 감사하며 받는 자에게는 풍성한 수확이 있다. <윌리엄 블레이크, 1757~1827, 영국 시인>

4단원 성령 충만의 달

제17과

성령이 너희에게 임하시면

찬송 / 186, 189, 190 / 통 176, 181, 177
성경 / 사도행전 1:1-11
요절 / 사도행전 1:8
"오직 성령이 너희에게 임하시면 너희가 권능을 받고 예루살렘과 온 유대와 사마리아와 땅 끝까지 이르러 내 증인이 되리라 하시니라."
목표 / 전도는 성령이 임하여 예수 그리스도의 증인 되는 것임을 알게 한다.

시작하는 말

사도행전의 저자 누가는 '먼저 쓴 글' 곧 누가복음의 저자이기도 합니다. 사도 바울의 수종 의사였던 누가는 성령의 역사를 예리한 안목으로 복음전파와 질병의 치유를 연관 지으면서 누가복음을 전개했습니다. 이제는 복음역사를 성령의 인도하심으로 전개해 갔기에 '성령행전'이라는 별명을 얻게 됩니다. 성령의 역사하심은 예루살렘부터 시작하여 아시아와 구라파로 복음의 방향 행로를 이끌었습니다. 이것이 하나님의 계획이요, 섭리입니다. 우리의 힘으로는 감당할 수 없습니다. 오직 성령이 임하셔서 이 세상 끝까지 복음전파 해 주시길 부르짖읍시다.

오늘의 말씀

1. 누가는 이전에 썼던 복음을 상기시키면서 글을 씁니다(행 1:1).

누가복음과 사도행전의 수신자 데오빌로는 그 이름의 뜻이 '하나님께 사랑 받는' 혹은 '하나님의 친구'라는 뜻입니다. 그는 주님 안에서 성장하고 성숙되어가기를 구했던 사람입니다.

첫째로, 데오빌로는 누가와 개인적으로 주 예수 그리스도에 대해서 편지를 주고받을 정도로 친밀했던 사이입니다.

둘째로, 데오빌로는 누가가 있던 곳으로부터 멀리 떨어진 팔레스타인 변방에 위치한 지역에서 살았습니다.

셋째로, 데오빌로는 교육을 잘 받은, 교양 있는 사람이었습니다.

복음의 진실을 편지형태로 소개해 주는 방법으로 성령의 전하심과 행하심을 자세히 기록해 전해졌습니다. 이러한 복음 전파를 이루어지도록 하신 하나님께 영광과 찬양을 돌립니다.

· 함께 읽어요 : 사도행전 1장 1~2절

"[1]데오빌로여 내가 먼저 쓴 글에는 무릇 예수께서 행하시며 가르치시기를 시작하심부터 [2]그가 택하신 사도들에게 성령으로 명하시고 승천하신 날까지의 일을 기록하였노라."

2. 예수님의 지상사역은 그분의 죽음과 부활이 정점입니다(행 1:3~5)

첫째로, 그리스도께서 고난 받으심은 곧 그리스도의 고통과 죽음을 말합니다. 그분의 고통과 부활은 인간의 구원을 확증시켜 주었습니다.

둘째로, 그분이 죽은 자들 가운데서 살아나심으로 인간이 직면하고 있는 죽음을 정복하셨습니다. 신약성경에는 예수께서 부활하셔서 자신을 나타내신 기록이 열 번이나 나타나 있습니다.

① 막달라 마리아(막 16:9~11), ② 빈 무덤을 목격하고 제자들에게 알리러 가던 여인(마 28:8~11), ③ 베드로(마 24:34, 고전 15:5), ④ 엠마오 두 제자(막 16:12, 눅 24:13~42), ⑤ 도마 없이 제자들(막 16:14), ⑥ 물고기 잡으러 간 제자들(요 21:1~14), ⑦ 오백 여 형제(고전 15:6), ⑧ 사도들(마 28:16~20), ⑨ 주님 동생 야고보(고전 15:7), ⑩ 승천 시 믿는 자들(막 15:19~20, 눅 24:44~53)에게 나타나 보이셨습니다. 이렇게 부활 후에 열 차례나 나

타나 보이셨습니다. 주님의 말씀의 요지는, 초조하지 말고 약속하신 것을 기다리라고 하셨습니다. 참으로 위로가 됩니다. 이 사실을 새기시고, 우리의 부활의 확신과 부활의 소망으로 삼으시기 바랍니다.

· 함께 읽어요 : 사도행전 1장 4절

"사도와 함께 모이사 그들에게 분부하여 이르시되 예루살렘을 떠나지 말고 내게서 들은 바 아버지께서 약속하신 것을 기다리라."

3. 예수 그리스도의 지상에서의 마지막 날입니다(행 1:6-11).

본문은 예수 그리스도의 지상에서의 마지막 날에 대한 기록입니다. 그분이 행하신 바는 믿는 자들에게 가장 강력하고 중요한 메시지가 됩니다.

첫째로, 예수께서 하나님 나라를 약속하셨습니다.

산 위에서 오백여 형제에게 둘러싸여 서 있을 때 "주께서 이스라엘 나라를 회복하심이 이때 이니이까?"라고 질문을 합니다. 주님께서는 이 땅에서 그분의 나라를 세우실 것입니다. 제자들의 관심은 지금 당장 세상을 다스리며 통치하실 주님으로 생각했습니다. 그러나 주님은 "너희의 알 바 아니요 때와 기한은 아버지께서 자기 권한에 두셨다"고 말씀하셨습니다.

둘째로, 예수께서 믿는 자에게 위대한 임무와 사명을 부여하셨습니다. ① 믿는 자를 준비시키는 권능은 바로 성령께 있습니다. ② 믿는 자의 임무는 하나님을 증언하는 위대한 일을 하는 것입니다. ③ 믿는 자에게 복음을 증거하고 따라야 하는 방법을 주셨습니다. 우리 크리스천이 해야 할 사명은 분명합니다. 성령이 임하시면 권능을 받고, 그 후에 그리스도를 증언하는 증인의 사명을 다하게 될 것입니다. 오직 성령이여! 임하소서! 크신 능력 주시옵소서!

· 함께 읽어요 : 사도행전 1장 8절

"오직 성령이 너희에게 임하시면 너희가 권능을 받고 예루살렘과 온 유대와 사마리아와 땅 끝까지 이르러 내 증인이 되리라 하시니라."

정리하는 말

성도 여러분! 주님은 말씀을 마치시고 그들이 보는데 하늘로 올리어져 가셨습니다. 구름이 그분을 가리어 보이지 않게 했습니다. 올라가실 때에 제자들이 자세히 하늘을 쳐다보고 있었습니다. 그때 흰 옷 입은 두 사람이 그들 곁에 서서 "갈릴리 사람들아 어찌하여 서서 하늘을 쳐다보느냐 너희 가운데서 하늘로 올려 지신 예수는 하늘로 가심을 본 그대로 오시리라"(행 1:11)고 했습니다. 주님은 재림의 날에 그들이 본 그대로 오실 것입니다. 여러분! 주님 오실 때까지 복음의 증인 되시기를 바랍니다.

평가와 결심

1. 누가는 어떤 편지들을 써서 누구에게 보냈습니까?
   (행 1:1~2, 누가복음과 사도행전, 데오빌로에게)
2. 예수님의 지상 사역의 정점은 무엇입니까?
   (행 1:2~3, 십자가 고난 받으심과 부활하심)
3. 예수님께서 주신 마지막 말씀은 무엇입니까?
   (행 1:6~8, 성령의 권능 받고 예수 그리스도의 증인이 되라)

주간 경건의 시간 <17> · 날마다 말씀과 함께

요일 내용	주일/월(Mon)	화(Tue)	수(Wed)	목(Thu)	금(Fri)	토(Sat)
찬송	39동 / 73동	267 / 201	289 / 208	320 / 350	195 / 175	315 / 512
성경	행 1: / 행 2:1-13	행 2:14-47	행 3 :	행 4 :	행 5 :	행 6 :
적용	성령으로 세례/ 새 술에 취함	백성에게 칭송받음	새롭게 되는 날	착한 일	성령도 그러하니라	천사의 얼굴

* 그 마음을 바르게 하려는 사람은, 먼저 그 행동을 성실케 한다.

<자사, B. C. 492~432, 중국 전국시대 철학자>

5단원 가정 전도의 달

제18과

온 가족을 초청하라

찬송 / 563, 564, 559 / 통일 411, 299, 305
성경 / **사도행전 7:9-41**
요절 / **사도행전 7:14**
"요셉이 사람을 보내어 그의 아버지 야곱과 온 친족 일흔다섯 사람을 청하였더니"
목표 / 하나님의 구원 역사는 개인과 가정을 통해 이루어 가심을 이해한다.

시작하는 말

성령의 역사와 함께 복음이 점점 왕성해 질 때, 최초의 순교자가 나타납니다(A.D. 30년경). 그 주인공은 스데반 집사입니다. 스데반은 순교자이기 전에 교회 내의 과부들을 돌보는 집사이며 열성적인 전도자였습니다(행 6:5-8). 이스라엘의 전체 역사 가운데 나타난 하나님의 영광스러운 자비와 은혜를 선포했습니다. 이스라엘이 계속 하나님을 거절했음에도 불구하고 그들 개인과 가정을 구원해 주셨음을 강조했습니다. 이스라엘을 구원하심은 가정 및 가족적으로 이루어졌음을 잊지 마시고, 온 가족을 예수 그리스도의 구원의 길로 초청하시기 바랍니다.

오늘의 말씀

1. 이스라엘은 하나님이 택하신 요셉을 거절했습니다(행 7:9-16).

요셉은 하나님께서 이스라엘을 구원하시기 위해 선택한 사람입니다. 그러나 ① 이스라엘의 조상들은 하나님의 계획을 거절하고 음모를 꾸몄습니다(9절). ② 하나님께서는 자신의 택하신 종 요셉을 환난에서 건져내셨습니다(10절). ③ 하나님께서는 이스라엘의 조상들, 즉 족장들을 구원하셨습니다(11~14절). ④ 이스라엘의 조상들은 약속의 땅에 묻히기를 원했습니다(15~16절). 하나님은 이스라엘을 인도하시고 축복하셨습니다.

· 함께 읽어요 : 사도행전 7장 15~16절
"[15]야곱이 애굽으로 내려가 자기와 우리 조상들이 거기서 죽고 [16]세겜으로 옮겨져 아브라함이 세겜 하몰의 자손에게서 은으로 값 주고 산 무덤에 장사되니라."

2. 백성은 택하신 두 번째 종 모세를 거절했습니다(행 7:17-29).

이스라엘은 약 400년 동안 종살이로 애굽에 있었습니다. 그들은 애굽으로 이주하던 처음에는 요셉 때문에 애굽의 나일 강 하류 지역 비옥한 땅에서 살았습니다. 그들의 요구대로 짐승을 치며 풍요를 누렸습니다. 이러한 생활이 애굽을 떠나지 못하게 발목을 잡았습니다. 하나님의 깊은 계획은 요셉을 알지 못하는 왕조를 통해 이스라엘을 박해하므로 바뀌기 시작합니다. 이스라엘이 번성할수록 애굽 통치자들은 불안을 느꼈습니다. 그래서 남자애들을 버리도록 강요합니다. 이때 석 달을 기르다 나일 강에 버려진 아기가 있었습니다. 기적적으로 바로의 딸에게 건짐을 받아 '모세'라는 이름을 가졌습니다. '모세'는 어려운 환경에서도 바로의 딸의 아들로 성장했습니다. 한편, 애굽에서 노역에 동원되어 시달린 이스라엘 백성들의 원망은 하늘에 닿았습니다. 그래서 하나님은,

첫째로, 하나님께서 이스라엘 백성을 구원하시고 아브라함에게 주신 자신의 영광스러운 약속을 이행하시기 위해 준비하셨습니다(17절).

둘째로, 하나님께서 자신이 택한 어린 아이인 모세를 보호하고 준비시키셔서, 바로의 딸의 아들로 자라면서 훌륭한 교육을 받게 했습니다.

셋째로, 하나님의 택하신 종을 이스라엘을 위해 행동하게 했습니다. 모세는 40세 되도록 이스라엘과 단절된 채 살았지만 동족을 생각했습니다.

넷째로, 하나님의 종 모세는 오해받고 거부당했습니다. 모세는 하나님께서 자기를 사용해 유대인들을 구원하실 것을 깨닫고, 알리리라고 생각했지만 그들은 그 사실을 깨닫지 못하고 모세를 배척했습니다(25절).

· 함께 읽어요 : 사도행전 7장 21~23절

"[21]버려진 후에 바로의 딸이 그를 데려다가 자기 아들로 기르매 [22]모세가 애굽 사람의 모든 지혜를 배워 그의 말과 하는 일들이 능하더라 [23]나이가 사십이 되매 그 형제 이스라엘 자손을 돌볼 생각이 나더니"

3. 하나님께서 대 구원사역의 계획을 이루셨습니다(행 7:30-41).

첫째로, 하나님께서 그분의 백성을 구원하시고자 모세를 준비하셨습니다(30~33절). 이는 오직 하나님의 은혜입니다. 하나님께서 거룩한 땅에서 모세를 부르시고 만나주시고, 사용하셨습니다.

둘째로, 하나님께서는 이스라엘 백성을 구원하시고자 그분의 종을 세우셨습니다(34절). 잘 감당할 수 있도록 교육시키셨습니다.

셋째로, 하나님께서는 자신의 종에게 특별한 사명, 즉 그 당시 이스라엘 백성에게 가야할 중요한 사명을 맡겨 보내셨습니다(35~38절).

넷째로, 하나님과 모세는 백성들로부터 거절을 당했습니다(39~41절).

그들은 하나님의 생명의 말씀에 의도적으로 불순종했습니다. 조상들과 함께 광야교회에서 살아있는 말씀을 선포하던 자를 배척했듯이, 하나님께서 자신의 아들까지 보내주셨지만 거절하고 십자가에 못 박아 죽였습니다. 그들의 불순종은 이렇게 하나님의 아들까지 죽이고, 조상들과 같이 성령을 거스르므로 질책의 말씀을 들었습니다. 여러분! 하나님의 구원사역에 동참하셔서, 개인과 가정에 복된 삶이 되시기 바랍니다.

· 함께 읽어요 : 사도행전 7장 51절

"목이 곧고 마음과 귀에 할례를 받지 못한 사람들아 너희도 너희 조상과 같이 항상 성령을 거스르는 도다."

정리하는 말

여러분! 이스라엘은 광야에 있는 하나님의 교회요. 하나님의 총회요. 하나님의 회중입니다. 하나님은 이스라엘이 민족적으로 위기에 처할 때마다 간과하지 않으시고 구원해 주셨습니다. 하나님을 떠난 백성들을 가족적인 대이동을 통해서라도 성령께 순종하도록 이끄셨습니다. 백성들은 하나님을 예배하지 않고 우상을 섬겼으나 하나님은 그들을 끝까지 인도하시고 구원하셨습니다(42절). 우리는 하나님의 택한 백성입니다. 우리를 끝까지 책임지시고 구원하시는 하나님께 영광 돌리시기 바랍니다.

평가와 결심

1. 이스라엘 족장 시대에 첫째로 누가 누구를 거절하였습니까?
   (행 7:9~16, ①형제들이 ② 요셉을 장사꾼에게 팔아버림)
2. 이스라엘은 애굽에서 둘째로 누가 누구를 불순종하였습니까?
   (행 7:19~29 ①이스라엘 백성들 ②모세에게 불순종함)
3. 신약 시대에 셋째로 누가 배척하고 어떻게 거절하였습니까?
   (행 7:53, ①유대 종교지도자들 ②독생자를 십자가에 못 박도록 내어줌)

주간 경건의 시간 <18> · 날마다 말씀과 함께

요일 / 내용	주일/월(Mon)	화(Tue)	수(Wed)	목(Thu)	금(Fri)	토(Sat)
찬송	91동 / 93동	347 / 382	212 / 342	251 / 137	215 / 354	84 / 96
성경	행 7:1-14/15-38	행 7:39-59	행 8:1-25	행 8:26-40	행 9:1-25	행 9:26-43
적용	가족 청함 / 광야교회	목이 곧은 백성	성령을 주소서	성령이 빌립더러	박해하는 예수라	베드로의 치유사역

* 성실은 천도(天道), 성실을 사모하는 것은 인도(人道)이다.

< 맹자, B. C. 372~289, 중국 전국시대 철학자 >

제19과

베드로 시몬을 청하라

찬송 / 550, 549, 546 / 통 248, 431, 399
성경 / 사도행전 10:7-43
요절 / 사도행전 10:32
"사람을 욥바에 보내어 베드로라는 시몬을 청하라 그가 바닷가 무두장이 시몬의 집에 유숙하느니라."
목표 / 시몬의 집 사람 청하듯유숙하는 자까지 복음을 듣도록 청한다.

시작하는 말

해마다 5월이면 가정 행사들이 많습니다. 그러다 보니 막상 가정에 성령 충만의 영적 사역은 점점 밖으로 밀려버린 듯해 씁쓸합니다.'성령행전'이라 일컫는 사도행전에 보면 마가의 다락방에서 시작된 성령의 역사는 고넬료의 가정, 삭개오의 가정 등을 중심으로 말씀전파가 이루어지고 성령 충만의 역사가 나타났음을 봅니다. 가정에 성령 충만하여 가정마다 편견들이 무너지기를 간절히 소원합니다. 가정이 성령 충만하면 말씀과 기도로 소통이 되고 찬송과 축복이 넘치게 됩니다.

오늘의 말씀

1. 이방인 고넬료의 편견이 깨뜨려졌습니다(행 10:1~8).

오늘날도 그렇지만 당시에도 유대인과 이방인 사이에는 보이지 않는 벽이 존재해 있었습니다. 고넬료는 이방인으로서 복음을 받지 못해 구원받지 못한 상태였습니다. 그러나 고넬료의 기도와 구제가 상달되었습니다. ① 그는 군인장교요, 로마군대의 장교요, 로마 군대의 백부장이었습니다. ② 그는 하나님께 대한 특별한 경외감이 있었고, 백성을 구제하고 하나님께 항상 기도했습니다. ③ 기도시간에 그는 환상 중에 '네 기도와 구제가 하나님 앞에 상달되어 기억하신 바가 되었다'는 음성을 듣습니다. ④ 사람을 보내어 베드로라는 시몬을 청하라고 합니다. 이로 인해 이방인 고넬료에게도 구원의 기회가 옵니다.

· 함께 읽어요 : 사도행전 10장 5~6절
"5 네가 지금 사람들을 욥바에 보내어 베드로라 하는 시몬을 청하라. 6 그는 무두장이 시몬의 집에 유숙하니 그 집은 해변에 있다 하더라."

2. 유대인인 시몬 베드로의 편견도 깨뜨려졌습니다(행 10:9-22).

고넬료는 이방인이었고, 베드로는 유대인이었기에 이 두 사람 사이에는 인종차별이 깊이 자리 잡고 있었습니다. 또한 종교적 차이가 있었습니다. 하나님께서는 이방인과 유대인을 화해시킬 수 있으며, 그분은 화평을 주실 수 있으십니다. 오늘날 우리 한민족이 겪고 있는 이념과 사상의 격차, 분단이라는 시간의 흐름, 경제적 정치적 차이가 벽을 형성한지 60~70여년이 됩니다. 그러나 십자가 복음으로 편견이 깨뜨려 지면 남북이 통일되고 화합과 평화가 가능해 질 것입니다.

① 베드로는 제6시 기도시간에 하늘이 열리며 한 그릇이 내려옵니다.

② 보자기에는 유대인들이 금하는 각종 네 발 가진 짐승과 기는 것과 공중에 나는 것들이 있는데, 시장한 베드로에게 잡아먹으라고 합니다.

③ 베드로는 사양했지만 하나님께서 깨끗하게 하신 것을 네가 속되다 하지 말라고 합니다. 베드로가 이 환상을 본 후, 고넬료도 같은 환상을 봅니다. 지시대로 사람을 욥바에 보냈고, 그 사람들이 베드로를 찾았습니다. 이 일로 서로를 깨닫게 되었습니다. 그 동안 편협했던 민족주의 유대인의 선민사상이 깨어지는 시간이 되었습니다.

· 함께 읽어요 : 사도행전 10장 18~20절

"[18]불러 묻되 베드로라 하는 시몬이 여기 유숙하느냐 하거늘 [19]베드로가 그 환상에 대하여 생각할 때에 성령께서 그에게 말씀하시되 두 사람이 너를 찾으니 [20]일어나 내려가 의심하지 말고 함께 가라 내가 그들을 보내었느니라 하시니."

3. 유대인이나 이방인이나 편견을 깨뜨려야 됩니다(행 10:23-33).

여러분! 이방인인 고넬료의 편견도, 유대인인 베드로가 가졌던 엄청난 편견도 다 깨뜨려 주시는 하나님의 놀라운 간섭이 참으로 아름답습니다. 하나님의 영으로 인도함을 받는 사람은, 곧 하나님의 아들인 것입니다(롬 8:14). 하나님을 사랑하는 자, 곧 그의 뜻대로 부르심을 입은 자들에게는 모든 것이 합력하여 선을 이룹니다(롬 8:28). 주님 안에서 원수까지도 사랑하시기 바랍니다. 이것이 하나님의 뜻입니다.

첫째로, 고넬료는 그의 기도와 백성을 위한 구제가 하나님께 상달되었다는 놀라운 환상을 체험하게 됩니다. 군대의 백부장이 사람을 보내어 욥바에 유숙하는 베드로라는 시몬을 청하여 모셔오게 했습니다. 여기서 군대의 속성상 권위를 내세우지 않고 자신을 낮추는 것은 전적으로 겸손이 없이는 있을 수 없는 일입니다.

둘째로, 유대인인 베드로는 율법에 금지된 음식에 대한 규례를 어기면서까지 하나님의 명령을 순종하는 겸손에 이르게 되었습니다. 이것은 지금까지의 편견을 깨뜨리는 중대한 결단이었습니다.

사실상 관습이나 율법, 인간의 고집이라 할지라도, 하나님의 말씀과 은혜 앞에서는 소리 없이 무너짐을 보게 됩니다. 이방인이 시간을 지켜 행한 기도의 행위와 백성을 위한 구제까지도 하나님께서 다 들으시고, 기억하신다는 사실을 주목하시기 바랍니다.

· 함께 읽어요 : 사도행전 10장 36절

"만유의 주되신 예수 그리스도로 말미암아 화평의 복음을 전하사 이스라엘 자손들에게 보내신 말씀"

정리하는 말

성도 여러분! 오늘날 교회 성도들마저도 서로 등을 돌리며 대화를 거절합니다. 이방인 군대장교가 유대인인 베드로를 청하여 성령의 복음을 듣고, 서로의 편견을 깨뜨려 주시는 하나님의 놀라운 은혜는 십자가의 사랑밖에는 설명할 수 없습니다. 베드로를 청한 고넬료의 용단 있는 겸손과 이방인 장교에게 복음을 전한 유대인인 베드로의 겸손한 순종은 예수 그리스도를 통한 하나님의 성령의 사랑과 화합의 힘인 것입니다.

평가와 결심

1. 이방인 군대 장교인 고넬료가 어떻게 편견을 극복했습니까?
   (행 10:1~8, 항상 기도하고 백성을 구제함, 성령께 순종함)
2. 유대인인 베드로가 어떻게 편견을 극복했습니까?
   (행 10:9~22, 환상 가운데 성령의 지시하심을 겸손하게 순종함)
3. 성도와 성도 사이, 교회 간의 화합을 어떻게 이룰 수 있습니까?
   (행 10:42, 서로의 편견을 극복하고 성령의 사랑과 화합에 순종함)

주간 경건의 시간 <19> · 날마다 말씀과 함께

요일 내용	주일/월(Mon)	화(Tue)	수(Wed)	목(Thu)	금(Fri)	토(Sat)
찬송	88동 / 89동	414 / 475	420 / 212	449 / 377	451 / 504	545 / 344
성경	행 10:1-23/24-48	행 11:1-30	행 12:1-25	행 13:1-23	행 13:24-52	행 14:1-25
적용	청하여/ 성령께서 오십	착한 사람	기도하고 있더라	내 뜻을 다 이루리라	영생 약속	믿음의 문 여심

* 가정은 그대가 가야 할 때에 그대를 용납하는 곳이다. <프로스트, 1871~1922, 프랑스 소설가>

제20과

온 가족 세례를 받으라

찬송 / 268, 282, 255 / 통 202, 339, 187
성경 / 사도행전 16:11-34
요절 / 사도행전 16:33
"그 밤 그 시각에 간수가 그들을 데려다가 그 맞은 자리를 씻어 주고 자기와 그 온 가족이 다 세례를 받은 후"
목표 / 온 가족이 다 세례를 받는 가정으로 거듭나야 함을 알게 한다.

시작하는 말

세례는 '죄 씻음 받음'의 증표입니다. 기독교인에게 세례는 기독교 생활로 들어가는 문이요, 따라서 궁극적 종말론적 귀결인 영원한 생명으로 인도하는 문입니다. 그러기에 주님께서는 "너희는 가서 모든 족속으로 제자를 삼아 아버지와 아들과 성령의 이름으로 세례를 주고 내가 너희에게 분부한 모든 것을 가르쳐 지키게 하라"(마 28:19~20)고 하십니다. 구원은 개인적이지만, 가정이라는 기관을 통해서 온 가족이 세례를 받고 함께 천국 백성이 되는 길을 열어주셨음을 믿으시기 바랍니다.

오늘의 말씀

1. 빌립보에서 루디아 집안이 세례를 받았습니다(행 16:12~15).

빌립보는 유럽으로 통하는 관문이었습니다. 빌립보는 또한 로마의 자랑할 만한 식민지였습니다. 말하자면, 로마 제국에 충성과 복종을 하여 충성도가 두드러졌습니다. 바울과 그 일행(동역자들은 실라와 디모데와의사인 누가)이 이곳에 도착하여, 그 도시에서 약 1마일쯤(약 1.6km) 떨어진 강가에 기도처가 있다고 들었습니다. 사람들은 기도하기 위해 강가로 나갔습니다. 그곳에서 말씀을 듣던 자색 옷감 장사인 루디아의 마음을 열어주셔서 바울의 말을 따르게 하셨습니다. 루디아의 인도로 그 집이 다 세례를 받았고, 자기 집에 유하라고 강권하니 머물게 됩니다.

· 함께 읽어요 : 사도행전 16장 15절

"그와 그 집이 다 세례를 받고 우리에게 청하여 이르되 만일 나를 주 믿는 자로 알거든 내 집에 들어와 유하라 하고 강권하여 머물게 하니라."

2. 바울과 실라가 갇히게 됩니다(행 16:16~32).

본문은 세상의 능력과 예수님의 능력이 대적하는 장면을 봅니다.

첫째로, 사람의 미래를 점치는 귀신들린 여종이 있었습니다(16절). 사람들은 어린 점쟁이의 영에 현혹되어 있었습니다. 오늘날에도 사람들은 이런 점쟁이, 거짓 예언자, 손금 보는 자, 강신술자에 많이 속습니다.

둘째로, 탐욕과 물질만능의 영에 사람들이 있습니다(16절). 그 여종은 돈벌이에 이용당하는 노예에 불과했습니다.

셋째로, 바울이 예수 그리스도의 이름으로 명해 그에게 축사해 주었습니다. 여종의 주인은 자기 수익의 소망이 끊어진 것을 보고 바울과 실라를 관리들에게 고소했습니다. 로마 사람인 그들이 받지도 못하고 행하지도 못할 풍속을 전했다고 말입니다. 바울과 실라는 옥에 갇혔고, 상관들이 옷을 벗겨, 매로 치라하니 많이 맞고 발에 차꼬를 든든히 채워져 깊은 옥에 가뒀습니다. 그러나 복음의 역사는 여기서 일어났습니다.

· 함께 읽어요 : 사도행전 16장 23~24절

"23많이 친 후에 옥에 가두고 간수에게 명하여 든든히 지키라 하니 24그가 이러한 명령을 받아 그들을 깊은 옥에 가두고 그 발을 차꼬에 든든히 채웠더니"

3. 기적적으로 간수 온 집안이 구원을 받았습니다(행 16:25~34).

바울과 실라는 상처투성이였지만 그들은 한 밤중에 일어나 기도하고 하나님을 찬송합니다. 그들의 기도와 찬송 소리는 감옥에 갇힌 많은 죄수들이 들을 만큼 컸습니다. 그들은 십자가에 달려 죽으신 주님이 조금도 부끄럽지 않았고, 기도와 찬송의 대상이었습니다. 그러므로 그들의 찬송소리는 오래 동안 계속되었을 것입니다.

① 극한 어려움 속에서 제자들은 십자가에 죽으신 그리스도를 강력하게 증거했습니다. 바울과 실라는 옷이 찢기고 벗기어진 채 매를 맞고 차꼬에 채워져 깊은 감옥에 갇혔지만 굳건한 믿음은 식지 않았습니다.

② 하나님의 큰 역사가 나타났습니다. 지진을 통해 옥 터가 움직였습니다. 철문들이 다 열렸습니다. 신기하게도 모든 사람의 매인 차꼬들이 다 벗어져 버린 것입니다. 그들은 탈출할 생각조차 잊었습니다.

③ 간수가 놀라 자결하려고 할 때, 바울은 “네 몸을 상하게 말라 우리가 다 여기 있노라”(28절) 하고 외쳤습니다. 하나님께서는 갇혔을지라도 담대하게 기도하고, 큰 소리로 찬송하는 그들에게 초자연적인 현상으로 역사하신 것입니다.

④ 간수는 위 사실을 확인하고는 그들의 상처들을 싸매어주고, 겸손하게 온 집안의 세례를 요청했습니다. 자기와 그 온 가족이 세례를 받은 후 온 집안이 하나님을 믿게 되었습니다. 온 집안이 구원을 받게 된 것입니다. 이런 기적 같은 일이 간수의 집에서 일어났습니다. 간수는 음식을 차려 주고 그와 온 집안이 하나님을 믿으므로 크게 기뻐했습니다. 여러분! 온 가족을 교회로 초청하여 세례를 받고, 천국시민으로서 하나님께 영광 돌리는 아름다운 가정이 되시길 주님의 이름으로 축복합니다.

· 함께 읽어요 : 사도행전 16장 34절

“그들을 데리고 자기 집에 올라가서 음식을 차려 주고 그와 온 집안이 하나님을 믿으므로 크게 기뻐하니라.”

정리하는 말

사랑하는 성도 여러분! 오늘 본문에서 두 가정이 온 집안 모두 세례를 받고, 하나님의 구원의 은혜를 받았습니다. 빌립보 성의 루디아는 바울일행을 정성껏 잘 대접하며 자신의 집을 그들에게 제공했습니다.

바울과 실라는 여종의 귀신을 축사해 준 사건으로 고발당하여 매를 맞고 옥에 갇혔지만, 한 밤중 바울과 실라의 기도와 찬송소리에 옥문이 열리고 차꼬가 풀렸습니다. 자결하려했던 빌립보 감옥 간수는 전화위복으로 온 가족이 세례를 받고 온 집안이 구원을 받았습니다. 할렐루야!

평가와 결심

1. 빌립보 성 루디아는 어떤 여성입니까?
   (행 16:12~15, 자주 옷감 장수, 바울 접대, 온 집안 세례 받음)
2. 빌립보 성에서 바울 일행이 어떤 일을 당했습니까?
   (행 16:16~24, ①여종 축사 ②감옥에 갇힘 ③하나님의 기적체험)
3. 자결하려던 간수와 그 집안이 당한 일의 형편은 어떠했습니까?
   (행 16:25~34, ①온 가족 세례 받음 ② 온 집안이 구원받음)

주간 경건의 시간 <20> · 날마다 말씀과 함께

요일 / 내용	주일/월(Mon)	화(Tue)	수(Wed)	목(Thu)	금(Fri)	토(Sat)
찬송	85동 / 86동	186 / 176	212 / 347	279 / 337	315 / 512	357 / 397
성경	행 15:1-21/22-41	행 16:1-15	행 16:16-40	행 17:1-15	행 17:16-34	행 18:1-28
적용	예수 은혜/ 성령과 우리	예수의 영	빌립보 첫 성	베뢰아 교인	범사에 종교심	예수는 그리스도

* 유혹에 저항하는 매 순간이 승리이다. <프레드릭 윌리엄 페이버, 1814~1863, 영국 신부>

5단원 가정 전도의 달

제21과 다정한 신앙 부부가 되라

찬송 / 325, 386, 356 / 통 359, 439, 396
성경 / 사도행전 18:18-28
요절 / 사도행전 18:26

"그가 회당에서 담대히 말하기 시작하거늘 브리스길라와 아굴라가 듣고 데려다가 하나님의 도를 정확하게 풀어 이르더라."

목표 / 전도는 영혼 구원과 하나님나라를 전파하는 것임을 알게 한다.

시작하는 말

본문에 브리스길라와 아굴라는 바울의 동료이자 부부였습니다. 하나님이 짝 지어주신 부부는 창조 시에도 잠든 아담의 갈빗대를 취하여 여자 하와를 만드셨습니다. 결혼이란 잃어버린 갈빗대를 찾는 예식입니다. 그러므로 부부는 일심동체(一心同體)입니다. 특별히 복음전도에서 부부사역은 대단히 중요합니다. 누가가 기록한 사도행전은 복음역사를 성령의 사역으로 전개해 갔기에 '성령 행전'이라고 합니다. 성령의 역사하심은 가정에서 부부를 통해 복음행로를 이끌어 가셨습니다.

오늘의 말씀

1. 바울은 유대인들의 고소가 취하 되었음에도 떠났습니다(행18:18).

바울은 새로운 총독 갈리오의 유리한 판결(불간섭주의)[1]로 인해 지

1) 유대인들의 바울에 대한 송사는 유대교도들 간의 교리논쟁이므로, 유대의 종교법으로 판단해야 한다는 것이다.

속적으로 마음껏 사역하며 머무를 수 있게 되었습니다. 그러나 고린도를(약 18개월 동안 머뭄) 떠났습니다. 그때 브리스길라와 아굴라도 함께 안디옥을 향해 떠났습니다.

하나님께서는 바울을 지역교회의 사역자로 부르시지 않으시고, 복음 증거자와 선교사로 부르셨기 때문입니다. 고린도에 머물러 지역교회의 사역자가 되는 것은 하나님의 뜻이 아니었습니다. 머무르는 것은 바울을 향한 하나님의 위대한 부르심을 거스르는 것입니다. 오늘날 많은 사람들이 가족이나 친구, 성공과 안정, 지위와 명예, 재산과 물질 때문에 하나님의 부르심을 외면하기도 합니다. 이것은 하나님께 대한 불충입니다. 하나님의 뜻을 헤아려 바울처럼 헌신 봉사하시기 바랍니다.

· 함께 읽어요 : 사도행전 18장 18절

"바울은 더 여러 날 머물다가 형제들과 작별하고 배 타고 수리아로 떠나갈새 브리스길라와 아굴라도 함께 하더라 바울이 일찍이 서원이 있었으므로 겐그레아에서 머리를 깎았더라."

2. 바울은 가는 곳마다 신실하게 복음을 전했습니다(행 18:19~21).

바울은 안디옥을 거쳐 에베소에 도착하여 머물렀던 기간은 매우 짧았습니다. 그러나 그는 가만히 앉아있지 않았습니다. 바울은 어느 곳에서든, 머무는 기간이 길든, 그리스도 예수 안에 있는 영광스러운 구원에 관해 증거 했습니다. 그가 유대인들과 변론하기 시작한 것에 집중하시기 바랍니다.

첫째로, 바울은 안식일마다 예배드리고 강론 했습니다(행 18:4절).

그는 건전하고, 사려 깊고, 논리정연 하였고, 또 많은 질문에 적절한 방법으로 대답하고 그 궁금증을 해소시켜 주었습니다.

둘째로, 바울은 믿음을 위해 권면했습니다. 사람의 마음과 생각을 움직이고 변화시키기 위하여 설득하고, 촉구하고, 권유했으며, 간청했습니다다. 바울은 사람들이 그리스도 예수를 믿도록 돕기 위해 할 수 있는 한, 모든 것을 다해 계속해서 강론했습니다(행 18:4~5).

셋째로, 바울은 다른 지도자들에게 경의를 표했습니다(18:20~21절). 에베소에 있는 유대인들까지도 마음을 열었습니다. 그는 오순절까지 예루살렘에 가야했기에 그는 브리스길라와 아굴라로 하여금 사람들을 가르치게 했습니다. 그리고 모 교회를 사랑하여 떠나야 했습니다.

· 함께 읽어요 : 사도행전 18장 4~5절
"4 안식일마다 바울이 회당에서 강론하고 유대인과 헬라인을 권면하니라 5실라와 디모데가 마게도냐로부터 내려오매 바울이 하나님의 말씀에 붙잡혀 유대인들에게 예수는 그리스도라 밝히 증언하니"

3. 브리스길라와 아굴라 부부는 아볼로와 교통했습니다(행 18:22~28).

아볼로는 알렉산드리아에서 태어난 유대인으로 언변이 뛰어나고 성경에 능한 자였습니다. 아볼로는 일찍 주의 도(행 18:25절)를 배운 자였습니다. 그는 순종적이었고, 충실한 아들이자 학생이었습니다. 아볼로는 자신이 알고 있는 것을 정확히 가르쳤습니다. 그는 아직 세례 요한의 세례만을 알고 있었습니다(행 18:24~28절). 그는 성경에 충실하여 성경이 말하는 바를 주의 깊게 살폈습니다. 그는 성경이 가르치는 모든 것을 왜곡하지 않았으며 가감하지 않았습니다. 그는 진리를 담대히 증거 했던 믿음의 선진들의 모범을 따랐습니다. 아볼로는 남에게 배우려는 자세를 가진 사람이었습니다. 브리스길라와 아굴라는 아볼로의 설교를 들었습니다. 그들은 그가 복음의 전반적인 내용을 꿰뚫지 못했음을 알고서, 아볼로를 따로 불러 복음에 대한 전반적으로 내용을 정확하게 들려주었습니다.

· 함께 읽어요 : 사도행전 18장 26절
"그가 회당에서 담대히 말하기 시작하거늘 브리스길라와 아굴라가 듣고 데려다가 하나님의 도를 더 정확하게 풀어 이르더라."

정리하는 말

성도 여러분! 본문 말씀에서 복음을 전하면서 겪는 여러 가지 문제들을 아름답게 풀어가는 브리스길라와 아굴라 부부를 보았습니다. 이 신앙의 부부가 아볼로라는 성경학자의 설교를 들으면서 복음의 전반적인 내용, 즉 하나님의 도를 더 정확하게 풀어 일러주는 자상함과 다정함이 돋보입니다. 또한 아볼로의 복음에 대한 열린 마음과 여유 있는 수용자세가 우리에게 도전이 되고, 큰 귀감이 됩니다. 이들처럼 복음을 전파하고 가르치고 수용하는 자세를 길러 하나님께 영광 돌리시기 바랍니다.

평가와 결심

1. 바울은 문제가 해결 되었음에도 떠나는 이유가 무엇입니까?
   (행 18:1~2, 하나님의 뜻은 고린도라는 지역사역자가 아니라는 점)
2. 바울이 가는 곳마다 한 일이 무엇입니까?
   (행 18:4~5, ① 예배와 말씀강론 ② 권면함 ③ 다른 지도자 경의 표함)
3. 본 단원에서 모범적인 전도자로서 누구의 삶이 돋보입니까?
   (행 18:22~28, ① 브리스길라, 아굴라 부부 ② 아볼로)

주간 경건의 시간 <21> · 날마다 말씀과 함께

요일 / 내용	주일/월(Mon)	화(Tue)	수(Wed)	목(Thu)	금(Fri)	토(Sat)
찬송	144동 / 146동	267 / 201	289 / 208	320 / 350	195 / 175	315 / 512
성경	행 19:1-22 / 23-41	행 20:1-16	행 20:17-38	행 21:1-16	행 21:17-40	행 22:1-30
적용	두란노 서원 / 디모데 에라스도	유두고 살림	피로 사신 교회	예루살렘 상경	야고보 방문	바울의 변명

* 어린 아이들이 굶주린 얼굴로 간절히 바라보고 있는 식탁은 단순한 식탁이 아니라 제단이 된다. < 시미론 스트런스키, 1879~1948, 미국 편집인 >

6단원 애국・애족의 달

제22과

최고 지도자에게 전도하라

찬송 / 510, 508, 507 / 통일 276, 270, 273

성경 / **사도행전 26:12-32**

요절 / **사도행전 26:27**

"아그립바 왕이여 선지자를 믿으시나이까 믿으시는 줄 아나이다."

목표 / 하나님의 생명의 복음을 상사나 지도자에게 전도하는 태도를 기른다.

시작하는 말

예나 지금이나 고위급 지도자에게 전도한다는 것은 매우 어렵고 힘든 일임에 틀림없습니다. 바울은 회심 후에 민족과 국경을 초월하여 온 유럽에 전도했습니다. 전도하다가 고발당한 상태에서 바울은 이제 로마 가이사 황제에게 상소합니다. 또한 아그립바 왕에게 자신을 변명하면서 전도하기를 멈추지 않았습니다. 우리 주 예수 그리스도의 지상명령인 "너희는 가서 모든 민족을 제자로 삼아 아버지와 아들과 성령의 이름으로 세례를 베풀고, 분부한 모든 것을 가르쳐 지키게 하라."(마 28:19~20)는 말씀을 실천하면서 하나님께 영광 돌리시기 바랍니다.

오늘의 말씀

1. 바울은 개종 후 생활이 완전히 변화되었습니다(행 26:12-18).

사울이 변화되기 전은 매우 호전적이며 믿는 자들을 핍박하기 위해서 열심이었습니다. 그는 주의 제자들에 대해서 여전히 위협과 살기가 등등하다고 표현하고 있습니다(행 9:1). 대제사장들에게서 권한을 받아 많은 성도를 옥에 가두며, 또 죽일 때에 찬성투표를 했습니다. 또한 대제사장들의 권한과 위임을 받고 다메섹으로 가다가 정오에 하늘로부터 해보다 더 밝은 빛이 비추었습니다. 그때 땅에 엎드러져, 빛 가운데 이름을 부르는 주님의 음성을 듣고, '주님 누구십니까?' 주께서 "나는 네가 박해하는 예수라"고 했습니다. 그 후 그의 생활은 완전히 변화되었습니다. 이제 핍박하는 자가 아니라, 담대하게 복음을 전파하게 되었습니다.

· 함께 읽어요 : 사도행전 26장 14~15절
"[14]우리가 다 땅에 엎드러지매 내가 소리를 들으니 히브리 말로 이르되 사울아 사울아 네가 어찌하여 나를 박해하느냐 가시채를 뒷발질하기가 네게 고생이니라. [15]내가 대답하되 주님 누구시니이까 주께서 이르시되 나는 네가 박해하는 예수라."

2. 바울은 예수님의 부르심에 복종했습니다(행 26:19-23).

첫째로, 부르심에 순종하고 주님의 명령에 복종했습니다(19~21절).

① 바울은 어디에서든 누구에게든 증거 했습니다. 그는 회심하고 구원받자마자 곧 바로 그리스도를 증거 했습니다.

② 바울은 회개를 선포했습니다. 모든 사람이 하나님께 돌아와서 회개에 합당한 열매를 맺고 사명을 다 할 것을 강조했습니다.

③ 바울은 주님의 부르심에 순종했다는 이유로 핍박받고 송사 당했다고 했습니다.

둘째로, 바울은 충실한 사람이었습니다. 큰 자나 작은 자들에게 회개하라고 말씀합니다. 모든 사람이 하나님께 돌아와서 회개에 합당한 일들을 해야 한다고 선포했습니다(22~23절). 그는 성경에 대해서 선포했고, 예수 그리스도의 죽음과 부활에 대해서 증거 했습니다. 여러분! 주님의 부르심에 복종하셔서 땅 끝까지 복음 전파의 사명을 잘 감당하시기 바랍니다.

· 함께 읽어요 : 사도행전 26장 23절
"곧 그리스도가 고난을 받으실 것과 죽은 자 가운데서 먼저 다시 살아나사 이스라엘과 이방인들에게 빛을 전하시리라 함이니이다 하니라.

3. 바울에 대한 세상 권력자의 판단은 이렇습니다(행 26:24-32).

바울에게 조소하듯 말하는 세상 권력자와 지도자들이 있었습니다. 그러나 바울은 굽히지 않고 담대히 복음을 전했습니다. 그 모습은 아름답기만 합니다. 바울의 인품과 뛰어난 학문은 많은 사람들을 압도했고 돋보이게 했습니다.

첫째로, 베스도의 판단은 바울이 가지고 있는 많은 학문이 바울 자신을 미치게 했다는 것입니다. 베스도 말에 바울이 “베스도 각하여 내가 미친 것이 아니요, 참되고 온전한 말을 하나니다”라고 응대합니다. 그리고 바울은 진지하고 열심히 왕에게 전도하고 복음을 선포했습니다.

둘째로, 베스도는 바울의 복음전도의 열정에 대해 부정적이었습니다. 그는 바울에게 “네가 적은 말로 나를 권하여 그리스도인이 되게 하려 하는도다”(28절)라고 말했습니다.

셋째로, 바울은 오늘 내 말을 듣는 모든 사람도 다 이렇게 결박된 것 외에는 나와 같이 되기를 하나님께 원한다고 했습니다.

이러한 진지한 바울의 증언에 대해서도 왕과 총독과 배석자들은 다 일어나서 말하기를 “이 사람은 사형이나 결박을 당할 만한 행위가 없다”라고 했습니다.

넷째로, 바울은 가이사에게 상소한 상태였습니다. 그러므로 안타깝게 바라보던 이들은 가이사에게 상소만 하지 않았다면 석방될 수도 있을 뻔하였다고 아쉬워했습니다. 여러분! 사도 바울처럼 최고 지도자에게도 담대하게 전도하는 믿음을 소유하시기 바랍니다.

· 함께 읽어요 : 사도행전 26장 32절

“이에 아그립바가 베스도에게 이르되 이 사람이 만일 가이사에게 상소하지 아니하였더라면 석방될 수 있을 뻔하였다 하니라.”

정리하는 말

성도 여러분! 대부분 국가 지도자들의 이념이 한 나라를 좌지우지 합니다. 이런 사실을 보면서 지도자들에게 복음을 전파하는 것이 우리의 사명임을 깨닫습니다. 이 사명을 솔선수범하시기 바랍니다. 또한 백년지대계인 교육자들의 바른 가르침이 절실합니다. 바울은 다메섹 도상에서 예수님의 가르침에 복종했습니다. 다메섹으로 가는 도중 바울은 눈부신 빛 가운데서 회심하고 곧 바로 복음전파에 생명을 바쳤습니다. 여러분도 바울처럼 영광의 면류관의 주인공이 되시기를 축복합니다.

평가와 결심

1. 회심한 바울의 모습은 어떻게 달라졌습니까?
   (행 26:12~18, ① 담대히 ② 그리스도의 복음을 전함)
2. 회심 후 바울의 돋보이는 점이 무엇입니까?
   (행 26:19~23 ① 어느 때에든지 ② 어디든지 ③ 누구에게나 복음 전함)
3. 열심히 전도하는 바울을 세상 지도자들은 어떻게 보았습니까?
   (행 26:24~32, ① 미쳤다고 봄 ② 복음전도를 부정적으로 봄)

주간 경건의 시간 <22> · 날마다 말씀과 함께

요일 / 내용	주일/월(Mon)	화(Tue)	수(Wed)	목(Thu)	금(Fri)	토(Sat)
찬송	85동 / 91동	214 / 349	179 / 167	336 / 383	345 / 461	342 / 395
성경	행 23:1-35/24:1-35	행 25:1-27	행 26:1-32	행 27:1-26	행 27:27-44	행 28 : 1-31
적용	담대하라 / 조상의 하나님	가이사에게 상소	성령을 주소서	선장과 산주의 말	풍랑 중애도	담대한 마음

* 폭력이 이루지 못한 것을 권력은 온순한 방법으로 이룩할 수 있다.

<마르쿠스 아우렐리우스 클라우디스, A. D. 214~270, 로마 황제>

6단원 애국 · 애족의 달

제23과

위정자의 마음을 감동시키심

찬송 / 217, 405, 546 / 통 362, 458, 399
성경 / 에스라 1:1-11
요절 / 에스라 1:1
"바사 왕 고레스 원년에 여호와께서 예레미야의 입을 통하여 하신 말씀을 이루게 하시려고 바사 왕 고레스의 마음을 감동시키시매 그가 온 나라에 공포도 하고 조서도 내려 이르되"
목표 / 나라 지도자들의 마음까지 감동시키시도록 기도해야 함을 안다.

시작하는 말

6월은 애국 애족의 달입니다. 특별히 현충일이 떠오릅니다. 대한민국의 현대사에는 나라를 지키려다 목숨을 잃은 호국 인물들이 많습니다. 도산 안창호 선생은 "민족의 등불 그대들이여! 희망을 가져라. 청년이 죽으면 나라가 죽는다. 그대는 나라를 사랑하는가? 그렇다면 먼저 그대가 건전한 인격자가 되라"고 했습니다. 대한민국이 이만큼 부흥하고 발전한 것은 역사의 현장에서 피와 땀으로 지켜낸 분들이 있었기 때문입니다. 여기에 성경에서 배운 믿음의 인물들을 빼놓을 수가 없습니다. 우리 지도자들을 바르게 세우고 감동시켜주시기를 기도하시기 바랍니다.

오늘의 말씀

1. 스룹바벨은 제1차 포로귀환 후 성전을 건축합니다(스 1:1~4).

에스라서는 이스라엘 백성들의 바벨론 포로에서 자신들의 본국인 유다로 3차에 걸쳐(B. C. 537년, 458년, 444년) 돌아와서 성전을 재건하는 역사입니다. 스룹바벨은 포로에서 돌아와 하나님의 언약 백성으로서 먼저 해야 할 일을 찾았습니다. 이스라엘 공동체의 회복을 위해서 가장 시급하게 추진해야 할 일이 보였습니다. 파괴된 성전을 재건하는 일이었습니다. 하나님의 성전을 다시 건축해서 성전예배를 회복시키는 것이 얼마나 소중한지 절감했습니다. 슬픈 타국 땅에서 대적들의 숱한 방해를 이겨내고 본국으로 돌아와 다시 성전을 재건해서 봉헌 예배를 드리게 될 것입니다(B. C. 516년). 하나님께 영광 돌리게 될 것입니다.

· 함께 읽어요 : 에스라 1장 3절

"이스라엘의 하나님은 참 신이시라 너희 중에 그의 백성 된 자는 다 유다 예루살렘으로 올라가서 이스라엘의 하나님 여호와의 성전을 건축하라 그는 예루살렘에 계신 하나님이시라."

2. 이스라엘 백성들은 귀환과 성전건축을 준비합니다(스 1:5-11).

바벨론 포로로 끌려가 살았던 이스라엘 백성의 본국으로의 귀환은 하나님의 은혜였습니다. 그래서 그들은 하나님을 섬길 예루살렘 성전 건축을 준비하게 됩니다. 이는 전적으로 하나님의 놀라운 사랑이며 보살핌이었습니다. 하나님에 의해 감동을 받은 고레스 왕은 귀환자들에게 성전 건축 재료들과 예물을 주어 도와주도록 배려했습니다. 이는 이사야 선지자의 예언처럼 "여호와께서 그의 기름 부음을 받은 고레스에게 이같이 말씀하시되 내가 그의 오른손을 붙들고 그 앞에 열국을 항복하게 하며 내가 왕들의 허리를 풀어 그 앞에 문들을 열고 성문들이 닫히지 못하게 하리라"라고(사 45:1) 하신 말씀이 성취된 것입니다.

① 사람들이 예루살렘으로 돌아가기 위해 일어났습니다(5절).

② 사면에서 사람들이 그들을 도왔습니다(6절). 많은 사람들이 하나님의 감동을 받고서 귀환하는 이스라엘 사람들을 도와주었습니다.

③ 예루살렘 성전 건축 준비를 위해 이전에 가져왔던 성전 그릇들을

돌려줍니다. 하나님의 감동하심을 받은 고레스 왕은 철저하게 성전 그릇들을 돌려주도록 하고 꼼꼼하게 그릇 수를 다 세어서 기록대로 넘겨주도록 했습니다. 이 사실은 하나님의 은혜와 사랑입니다.

· 함께 읽어요 : 에스라 1장 8절, 11절

"[8]바사 왕 고레스가 창고지기 미드르닷에게 명령하여 그 그릇들을 꺼내어 세어서 유다 총독 세스바살에게 넘겨주니 [11]금, 은그릇이 모두 오천사백 개라 사로잡힌 자를 바벨론에서 예루살렘으로 데리고 갈 때에 세스바살이 그 그릇들을 다 가지고 갔더라."

3. 예루살렘 성전의 기명들을 다 챙겨 보내집니다(스 1:7-11).

여러분! 하나님의 감동하심과 역사하심이 없이 어떻게 이런 일들이 일어날 수가 있겠습니까? 하나님은 택한 백성들을 끝까지 도와주십니다.

첫째로, 고레스 왕이 성전 그릇들을 다 돌려줍니다(7~8절).

본문은 이방 신전으로 옮겨왔던 예루살렘 성전의 기물들을 이스라엘 귀환자들의 손에 일일이 다 세어서 돌려보내고 있습니다. 이는 하나님의 선민 이스라엘의 영적 지위가 회복되었음을 의미하는 것입니다.

둘째로, 성전 그릇의 종류와 수효가 구체적이었습니다(9~11절).

그 그릇들은 금 쟁반이 30개요, 은쟁반이 1,000개요, 칼이 29개요, 금대접이 30개요, 은대접이 410개요, 기타 그릇들이 1,000개였습니다. 9~10절에 기록된 성전 그릇은 2,499개입니다. 그런데 본문 11절에는 금은 기명의 도합이 5,400이라고 기록되었습니다. 이는 9~10절에서 크고 중요한 그릇 수효를 기록하고, 끝에 총 그릇 수를 기록한 것입니다. 이것은 하나님께서 주시는 구체적인 은혜와 자비와 사랑을 의미합니다.

· 함께 읽어요 : 에스라 1장 11절

"금, 은 그릇이 모두 오천사백 개라 사로잡힌 자를 바벨론에서 예루살렘으로 데리고 갈 때에 세스바살이 그 그릇들을 다 가지고 갔더라."

정리하는 말

성도 여러분! 하나님은 약속에 따라 하신다면 하시는 분이심을 보게 됩니다. 느브갓네살 왕이 전리품으로 가져갔던 성전 기명들을 고레스 왕이 다시 돌려주시도록 하심이 깊은 감동을 줍니다. 이방의 신당에서까지 거룩하게 구별했다가 다시 예루살렘 성전으로 돌려보내 주셨습니다. 우리 믿는 자들은 이렇게 세상 사람들 중에서도, 하나님의 거룩하게 구별된 존재임을 자각하면서 하나님께 영광을 돌려야 할 것입니다.

평가와 결심

1. 바벨론 포로에서 돌아와 시급히 해야 될 일은 무엇입니까?
   (스 1:1~4, 그들의 영적 구심점인 예루살렘 성전 재건축임)
2. 포로 귀환 후 성전 재건축에서 고레스는 무슨 일을 했습니까?
   (스 1:5~11, 옛날 예루살렘 성전 기명들을 다시 돌려주도록 함)
3. 예루살렘 성전 회복은 결국 무엇을 의미하고 있습니까?
   (스 1:5~11, 선민 이스라엘의 영적 지위 회복과 영적 회복을 함)

주간 경건의 시간 <23> · 날마다 말씀과 함께

요일 / 내용	주일/월(Mon)	화(Tue)	수(Wed)	목(Thu)	금(Fri)	토(Sat)
찬송	83동 / 87동	215 / 354	314 / 511	384 / 434	400 / 463	303 / 403
성경	스 1 : / 스 2 :	스 3 :	스 4 :	스 5 :	스 6 :	스 7 :
적용	성전의 재건/ 돌아온 백성들	감사 찬양	건축 방해자들	성전 지대 놓음	기도하게 하라	에스라

* 자연은 몸가짐을 가르치는 가장 훌륭한 선생이다. <랄프 왈도 에머슨, 1803~1882, 미국 시인, 수필가>

6단원 애국 · 애족의 달

제24과

죄를 자복하고 통곡하라

찬송 / 268, 282, 255 / 통 202, 339, 187
성경 / **에스라 10:1-17**
요절 / **에스라 10:11**
"이제 너희 조상들의 하나님 앞에서 죄를 자복하고 그의 뜻대로 행하여 그 지방 사람들과 이방 여인을 끊어버리라 하니"
목표 / 나라와 민족을 위해 기도하며 죄 자복하며 통곡하는 태도를 기른다.

시작하는 말

바벨론 포로 생활에서 해방되어 돌아 온 에스라는 먼저 금식하면서 민족적 회개를 주도했습니다. 에스라의 금식기도와 회개운동에 백성들도 동참했습니다. 회개하는 민족은 희망이 있습니다. 회개하는 가정은 자녀들이 신앙으로 돌아옵니다. 개인이 회개하면, 그 주변도, 시대도 변화시키십니다. 나라와 민족을 위해 통곡하며 기도하시기 바랍니다. 기도의 눈물은, 타락하고 메마른 땅에서 희망의 새싹이 돋아나게 합니다. 이 단원을 통해 개인과 가정, 나라가 회개로 거듭나시기를 축복합니다.

오늘의 말씀

1. 에스라의 회개기도에 백성들이 함께 참여합니다(스 10:1).

하나님의 말씀에 불순종하고 우상을 섬겼던 이전 세대들은 하나님의 심판을 받아 이국 땅 바벨론으로 잡혀갔습니다. 성전은 파괴되고 금은 기명들은 모두 옮겨져 우상들의 신전에 입고되었습니다. 그들의 손에 들려진 예루살렘 성전 금, 은그릇들을 안고 돌아온 그들의 눈에는 파괴된 성전의 기둥들만 볼썽사납게 보였을 것입니다. 율법학자요 학사 겸 제사장인 에스라는 기가 막혀 금식기도에 들어갔습니다. 아마도 수많은 눈물을 흘렸을 것입니다. 개인과 공동체와 민족의 죄를 자복하고 통곡했을 것입니다. 다행히 백성들이 회개와 기도대열에 참여했습니다. 여기에 희망이 있었습니다. 간절한 회개의 기도는 하나님 보좌를 움직입니다. 하나님 앞에 회개하시고 세상에서 승리하시길 축복합니다.

· 함께 읽어요 : 에스라 10장 1절

"에스라가 하나님의 성전 앞에 엎드려 울며 기도하여 죄를 자복할 때에 많은 백성이 크게 통곡하매 이스라엘 중에서 백성의 남녀와 어린 아이의 큰 무리가 그 앞에 모인지라."

2. 회개에 참여한 백성들의 개혁의지로 총회가 소집됩니다(스 10:2~8).

첫째로, 에스라의 회개에 감동받은 백성들은 모여 자신들의 죄를 실토하고 그 사실을 고백하면서 솔직히 인정했습니다(2절).

① 스가냐는 이방 여인을 아내로 취한 여히엘(Jehiel)의 아들로 부친의 범죄 사실을 숨기지 않고 인정하고 회개할 것을 다짐했습니다.

② 하나님의 말씀으로 돌아가 이방인 아내와 그 얻은 자녀를 내어 보내기로 결심합니다(2~3절).

③ 에스라의 지도에 힘써 따르기로 했습니다(4절).

둘째로, 예루살렘 총회 소집 준비를 합니다(5~8절).

에스라는 죄를 회개하는데, 백성들이 하나님 앞에서 맹세하도록 했습니다(5절). 스가냐의 언급대로 이방 여인을 내보내고, 자녀들까지 함께 다 내보낸다고 하나님 앞에 맹세하도록 했습니다. 에스라는 계속해서 금식하면서 기도로 준비했습니다(6절). 이제 에스라는 이러한 백성들의 의지를 담아 예루살렘 총회를 소집하여 본격적으로 개혁을 추진해 나갔습니다(7~8절). 이 개혁의 의지가 하나님의 의지인 것을 믿으시기 바랍니다. 이 개혁은 하나님이 에스라와 백성들을 통하여 펼치신 것입니다.

· 함께 읽어요 : 에스라 10장 7~8절

"[7]유다와 예루살렘에 사로잡혔던 자들의 자손들에게 공포하기를 너희는 예루살렘으로 모이라 [8]누구든지 방백들과 장로들의 훈사를 따라 삼일 내에 오지 아니하면 그의 재산을 적몰하고 사로잡혔던 자의 모임에서 쫓아내리라 하매"

3. 에스라가 예루살렘 총회에서 개혁 집행을 결의했습니다(스 10:9~15).

에스라에 의해 소집된 예루살렘 총회에서 이스라엘 백성 전체의 동의하에 종교개혁에 대한 집행이 결의되었습니다. 일부 반대자들도 없지는 않았지만(15절), 대부분 백성들은 이스라엘 공동체에 닥친 위기의 심각성을 깨닫고 자발적으로 에스라의 종교개혁에 동참했습니다. 하나님이 원하시는 것이었습니다.

① 이스라엘 백성들이 예루살렘에 다 모였습니다(9절).

② 에스라가 종교개혁을 선포합니다.

"죄를 자복하고, 이방 여인을 끊어버려라."(10~11절) 재혼한 이방 여인을 끊어버리는 결단도 어렵거니와 실천은 더욱 어려웠을 것입니다. 그러나 이들의 결단으로 거룩한 이스라엘 백성의 민족적 순결성과 거룩성이 보존되도록 했습니다. 모든 행실이 순결하고 거룩하길 원하셨습니다.

③ 백성들이 에스라의 종교 개혁을 지지했습니다(12~14절).

④ 일부 반대자들이 있었습니다(15절). 그러나 에스라의 종교개혁은 성공적으로 추진되었습니다. 이 종교개혁은 에스라를 통한 하나님의 의도였습니다. 그래서 하나님의 계획은 성공적으로 이루어진 것입니다.

· 함께 읽어요 : 에스라 10장 19절

"그들이 다 손을 잡아 맹세하여 그들의 아내를 내보내기로 하고 또 그 죄로 말미암아 숫양 한 마리를 속건제로 드렸으며"

정리하는 말

사랑하는 성도 여러분! 오늘 본문에서 율법 학자요 학자 겸 제사장인 에스라의 태도야말로, 국가나 사회 직장에서 현대를 살아가는 우리들에게 귀감이 됩니다. 국가가 어려움에 봉착했을 때, 지도자 에스라가 보여준 종교개혁의 모범적인 태도가 돋보입니다. 나라와 민족이 어려움에 처했을 때, 에스라는 그 문제의 원인이 곧 내게 있다고 생각하며, 나의 잘못처럼 통회자복하고 해결해 가는 모습이 참 아름답습니다. 여러분! 에스라처럼 귀한 지도자가 되어 하나님께 영광 돌리시기 바랍니다.

평가와 결심

1. 포로에서 돌아온 후 지도자 에스라는 어떤 태도를 취했습니까?
   (스 10:1, 금식하며 기도했음)
2. 에스라의 회개를 보면서 백성들이 보인 태도는 어떠했습니까?
   (스 10:2~8, ① 자신들의 죄 인정 ② 민족적 개혁의지를 전달함)
3. 백성들의 개혁의지를 보고 에스라는 어떻게 조치했습니까?
   (스 10:9~15, ① 총회 소집 ② 개혁을 결의하고 그대로 집행 추진함)

주간 경건의 시간 <24> · 날마다 말씀과 함께

요일 / 내용	주일/월(Mon)	화(Tue)	수(Wed)	목(Thu)	금(Fri)	토(Sat)
찬송	88동 / 92동	186 / 176	212 / 347	279 / 337	315 / 512	357 / 397
성경	스 8 : / 스 9 :	스 10 :	느 1 :	느 2 :	느 3 :	느 4 :
적용	선한 손 / 에스라회개기도	개혁의지 실행	느헤미야 기도	하나님의 선한 손	성벽 중수	마음 들여 일함

* 진짜 나라 사랑은 모국의 흙 한 줌, 풀 한 포기마저도 사랑하게 된다. <Joseph, Shin>

제25과

청렴결백한 지도자가 되라

찬송 / 325, 386, 356 / 통 359, 439, 396
성경 / **느헤미야 5:1-19**
요절 / **느헤미야 5:14**
"또한 유다 땅 총독으로 세움을 받은 때 곧 아닥사스다 왕 제이십년부터 제삼십이년까지 십이 년 동안은 나와 내 형제들이 총독의 녹을 먹지 아니하였느니라."
목표 / 국가나 직장의 공복으로서 청렴결백한 태도를 갖도록 한다.

시작하는 말

어느 시대를 막론하고 국가적인 위기가 존재합니다. 외적의 침입이나 천재지변이나 재앙 또는 질병의 만연 등이 백성을 고통의 터널로 몰아넣습니다. 본문에 나오는 느헤미야는 백성들이 당하는 고통이 무엇인가를 재치 있게 파악하고 잘 해결해 갔습니다. 오늘날 노사 문제는 국가 문제가 되어 해결하기 어려운 문제로 부각되었습니다. 그러나 조금만 상대방을 배려하는 마음과 태도만 있다면 해결의 방법은 얼마든지 있습니다. 노동의 대가로 산출된 부(富)의 나눔과 재분배를 실천하시기 바랍니다. 서로의 갈등을 잘 해결하는 지도자가 되시기 바랍니다.

오늘의 말씀

1. 백성들의 고통을 해결해 주려고 애를 써야 합니다(느 5:1-5).

예루살렘은 B.C. 586년 경 바벨론에 의해 파괴되고 끌려가 포로 생활을 하게 됩니다. 그 후 예언의 약속처럼 3차례를 걸쳐 귀환하게 됩니다. 본문은 느헤미야를 통한 3차(B. C. 444년 경) 귀환 후의 시대적 정황입니다. 느헤미야는 평신도 지도자였습니다. 그는 본국의 유대인들의 환난과 능욕을 당하고 있다는 소식을 들었습니다. 그가 섬기던 아닥사스다 왕에게 나아가 예루살렘에 가서 그 성벽의 보수 작업을 할 수 있도록 허락을 받아 귀국했습니다. 이때 허기진 백성들은 느헤미야를 따라 성전 재건에 힘 섰습니다. 어려운 점은 여러 대적들의 방해와 유대인들의 내부 문제에 있었습니다. 그러나 마음을 모아 결국 52일 만에 마무리 되었습니다. 그것은 가난한 유다 백성들이 부자들의 냉정함과 이기주의로 인해 심한 고통을 당하고 있었습니다.

① 식량난입니다(2절). ② 흉년으로 인한 경제적인 어려움이었습니다(3절). ③ 과중한 세금이었습니다(4절). ④ 심각한 인신매매였습니다(5절).

· 함께 읽어요 : 느헤미야 5장 4절

"어떤 사람은 말하기를 우리는 밭과 포도원으로 돈을 빚내서 왕에게 세금을 바쳤도다."

2. 느헤미야는 부자들의 잘못을 지적하고 꾸짖었습니다(느 5:6~11).

첫째로 유다 백성들의 호소를 듣고 그 대책을 세웠습니다(6-9절).

① 백성들의 말을 듣고 느헤미야가 크게 분노했습니다(6절).

② 백성들의 부르짖음을 듣고 부자들을 꾸짖었습니다(7절).

③ 대회를 열어서 부자들의 잘못을 지적했습니다(7~9절).

둘째로 부자들에게 기득권을 포기하라고 했습니다(10-11절).

① 이자 받는 것을 금하도록 했습니다(10절).

② 저당 잡은 물건들을 돌려주라 했습니다(11절).

부와 가난은 어느 시대를 막론하고 있기 마련입니다. 그러나 서로에게 나눔을 실천한다면 평화와 안정이 임할 것입니다. 그러나 한 사람의 욕심이 많은 사람들에게 불편을 줄 수도 있음을 알아야 합니다. 모든 사람들이 서로가 민주주의를 부르짖지만 자유가 허용되어져야 진정한 민주주의인 것입니다. 기독교의 자비와 사랑은 모든 것을 해결합니다.

· 함께 읽어요 : 느헤미야 5장 10절
"나와 내 형제와 종자들도 역시 돈과 양식을 백성에게 꾸어 주었거니와 우리가 그 이자 받기를 그치자."

3. 부자들이 느헤미야의 말에 순복하고 맹세합니다(느 5:12-13).

첫째로, 느헤미야가 제시한 해결방안을 백성들이 즉각 순종했습니다.

① 부자들이 느헤미야의 말대로 행하겠다고 했습니다(5:12~13절). 유지들과 관료들, 즉 부자들은 자신들의 손해를 감수하고서 기꺼이 따랐습니다.

② 느헤미야가 부자들에게 맹세시켰습니다(12~13절). 느헤미야는 귀인과 가진 자들이 약속을 분명히 책임지도록 하기 위하여 제사장들을 불러 그들 앞에서 말한 대로 행하겠다고 맹세를 하게 했습니다.

둘째로, 느헤미야가 총독으로서 탁월한 모범을 보였습니다(5:14~19절).

① 총독으로서 자신의 녹을 받지 않았습니다(5:14). ② 남의 것을 토색하지 않았습니다(5:15). ③ 자기 위해 땅을 사지 않았습니다(5:16). ④ 자비량으로 손님을 접대했습니다(5:17~18절). ⑤ 오직 하나님만 의뢰했습니다(5:19). 느헤미야의 탁월한 모범 속에서 우리들은 나라의 경제가 어렵고 살기가 힘들어질 때, 국민의 공복으로서 어떻게 살아가야 할지를 배우게 됩니다. 삶에서 꼭 물질이 풍부하고 양식이 넉넉해야 행복이 오는 것은 아닙니다. 그래서 성경은 "항상 기뻐하라 쉬지 말고 기도하라 범사에 감사하라 이것이 그리스도 예수 안에서 너희를 향하신 하나님의 뜻이니라."(살전 5:16-18절)고 가르치고 있습니다. 이 말씀에 따라 살아가시기 바랍니다.

· 함께 읽어요 : 느헤미야 5장 16절 / "도리어 이 성벽 공사에 힘을 다하며 땅을 사지 아니하였고 내 모든 종자들도 모여서 일을 하였으며"

정리하는 말

사랑하는 성도 여러분! 바벨론 포로생활을 마치고 자유를 얻어 돌아온 백성들과 지도자들은 넋을 잃고, 돌아온 조국을 바라보다 너무나 달라진 자신들의 모습에 놀랐을 것입니다. 이방 풍속과 죄악에 물든 자신들의 모습을 내어 놓고 통회자복하며, 부자들의 잘못을 꾸짖고, 이자 받기를 금하고, 기득권을 포기하도록 했습니다. 개혁을 단행했습니다. 먼저 지도자가 청렴결백하기를 결심한대로 실천하고 영광을 돌렸습니다.

평가와 결심

1. 백성의 지도자는 무엇에 힘을 써야 합니까?
   (느 5:1~5, 백성의 고통을 해결해 주려고 애써야 함)
2. 느헤미야는 백성들의 호소를 듣고 어떻게 했습니까?
   (느 5:6~11, 부자들을 잘못을 지적하고 꾸짖음)
3. 부자들은 느헤미야의 말을 듣고 어떻게 하였습니까?
   (느 5:12~13, 느헤미야의 말에 순복하고 맹세함)

주간 경건의 시간 <25> · 날마다 말씀과 함께

내용 \ 요일	주일/월(Mon)	화(Tue)	수(Wed)	목(Thu)	금(Fri)	토(Sat)
찬송	83동 / 85동	198 / 284	229 / 281	286 / 218	285 / 209	309 / 409
성경	느 5: / 느 6:	느 7:	느 8:	느 9:	느 10:	느 11:
적용	녹을 받지 않음/ 음모	지도자 세움	초막을 지으라	백성들이 죄 자복함	십일조를 레위인에게	기도 감사

* 훌륭한 예절이란 지극히 작은 것을 희생하는 것으로 이루어진다.
<랄프 왈도 에머슨, 1803~1882, 미국 시인, 수필가>

6단원 애국·애족의 달

제26과

느헤미야의 개혁 실천

찬송 / 429, 421, 357 / 통 489, 210, 397
성경 / 느헤미야 13:1-22
요절 / 느헤미야 13:14
"내 하나님이여 이 일로 말미암아 나를 기억하옵소서. 내 하나님의 전과 그 모든 직무를 위하여 내가 행한 선한 일을 도말하지 마옵소서."
목표 / 전도할 때 시대를 분간해 전파하는 태도를 기른다.

시작하는 말

우리의 조국은 전쟁 후 어려움을 딛고 자유민주주의 정치체제로 경제적인 발전을 이루었습니다. 그러나 오늘날 대한민국은 정치 경제 사회 문화의 전반적인 문제점을 안고 있습니다. 여기에 정치로, 종교로도 해결하기 어려운 점이 산재해 있습니다. 기독교는 신앙적인 문제를 자체적인 정화작용을 이뤄가지 못하고 있습니다. 그렇다면 어떻게 해결의 실마리를 찾을 수 있을 까요? 먼저 자신의 욕심을 포기하고, 종교와 나라 정치, 문화의 총체적인 개혁을 단행하고 실천해야 할 것입니다.

오늘의 말씀

1. 신앙공동체에서 이방 사람을 분리시켜야 했습니다(느 13:1~3).

성벽 봉헌식이 행해진 날에 이스라엘 백성들은 에스라의 언약서에 인친 대로(10:30~31), 언약 백성의 거룩함을 유지하기 위해 이방 사람들과의 철저한 분리를 시행했습니다. 에스라가 이스라엘 사회에서 이방인 아내를 내보낸 일이 있지만(스 9:~10:), 본문은 더 나아가 이방 사람 모두를 이스라엘 사회에서 배제하는 일이었습니다.

① 모세의 책이 백성들에게 낭독되었습니다(1절). ② 이방 사람들을 분리시키는 역사적인 근거입니다(신 23:3~6절). 이스라엘 공동체 사회에서 이방 사람들을 분리시켜 내쫓았습니다(3절). 왜냐하면 그들은 이스라엘의 파괴를 원했기 때문입니다. 이는 곧 하나님을 대적하는 행위이기 때문입니다. 오직 하나님의 뜻을 헤아려 실천하시기 바랍니다.

· 함께 읽어요 : 느헤미야 13장 3절
"백성이 이 율법을 듣고 곧 섞인 무리를 이스라엘 가운데에서 모두 분리하였느니라."

2. 느헤미야가 이스라엘 공동체를 다시 개혁합니다(느 13:4~31).

본문은 느헤미야서의 마지막 부분으로 예루살렘을 떠나 있던 느헤미야가 돌아와 이스라엘 공동체를 다시 개혁하고 있는 내용입니다.

첫째로, 성전을 정결케 합니다(13:4~9절).

① 느헤미야가 떠나 있는 동안 성전에 이방 사람 도비야를 위한 방이 만들어졌습니다(4~5절).

② 느헤미야가 도비야를 내쫓고 그 방을 정결케 했습니다(6~9절).

둘째로, 십일조 제도를 다시 확립합니다(13:10~14절).

① 생계가 위협을 받자 레위인들이 성전을 떠났습니다.

② 민장을 꾸짖고 레위 사람들을 불로 세웁니다(11절).

③ 유다 백성들이 다시 십일조를 바칩니다(12절).

④ 십일조를 관리할 창고지기들을 세우고 기도로 마무리합니다(13~14절).

셋째로, 안식일을 엄격히 지키도록 했습니다(13:15~22절).

안식일을 지키지 아니하였기에(15~16절), 느헤미야가 유다의 귀인들을 꾸짖고 깨우쳤습니다(17~18절). 안식일이 지켜지도록 예루살렘 성문을 지키도록 했습니다(19~22절). 느헤미야의 공동체의 개혁은 하나님께 부르짖으며 철저하게 단행했습니다.

· 함께 읽어요 : 느헤미야 13장 22절

"내가 또 레위 사람들에게 몸을 정결하게 하고 와서 성문을 지켜서 안식일을 거룩하게 하라 하였느니라. 내 하나님이여 나를 위하여 이 일도 기억하시옵고, 주의 크신 은혜대로 나를 아끼시옵소서."

3. 이방인과 통혼을 금지했습니다(느 13:23-31).

느헤미야가 이스라엘의 회복을 위해 마지막으로 행한 일은 이방 여인과의 통혼을 금지하는 일이었습니다. 당시 이스라엘 사회에서는 이방 여인을 취하여 아내를 삼는 일, 즉 이방 여인과 통혼하는 일이 널리 퍼져 있었습니다. 일찍이 성경에서 수없이 강조하여 금했음에도 유다 백성들은 또 다시 이방 여인과 통혼하는 죄악에 빠져든 것입니다.

첫째로, 유다 사람들이 이방 여인들을 아내로 삼았습니다(23~24절).

이방 여인과의 통혼은 하나님의 언약 백성인 이스라엘, 즉 여호와 신앙 공동체의 순수성을 해치는 심각한 죄악이었기 때문입니다. 결코 묵인할 수 없는 문제였습니다. 실제로 백성들의 범죄 사실을 조사 해 보았습니다. 이방 여인들을 아내로 삼아 낳은 자녀들이 제 어머니의 나라의 방언을 할 수 있을 뿐, 히브리 방언을 하는 자녀들은 없었습니다. 이는 황당한 일입니다.

둘째로, 느헤미야가 통혼한 자들을 책망하고 치리했습니다(25절).

셋째로, 통혼의 위험성을 깨우쳐 주었습니다(26~27절).

넷째로, 이방 여인과 통혼한 제사장의 집안을 징계했습니다(28~31절).

· 함께 읽어요 : 느헤미야 13장 31절

"또 정한 기한에 나무와 처음 익은 것을 드리게 하였사오니 내 하나님이여 나를 기억하사 복을 주옵소서."

정리하는 말

여러분! 이방 여인을 아내로 취한 결과 이스라엘은 거룩한 민족성이 훼손되었습니다. 유다의 신앙공동체가 위협을 받게 되었습니다. 그래서 심지어 대제사장의 손자 요야다의 아들 하나가 산발랏의 사위가 되었으므로 내쫓아 떠나게 했습니다. 느헤미야는 잘못을 바로 잡고 예배를 바로 세웠습니다(30~31절). 느헤미야처럼 정치개혁은 물론 종교개혁을 이루어 무너진 성전 예배를 바로 세워 하나님께 영광을 돌리시기 바랍니다.

평가와 결심

1. 느헤미야의 개혁 실천, 첫째가 무엇이었습니까?
   (느 13:1~3, 이방 사람을 분리시키는 일임)
2. 느헤미야의 개혁 실천, 둘째가 무엇이었습니까?
   (느 13:4~22, 이스라엘 공동체를 다시 개혁함)
3. 느헤미야의 개혁 실천을 위한 마지막이 조처가 무엇입니까?
   (느 13:23~31, 이방인과 통혼을 금지시켰음)

주간 경건의 시간 <26> · 날마다 말씀과 함께

요일 / 내용	주일/월(Mon)	화(Tue)	수(Wed)	목(Thu)	금(Fri)	토(Sat)
찬송	39동 / 73동	410 / 468	180 / 168	215 / 354	251 / 137	345 / 461
성경	느 12 : / 느 13 :	에 1 :	에 2 :	에 3 :	에 4 :	에 5 :
적용	감사 찬송 / 개혁 실천	와스디 왕후폐위	에스더 왕후 됨	하만의 교만	죽으면 죽으리다	하만의 음모

* 그대가 다른 사람의 결점을 싫어한다면 자신의 결점을 고치도록 하라.
<토머스 스프레트, 1636~1713, 영국 작가>

제27과

성경공부에 전념하라

찬송 / 438, 285, 545 / 통일 495, 209, 344
성경 / **디모데전서 4:1-16**
요절 / **디모데전서 4:13**
"내가 이를 때까지 읽는 것과 권하는 것과 가르치는 것에 전념하라."
목표 / 영적인 생명과 영생을 위해 성경공부에 전념하는 태도를 기른다.

시작하는 말

바울은 믿음의 아들 디모데에게 '읽는 것'과 '권하는 것'과 '가르치는 것에 전념하라'고 했습니다. 날씨가 더우면 우리 육체가 방어 기능을 잃습니다. 그래서 더위를 이기려 파도가 넘실거리는 바다나 시원한 계곡을 찾습니다. 하나님의 백성들은 어디를 가나 육신의 양식을 챙기듯이 영의 양식을 챙겨 공급해야 사는 것입니다. 무더운 날씨에도 주님의 말씀인 성경공부를 위해 좋은 곳을 찾아 그룹 성경공부에 전념해 보시면 은혜가 충만할 것입니다. 교회에서 진행하는 '집중성경읽기'나 '태마성경공부'에 시원한 새벽시간을 투자하셔서 전념하시기 바랍니다.

오늘의 말씀

1. 거짓 선생들의 미혹에 빠지지 말아야 합니다(딤전 4:1-5).

바울 사도의 예리한 통찰력은 거짓 선생들이 후일에 나타나 거짓 가르침이 성행할 것을 이미 경계하고 있습니다. 오늘날 성경공부라는 모임에 발 한 번 잘못 디디면, 영혼이 이단에 빠질 수 있다는 사실을 명심하시기 바랍니다. 전국 방방곡곡에 부흥회 물결로 급성장 하던 한국교회가 신비주의나 은사주의에 휘말리면서 이단 사이비 종교에 수많은 성도들이 빠져 헤매고, 귀신의 미혹에 빠진 모습이 안타깝습니다. 교회마다 성경공부만 제대로 진행되었다면 베뢰아 교회 교인들처럼 간절한 마음으로 말씀을 받고, 성경을 상고하고 영적으로 풍성해졌을 것입니다.

· 함께 읽어요 : 사도행전 17장 11절
"베뢰아에 있는 사람들은 데살로니가에 있는 사람들보다 더 너그러워서 간절한 마음으로 말씀을 받고 이것이 그러한가 하여 날마다 성경을 상고하므로"

2. 그리스도 예수의 좋은 일꾼이 되어야 합니다(딤전 4:6-10).

바울 사도는 '예수의 좋은 일꾼이 되라'고 합니다. 그리스도 예수의 좋은 일꾼은 날마다 성경을 읽고 공부하고 성경에 능통한 사람이어야 합니다. 그래야 복잡한 이 시대에 합당한 일꾼이 될 수 있습니다.

첫째, 성도들에게 거짓 선생에 대하여 깨우쳐 주어야 합니다(6절). 거짓 선생은 이단에 속하여 성경의 진리 말씀을 곡해하여 가르칩니다.

둘째, 믿음의 말씀과 좋은 교훈으로 자기 자신을 양육합니다(6절). 디모데는 외조모 로이스와 어머니 유니게 속에 있던 믿음! 그런 가정에서 바르게 자라 올곧은 일꾼으로 사역할 수 있었던 것입니다.

셋째, 망령되고 허탄한 신화를 버려야 합니다(7절). 그것은 세속적이고 불경건한 허구요, 그저 실없이 지어낸 이야기에 불과한 불경스런 전설이요. 어리석은 신화에 불과한 것입니다.

넷째, 경건에 이르고자 스스로 자신을 연단해야 합니다(8절). 경건은 범사에 유익하며 금생과 내세에 약속이 있습니다.

다섯째, 분별력과 목적을 지녀야 합니다(9절). 하나님께서 말씀하시는 바를 이해하며 깨닫고, 자신이 말씀대로 살도록 헌신하는 사람입니다.

여섯째, 수고와 비난을 감내하는 사람입니다(10절). 힘든 일을 비난을 받아가면서도 즐겁게 기쁨으로 감당해 가는 사람입니다.

· 함께 읽어요 : 디모데전서 4장 8절
"육체의 연단은 약간의 유익이 있으나 경건은 범사에 유익하니 금생과 내생에 약속이 있느니라."

3. 그리스도 예수의 더 좋은 일꾼이 되어야 합니다(딤전 4:11-16).

위에서 말씀드린 내용의 연속입니다. 바울은 그리스도 예수의 좋은 일꾼이 되라고 합니다. 그리스도 예수의 좋은 일꾼이 되려면 다음과 같이 노력하고 헌신을 해야 합니다.

일곱째, 이러한 것들을 명하고 가르칩니다(11절). 하나님의 권위를 가지고 하나님의 말씀을 명하고 가르치는 것입니다.

여덟째, 믿는 자들에게 본이 되어야 합니다(12절). 디모데처럼 젊은 목회자가 나이보다 훨씬 성숙한 자신을 증명하면서 살아야 합니다. 믿는 자들에게 성숙한 신앙생활의 모본이 되어야 합니다.

아홉째, 공적 예배에 전념해야 합니다(13절). 사역자는 성경말씀을 읽는 것과 권하는 것과 가르치는 것에 전념해야 합니다. 예배는 신앙의 시작이요, 전부라고 해도 과언이 아닙니다.

열째, '성령에 의해 그에게 특별히 허락된 기름부음'을 경하게 여기지 않습니다(14절). 교회에서 세례와 성찬은 귀한 예전입니다. 또한 누구도 간과해서는 안 됩니다. 성례는 하나님께서 주시는 은혜의 방편입니다.

열한째, 성경의 가르침을 묵상하고 그것들을 가르치는 일, 즉 증거 하는 일에 전심전력해야 합니다(15절). 가르치는 은사가 가장 큰 은사입니다.

· 함께 읽어요 : 디모데전서 4장 15절
"이 모든 일에 전심 전력하여 너의 성숙함을 모든 사람에게 나타나게 하라."

정리하는 말

성도 여러분! 현대인들은 하나님의 말씀인 성경을 너무 경홀히 합니다. 그러나 하나님의 말씀인 성경은 인간을 구원과 생명으로 이끄는 보배 중의 보배입니다. 성경공부는 영적생활이 풍성토록 이끌어주는 가장 좋은 선택입니다. 여러분! 삶이 무겁고 곤핍할 때 여러분들의 삶을 푸른 초장으로 인도하는 가장 좋은 리더가 성경입니다. 하나님의 말씀은 살아 역사하시고 탁월한 능력이 있습니다. 가정·직장마다 성경공부를 통해 새 힘을 얻고, 사랑으로 위로 받는 행복한 가족이 되시기 바랍니다.

평가와 결심

1. 사도 바울이 교회에 경계한 첫째가 무엇입니까?
   (딤전 4:6~8, 거짓 선생의 미혹)
2. 예수의 좋은 일꾼인 자신에게 무엇을 어떻게 해야 합니까?
   (딤전 4:6, 8, ① 믿음의 말씀과 교훈으로 자신 양육 ② 경건의 연습)
3. 예수의 좋은 일꾼이 믿는 자에게 무슨 본을 보여야 합니까?
   (딤전 9:17~32, 말, 행실, 사랑, 믿음, 정절에 있어서 믿는 자에게 본)

주간 경건의 시간 <27> · 날마다 말씀과 함께

요일 / 내용	주일/월(Mon)	화(Tue)	수(Wed)	목(Thu)	금(Fri)	토(Sat)
찬송	93동/ 91동	251 / 137	286 / 218	325 / 359	337 / 363	365 / 484
성경	딤전 1 : / 딤전 2 :	딤전 3 :	딤전 4 :	딤전 5 :	딤전 6 :	딤후 1 :
적용	죄인 중 괴수 / 간구기도 도고 감사	감독의 직분	말씀 기도 거룩	장로에 대한 고발	하나님의 사람	청결한 양심

* 젊은이들의 사랑은 진정 마음 속에 있지 않고 눈 속에 있다.

< 윌리엄 셰익스피어, 1564~1616, 영국 시인, 극작가 >

7단원 생명 교육의 달

제28과

말씀을 생명처럼 여기라

찬송 / 285, 497, 546 / 통 209, 274, 399

성경 / **디모데후서 4:1-18**

요절 / **디모데후서 4:13**

"네가 올 때에 내가 드로아 가보의 집에 둔 겉옷을 가지고 오고 또 책은 특별히 가죽 종이에 쓴 것을 가져 오라."

목표 / **내일 일은 알 수 없어도 성경책을 가까이하는 태도를 기른다.**

시작하는 말

분문은 바울이 에베소 교회 목회자 디모데 목사에게 쓴 편지 글입니다. 우리가 예배시간마다 사용하고 있는 성경과 찬송가는 합본하여 가지고 다니기에 편리하기도 합니다만, 성경만 읽으려면 좀 불편하기조차 합니다. 그래서 요즘은 교회마다 화면을 프레젠테이션으로 성경구절이나 찬송가 악보까지 화면에 비추어 주어서 바로 성경구절을 함께 읽고, 찬송가를 부르기가 편리하기도 합니다. 그러나 성경구절을 읽고 줄을 긋고 공부하기에는 한계가 있습니다. 가죽 종이에 쓴 책을 가져오라는 바울 사도의 부탁을 생각하며 성경책을 늘 휴대하며 읽기 바랍니다.

오늘의 말씀

1. 바울은 말씀을 전파하기를 항상 힘쓰라고 합니다(딤후 4:1~5).

첫째로, 본문에서 바울은 하나님의 말씀을 전파해야 할 것을 명확하게 보여주는 세 가지 이유가 있습니다.

① 주 예수 그리스도께서 산 자와 죽은 자를 심판하실 것입니다.
② 주 예수 그리스도께서 영광 중에 나타나실 것입니다.
③ 주 예수 그리스도께서는 영원무궁한 나라를 세우실 것입니다.

둘째로, 하나님의 말씀은 사명감으로 힘써 전파되어야 합니다.

① 말씀을 전파하는 일에 집착해야 합니다. 사역자의 임무는 말씀을 전파하는 일에 올인해야 합니다. ② 때를 얻든지 못 얻든지 항상 힘써야 합니다. 상황이 어려워도 말씀을 전파해야 합니다. ③ 말씀으로 경책해야 합니다. ④ 경계해야 합니다. ⑤ 범사에 오래 참음과 가르침으로 권해야 합니다. ⑥ 전도자의 일을 하며 직무를 다해야 합니다.

· 함께 읽어요 : 디모데전서 4장 2절
"너는 말씀을 전파하라 때를 얻든지 못 얻든지 항상 힘쓰라 범사에 오래 참음과 가르침으로 경책하며 경계하며 권하라."

2. 죽음에 직면한 바울은 복음의 가치를 건네주고 싶었습니다(딤후 4:6-8).

바울은 로마의 어느 감옥의 어둠침침한 토굴 감방 안에서 자신의 삶의 마지막이 다가오고 있음을 예견하고 있습니다. 그래서 믿음의 후계자요 에베소 교회의 목회자였던 디모데 목사에게 복음의 참 가치에 대해 가르쳐 줬습니다. 그 영광스런 증거가 여기 있습니다.

① 바울은 자신이 충성스러운 군인과 흡사한 삶을 살았노라고 말합니다. ② 바울은 자신이 주어진 길을 달려서 마쳤노라고 말합니다. ③ 바울은 자신이 믿음을 지켰노라고 말합니다.

바울은 너무도 귀한 상급인 의의 면류관을 받을 것입니다. ① 의로우신 재판장이 주실 것입니다. ② 주님의 재림을 사모하고 고대하는 모든 자들에게 주어질 것입니다. 복음의 가치는 우리를 구원하실 뿐 아니라, 의로운 재판장이 의의 면류관, 생명의 면류관을 내려 주실 것입니다. 우리도 바울의 믿음처럼 흔들리지 않고 끝까지 지켜서 상급에 이르시기를 축복합니다. 이 상급은 우리의 귀한 소망이 될 것입니다. 이것이 우리 인생을 마치는 날에 다 이루어 질 줄 믿습니다.

· 함께 읽어요 : 디모데후서 4장 8절

"이제 후로는 나를 위하여 의의 면류관이 예비되었으므로 주 곧 의로우신 재판장이 그 날에 내게 주실 것이며 내게만 아니라 주의 나타나심을 사모하는 모든 자게도니라."

3. 가죽 종이에 쓴 성경을 가져오라고 했습니다(딤후 4:9-18).

디모데후서는 바울의 마지막 편지로서, 이것은 세상을 향한 그의 마지막 메시지라 할 수 있습니다.

첫째로, 믿는 자는 누구나 도움을 필요로 하는 때가 있기 마련입니다. 바울은 지금 로마에 대한 반란자요, 선동자라는 죄목으로 그 자신이 마지막 재판을 받고자 기다리면서 갇혀 있었습니다.

둘째로, 바울을 안전하게 하나님 나라로 옮겨주신다는 것입니다.

셋째로, 믿는 자들은 서로 언제나 개인적인 관심을 보여주어야 할 필요가 있습니다. 바울은 마지막 순간, 마지막 날을 바라보면서 이제까지 자신에게 도움을 준 사람들에게 일일이 문안인사를 합니다.

넷째로, 올 때에 겉옷을 가지고 오라고 합니다. 책은 특별히 가죽 종이에 쓴 것을 가져오라고 합니다. 이 장면은 우리에게 두고두고 감명 깊은 장면이 될 것입니다. 생명을 잃을지도 모를 상태에서 가죽 성경책을 가져다 달라는 부탁이기 때문입니다. 요즘은 너무 성경책이 많아 한 집에도 몇 권씩 보관하고 있습니다. 성도 여러분! 성경을 쉽게 대할 수 있음을 감사하시고 성경을 언제 어디서든 읽고 묵상하시기를 바랍니다.

· 함께 읽어요 : 디모데후서 4장 13절

"네가 올 때에 내가 드로아 가보의 집에 둔 겉옷을 가지고 오고, 또 책은 특별히 가죽 종이에 쓴 것을 가져오라."

정리하는 말

성도 여러분! 하나님의 말씀은 그 어느 것보다 보배롭고 귀한 것입니다. 그런데 오늘날 한국은 너무 풍요해지고 인쇄술도 발달 돼 있어서 성경책이 널리 퍼져있습니다. 그래서인지 성경책이 귀한 줄 모릅니다. 그러나 북한 땅 고통 받는 동족들은 성경책을 갖고 싶어 합니다. 죽음을 각오하고 처형을 받을 줄 알면서도 성경을 전달받습니다. 저 북한 땅에도 가정마다 개인마다 성경을 갖고 예배할 수 있는 날이 오기를 기도합니다.

평가와 결심

1. 바울은 디모데에게 무엇에 항상 힘쓰라고 했습니까?
   (딤후 4:1~5, 말씀을 전파하는데 항상 힘쓰라)
2. 바울이 디모데에게 건네주고 싶었던 것이 무엇입니까?
   (딤후 4:6~8, 복음의 가치를 주고 싶었음)
3. 바울이 디모데에게 올 때에 무엇을 부탁하고 있습니까?
   (딤후 4:9~18, 겉옷과 책은 특별히 가죽 종이에 쓴 것)

주간 경건의 시간 <28> · 날마다 말씀과 함께

요일 / 내용	주일/월(Mon)	화(Tue)	수(Wed)	목(Thu)	금(Fri)	토(Sat)
찬송	21동 / 25동	508 / 270	505 / 268	535 / 325	499 / 277	497 / 274
성경	딤후 2:/ 딤후 3:	딤후 4 :	딛 1 :	딛 2 :	딛 3 :	몬 1 :
적용	좋은 병사 / 의로 교육	전도자의 일	감독 청지기	바른 교훈	영생의 소망	사랑받는 형제

* 한 나라의 흥망은 성경을 많이 읽느냐, 읽지 않느냐에 달려있다.

<다니엘 윌슨, 1778~1858, 영국 신학자>

7단원 생명 교육의 달

제29과

생명을 살리는 말씀 교육

찬송 / 161, 164, 165 / 통 159, 154, 155
성경 / 히브리서 4:1-13
요절 / 히브리서 4:12
"하나님의 말씀은 살아 있고 활력이 있어 좌우에 날선 어떤 검보다도 예리하여 혼과 영과 및 관절과 골수를 찔러 쪼개기까지 하며 또 마음의 생각과 뜻을 판단하나니"
목표 / 기독교가 생존하려면 하나님의 말씀 교육 철저히 해야 한다.

시작하는 말

오늘날처럼 풍족한 때는 역사상 없었던 것 같습니다. 그런데 한편 생각해 보면 오늘날처럼 부족한 적은 또 없습니다. 무엇을 해도 무엇을 가져도 채워지지 않는 공허감은 점점 커져만 갑니다. 사회 전반에 흐르는 깊은 공허와 교회의 무기력함도 별개의 문제가 아닙니다. 아모스 선지자의 예언처럼 '말씀의 기갈 함'이 바로 그것입니다. 시편 기자는 '말씀은 내 발에 등이요 내 길에 빛'(시 119:105)이라고 했습니다. 이 부족한 인생의 공허감은 생명을 살리는 하나님의 말씀만이 채워 줄 수 있습니다.

오늘의 말씀

1. 하나님의 말씀인 성경은 운동력 있는 말씀입니다(히 4:12).

하나님의 말씀은 본질적으로 살아 역사하시고 운동력이 있는 말씀입니다. 하나님의 말씀이 살아있다는 것은 하나님의 말씀이 어느 시대에 어느 특정인의 어느 사건에만 적용되는 말씀이 아니라는 것입니다. 시대가 변하든지 인물이 누구이든 어떤 환경이든지 적용되고 힘이 있다는 뜻입니다. 하나님께서 성경을 통해 말씀해 주시는 교훈은 하나님께서 우리를 지으셨고, 사랑하시고, 구속하시고, 우리가 안식할 영원한 집을 준비하신다는 것입니다. 결국 성도들은 이 말씀의 약속에 따라 주님이 준비된 곳에서 영원한 안식을 누리게 될 것입니다.

· 함께 읽어요 : 히브리서 4장 11절, 요한복음 14장 3절

"히4:11그러므로 우리가 저 안식에 들어가기를 힘쓸지니 이는 누구든지 저 순종하지 아니하는 본에 빠지지 않게 하려 함이라. 요14:3가서 너희를 위하여 거처를 예비하면 내가 다시 와서 너희를 내게로 영접하여 나 있는 곳에 너희도 있게 하리라."

2. 성경은 마음을 판단하는 말씀입니다(히 4:12).

하나님의 말씀은 좌우에 날선 칼보다 더 날카롭다고 했습니다. 이것은 양쪽으로 쓰기에 매우 편리하고 자유로운 칼과 같다는 뜻입니다.

바울이 '내가 곧 죄인의 괴수요, 예수께서 나의 구주임을 성경에서 발견하는 것이라'고 고백하는 것은, 일생일대에 가장 위대한 발견이었습니다. '하나님의 말씀은 혼과 영과 및 관절과 골수를 찔러 쪼개기까지 하며 마음의 생각과 뜻을 감찰한다'고 했습니다. 찔러 쪼갠다는 말은 의학상으로 해부한다는 뜻이요. '감찰한다'는 뜻은 '판단한다'는 법학 용어입니다. 성경은 영육 간의 모든 것을 해결해 주는 말씀입니다.

그러므로 우리 사회가 복지 사회가 되고 우리나라가 자유 민주국가로서 발전하려면, 우리 민족의 사상이 성경으로 정화되어야 합니다. 그리고 모든 생활이 성경의 정신에 맞도록 생활할 수 있어야 합니다.

우리가 저 북방 얼음산과 또 대양 산호섬, 저 남방 모든 나라 뭇 백성 사는데, 큰 죄악 범한 민족까지 참 구원 얻게 하려고, 하나님의 말씀인 성경을 널리 반포해야 하는 사명이 바로 여기에 있는 것입니다. 세계 여

러 나라에 파송된 선교사들이 전한 복음과 성경을 받아드린 나라와 민족은 융성하게 되었습니다. 이 복음 전파에 사명감을 가지시기 바랍니다.

· 함께 읽어요 : 히브리서 4장 12절

"하나님의 말씀은 살아 있고 활력이 있어 좌우에 날선 어떤 검보다도 예리하여 혼과 영과 및 관절과 골수를 찔러 쪼개기까지 하며 또 마음의 생각과 뜻을 판단하나니"

3. 성경은 살아계신 하나님의 영원한 말씀입니다(히 4:12~13).

성경은 모든 시대를 위해 기록된 영원한 하나님의 말씀입니다. 예수님께서는 '천지는 없어져도 내 말은 일점일획이라도 없어지지 않으리라'고 말씀하셨습니다.

이사야는 '풀은 마르고 꽃은 시드나 우리 하나님의 말씀은 영원히 서리라'(사 40:6)고 했습니다. 그러므로 하나님의 말씀은 영원토록 인생의 지침서요. 역사의 방향을 가르쳐주는 교훈서요. 인생의 영혼을 살리는 생명의 말씀입니다. 이렇게 소중한 하나님의 말씀이 세계 여러 나라의 언어로 번역되어 보급되고 있음은 참으로 다행한 일입니다. 특별히 이 말씀이 한국의 성서공회를 통해 제작되어 세계 수십 개의 나라에 수출하고 있다고 합니다. 이 또한 고무적인 사실입니다. 이제 복음을 수출하는 나라가 되었습니다. 또한 우리나라 선교사 파송이 세계 2위가 되었습니다. 이제 우리가 받은 은혜를 돌려 줘야 할 때가 왔습니다. 성경이 있는 곳에 반드시 개혁이 있습니다. 하나님의 말씀인 복음이 전해질 때마다 회개운동과 정화운동이 일어나 그 사회가 변화됩니다. 그 개혁의 힘은 하나님의 영원한 말씀, 곧 성경말씀인 것을 명심하시기 바랍니다.

· 함께 읽어요 : 베드로전서 1장 24~25절

"24그러므로 모든 육체는 풀과 같고 그 모든 영광은 풀의 꽃과 같으니 풀은 마르고 꽃은 떨어지되 25오직 주의 말씀은 세세토록 있도다 하였으니 너희에게 전한 복음이 곧 이 말씀이니라."

정리하는 말

성도 여러분! 여러분은 성경을 얼마나 읽으셨습니까? 오늘 본문에서 하나님의 말씀은 살았고 생명력이 있다고 했습니다.

세상의 만 가지 오락을 제쳐두시고 하나님의 말씀인 성경을 읽고 또 읽으면 여러분의 삶이 달라질 것입니다. 그룹 성경공부에 동참하시고, 새벽마다 성경을 묵상하시고, 여러분들의 가정과 직장에서 시간을 정해 놓고 성경읽기를 계속하시기 바랍니다. 항상 성경과 함께 하면 주님의 탄생과 십자가도, 부활도, 승천도, 주님의 재림도 더욱 분명해져서 구원의 확신이 견고하게 될 것입니다. 이것이 나의 생명, 우리의 생명입니다.

평가와 결심

1. 하나님의 말씀이신 성경이 어떠하다고 말했습니까?
   (히 4:12, 운동력이 있다고 하심)
2. 하나님의 말씀이신 성경이 어떤 말씀이라고 했습니까?
   (히 4:12, 판단하는 말씀임)
3. 하나님의 말씀인 성경이 또 어떤 말씀이라고 하였습니까?
   (히 4:12~13, 하나님의 영원한 말씀임)

주간 경건의 시간 <29> · 날마다 말씀과 함께

요일 / 내용	주일/월(Mon)	화(Tue)	수(Wed)	목(Thu)	금(Fri)	토(Sat)
찬송	73동 / 74동	542 / 340	482 / 49	441 / 498	417 / 476	342 / 395
성경	히 1 : / 히 2 :	히 3 :	히 4 :	히 5 :	히 6 :	히 7 :
적용	섬기는 영 / 교회 중 찬송	믿는 도리 사도	오늘 너희가	멜기세덱의 반차	복 주고 복 주며	더 좋은 언약 보증

* 하나님과 성경을 모르고 바른 정치를 한다는 것은 불가능하다.

〈 조지 워싱턴, 1732~1799, 미국 초대 대통령 〉

제30과

말씀 인도자에게 순종하라

찬송 / 546, 397, 545 / 통 399, 454, 344
성경 / 히브리서 13:1-17
요절 / 히브리서 13:7
"하나님의 말씀을 너희에게 일러 주고 너희를 인도하던 자들을 생각하며 그들의 행실의 결말을 주의하여 보고 그들의 믿음을 본받으라."
목표 / 하나님의 말씀인도자에게 순종하는 태도를 가지도록 한다.

시작하는 말

본문은 히브리서에서 실천적인 내용을 다루고 있는 마지막 부분입니다. 그리스도교는 단순하게 믿음만 강조하지 않습니다. 그래서 믿음과 성령의 인도하심을 받아 어떻게 행동하느냐가 중요한 것입니다.

현대는 행동하는 크리스천이 절실한 세상이 되었습니다. 세상은 모두 자기가 잘났다고 뽐냅니다. 기회만 있으면 자기를 내세우느라 혈안이 되어 있습니다. 이런 때에 우리는 하나님께로 돌아가야 합니다. 겸손해야 합니다. 따라서 말씀 인도자에게 순종하며 그 말씀을 청종하고 실천해야 합니다. 그것이 우리의 삶을 행복하게 하고 형통하게 합니다.

오늘의 말씀

1. 그리스도인은 개인적인 행동을 바르게 해야 합니다(히 13:1~6).

세상 속의 크리스천은 세상과 타협해서는 안 됩니다. 세상 세파 속에 휩쓸려 들어가지 말아야 합니다. 우리는 이렇게 살아가야 합니다.

① 형제를 사랑해야 합니다(1절). 또한 형제 사랑을 계속해야 합니다.

② 손님을 대접해야 합니다(2절). 자신이나 자신의 집을 다른 사람에게 개방해야 합니다.

③ 그리스도인은 갇힌 자들과 학대받는 자들을 돕고 살아야 합니다(3절).

④ 그리스도인은 혼인과 부부의 순결을 지켜야 합니다(4절).

⑤ 그리스도인은 자족(自足)하면서 살아야 합니다(5~6절).

물질 만능시대에 세상의 유혹은 이루 말할 수 없습니다. 내 의지로 견딜 수 없습니다. 세상의 물질을 탐내고 있을 때도 있습니다. 그러나 주님은 이를 과감하게 떨쳐버리라고 하셨습니다. 그래야 주님이 우리를 끝까지 버리지 아니 하시고 보호하시고 책임져 주십니다.

· 함께 읽어요 : 히브리서 13장 5절
"돈을 사랑하지 말고 있는 바를 족한 줄로 알라 그가 친히 말씀하시기를 내가 결코 너희를 버리지 아니하고 너희를 떠나지 아니하리라 하셨느니라."

2. 그리스도인은 스승의 인품을 본 받아야 합니다(히 13:7-8).

요즘 현대인들은 스마트 폰이나 컴퓨터 때문에 인격적인 가르침을 받는 기회가 줄어들고 있습니다. 그리스도인의 삶은 예수 그리스도의 제자로서의 삶을 살아가야 합니다. 우리의 삶은 스승의 인격적인 가르침을 잘 받고 살아가야 합니다. 하나님의 말씀은 성령의 감동으로 된 인격적인 가르침이기 때문입니다. 이 성령의 말씀은 인간을 변화시키십니다. 하나님의 진리의 가르침 대로 살아가도록 이끌어 주십니다(요 14:26). 그리스도인은 생명과 능력의 근원인 그리스도를 믿습니다. 때문에 그리스도를 믿는 성도는 은혜가 영원토록 동일합니다(8절).

사도 바울은 "하나님의 감동으로 된 성경은 교훈과 책망과 바르게 함과 의로 교육하기에 유익하다"(딤후 3:16)고 했습니다.

그 이유는, "이는 하나님의 사람으로 온전하게 하며 모든 선한 일을 행할 능력을 갖추게 하려 함이라"고 했습니다. 초기 기독교의 전파는 복음전파와 아울러 제자를 삼아 교육과 봉사를 기본으로 하여 제자양육에 투자했기에 교회부흥이 체계적으로 가능했던 것입니다. 스승의 인품이 제자 훈련을 통하여 효과적으로 전수되었기 때문입니다.

· 함께 읽어요 : 히브리서 13장 7절
"하나님의 말씀을 너희에게 일러 주고 너희를 인도하던 자들을 생각하며 그들의 행실의 결말을 주의하여 보고 그들의 믿음을 본받으라."

3. 다른 교훈을 경계해야 합니다(히 13:9~16).

그리스도인의 두 번째 특징은 다른(이상한) 교훈을 경계해야 합니다. 교회는 여러 계층 사람들이 모이기 때문에 다양한 교훈을 가진 사람들이 함께 공존해 있습니다. 그러나 말씀대로 순종하며 살아가야 합니다.

첫째로, 다른 교훈에 대해서 다음 네 가지를 생각해 봐야 합니다.

① 하나님의 은혜에서 멀어지게 합니다(9절). ② 은혜보다 의례를 강조합니다(9절). ③ 그것을 따르는 자들에게 유익을 주지 못합니다(9절). ④ 잘못된 제사에 기초를 두고 있습니다(10-11절).

둘째로, 여기 바른 교훈이 있었습니다(12절).

예수 그리스도께서는 인간의 죄를 위한 완전한 제물이십니다. 그분만이 제물로서 이상적이고, 완전한 신이요, 완전한 사람이십니다.

셋째로, 믿는 자들의 의무가 있습니다.

① 믿는 자는 그리스도의 능욕을 지고 그리스도께 나아가야 합니다. ② 영구한 하늘 도성을 찾아야 합니다(14절). ③ 항상 찬미의 제사를 드려야 합니다(15절). ④ 선을 행하고 희생적으로 나눠줘야 합니다(16절).

· 함께 읽어요 : 히브리서 13장 16절
"오직 선을 행함과 서로 나누어 주기를 잊지 말라 하나님은 이같은 제사를 기뻐하시느니라."

정리하는 말

성도 여러분! 감사는 기독교 성도들의 본분이요, 표지라 할 수 있습니다. 감사의 생활화가 이루어져서 여러분들의 가정과 교회에 하나님의 은혜와 복이 넘치시기를 축복합니다. "항상 기뻐하라, 쉬지 말고 기도하라, 범사에 감사하라, 이것이 그리스도 예수 안에서 너희를 향하신 하나님의 뜻이니라"(살전 5:16~18)고 하셨습니다. 하나님은 어제도, 오늘도, 내일도, 그리고 영원히 모든 만물에게 은총의 공급자가 되십니다. 이러하신 여호와를 신뢰하시고 영원히 찬양하며 영광 돌리시기 바랍니다.

평가와 결심

1. 첫째로, 그리스도인들은 어떻게 살아가야 합니까?
   (히 13:1~6, 개인적인 행동을 바르게 해 살아가야 함)
2. 둘째로, 그리스도인들은 어떻게 대처해야 합니까?
   (히 13:7~8, 인도자를 생각해야 함)
3. 셋째로, 그리스도인들은 세상 교훈에 대해 어떻게 해야 합니까?
   (히 13:9~16, 다른 교훈들은 경계해야 함)

주간 경건의 시간 <30> · 날마다 말씀과 함께

내용 \ 요일	주일/월(Mon)	화(Tue)	수(Wed)	목(Thu)	금(Fri)	토(Sat)
찬송	25동 / 83동	419 / 478	393 / 447	393 / 447	240 / 231	315 / 512
성경	히 8 : / 히 9 :	히 10 :	히 11:1-22	히11:23-40	히 12 :	히 13 :
적용	언약의 중보/ 영원한 기업	영원한 제사	믿음의 별들 I	믿음의 별들 II	믿음의 주	찬송의 제사

* 대학교육 없이 성경을 아는 지식이, 성경 없이 대학교육을 받는 것보다 훨씬 더 가치가 있는 것으로 확신한다. <윌리엄 L. 펠프스, 예일대학 교수>

8단원 심신 단련의 달

제31과

생명의 근원인, 마음을 지켜라

찬송 / 438, 285, 545 / 통일 495, 209, 344
성경 / 잠언 4:20-27
요절 / 잠언 4:23
"모든 지킬 만한 것 중에 더욱 네 마음을 지키라 생명의 근원이 이에서 남이니라."
목표 / 영적인 생명과 영생을 위해 성경공부에 전념하는 태도를 기른다.

시작하는 말

현대를 사는데, 물질과 건강을 지키는 것은 중요한 일입니다. 또한 우리 마음을 지키는 것은 더욱 중요합니다. 하나님의 사람으로 주님을 생각하고, 기뻐하고, 소망하며 사는 것은 우리의 행복입니다. 본문에서 지혜의 말을 청종하고 그것을 우리 눈에서 떠나게 말며, 마음속에 깊이 간직하라고 하십니다. 이는 마음을 굳게 지켜, 입술과 말을 주의하여 좌우로 치우치지 말라는 교훈입니다. 디모데에게 "읽는 것과 권하는 것과 가르치는 것에 전념하라"했습니다. 교회에서 진행하는 '성경읽기', '성경공부'에 동참하여 영적 건강을 왕성하게 이뤄 가시기 바랍니다.

오늘의 말씀

1. 하나님의 말씀에 주의해야 합니다(잠 4:20~22).

성도라면 전능하신 하나님의 말씀에 항상 주의를 기울여야 합니다. 하나님의 지혜의 말씀은 항상 우리가 마땅히 행해야 할 것과 금해야 할 길을 경고해 주시기 때문입니다.

첫째로, 하나님의 말씀을 들어야 합니다(20절). "내 말에 주의하여 내가 말하는 것에 네 귀를 기울이라"고 하십니다. 하나님의 말씀에 길이 있습니다. 그 말씀을 따라가면, 축복의 장에 이르게 될 것입니다.

둘째로, 하나님의 말씀을 마음속에 새겨야 합니다(21~22절). 하나님의 말씀에 주의를 기울이고, 간직한 자에게는 그것이 '생명'이 된다고 했습니다. 히브리서 기자는 하나님의 말씀은 살아있고 활력이 있다고 했습니다(히 4:12절). 하나님의 말씀은 우리 마음의 명약입니다. 생명을 주시고 건강하게 해 주십니다. 하나님의 말씀에 순종하여 금생내세(今生來世)에 축복의 주인공이 되시기 바랍니다.

· 함께 읽어요 : 잠언 4장 22절
"그것은 얻는 자에게 생명이 되며 그의 온 육체의 건강이 됨이니라."

2. 너희 생명의 근원인, 마음을 지키라고 하셨습니다(잠 4:23).

영혼과 육체의 건강을 주시는 지혜의 말씀은, 우리에게 그것을 지탱하기 위해 필요한 의무를 요구하고 있습니다. 23절의 말씀처럼 성도들은 무릇 지킬만한 것보다 더욱 자신의 마음을 지켜야 한다는 것입니다.

우리에게 생명을 주신 하나님은 우리에게 엄격한 당부를 하셨습니다. 남녀노소를 불문하고 네 마음을 지키라고 했습니다.

왜 그렇습니까? 그것은 생명의 근원이 이 마음에서 남이기 때문입니다. 하나님의 말씀으로 잘 지켜진 마음에는 하나님이 주신 생명의 힘이 샘솟듯 솟아납니다. 이 마음에 하나님의 능력이 임하기 때문입니다.

마음에서 솟아나는 힘은 생명을 지탱하는 힘이 있습니다. 따라서 모든 생명의 행동은 마음에서 비롯되는 것입니다. 때문에 우리가 마음을 잘 지키는가, 아니면 소홀히 버려두는가에 따라 축복의 향방이 확연히 결정되는 것입니다. 복된 삶이 되는가, 아니면 불행한 삶이 되는가가 결정되는 것입니다.

세상사가 마음먹기 달렸다고 합니다. 여러분! 하나님의 말씀의 등불을 켜고, 생명의 근원인 마음을 지키며 밝게 살아가시기 바랍니다.

· 함께 읽어요 : 잠언 4장 23절

"모든 지킬 만한 것 중에 더욱 네 마음을 지키라 생명의 근원이 이에서 남이니라."

3. 마음을 지키기 위해 악에서 떠나야 하는 것입니다(잠 4:24~27).

성도 여러분! 사람의 말은 마음 바탕에서 나옵니다. 그러기에 악한 마음을 먹으면 악한 말이 나오게 마련입니다. 그런가하면 선한 마음을 먹으면 선한 말과 선한 행동이 나에게 되는 것입니다.

우리는 어떻게 함으로써 악을 떠날 수 있겠습니까?

첫째로, 입을 조심해야 합니다(막 7:20절). 왜냐하면 사람의 마음속에 있는, 음란과 도적질과 살인과 간음과 탐욕과 악독과 속임과 음탕과 흘기는 눈과 훼방과 교만과 광패가 입에서 나오기 때문입니다(막 7:21~22절).

둘째로, 눈을 조심해야 합니다(25절). 눈이 정도를 벗어나 악의 유혹을 좇게 되면 온 몸이 실족하기 때문입니다.

셋째로, 발을 조심해야 합니다(26~27절). 우리 성도들은 자신이 행하는 모든 일에서 사려 깊게 행동해야 합니다. 우리는 과거에 지나온 길을 살펴야 합니다. 우리가 행한 일을 검토해 보아야 합니다. 두 마음을 품은 사람처럼 자신 없는 발걸음을 해서는 안 됩니다. 그래서 지혜의 말씀은 "네 발이 행할 길을 헤아리라"고 했습니다. 또한 "네 모든 길을 든든히 하라"고 했습니다. 마음을 잘 지켜서 하나님께 영광 돌리시기 바랍니다.

· 함께 읽어요 : 잠언 4장 26~27절

"26네 발이 행할 길을 평탄하게 하며 네 모든 길을 든든히 하라. 27좌로나 우로나 치우치지 말고 네 발을 악에서 떠나게 하라."

정리하는 말

성도 여러분! 현대인들이 살아가기란 참으로 힘든 세상입니다. 그래서 우리 선배들의 속담에 "세상에서 살려면 속을 빼놓고 살아야 한다"고 합니다. 정말 속마음을 빼놓고 살아간다면 양심이 화인 맞은 자처럼 엉망일 것입니다. 하나님은 여러분들에게 마음을 잘 지키도록 말씀의 신호등을 켜셨습니다. 마음에 노란불이 켜지면 돌아가세요. 빨간불이 켜지면 멈추세요. 초록불이 켜지면 전진하시기 바랍니다. 입과 눈과 발을 조심하시고, 악을 떠나, 하나님의 뜻을 찾아 영광 돌리시기 바랍니다.

평가와 결심

1. 무더위를 이기며 살아가려면 첫째로 어떻게 해야 하겠습니까?
   (잠 4:20~22, 하나님의 말씀에 주의해야 함)
2. 무더위를 이기며 살아가려면 둘째로 어떻게 해야 하겠습니까?
   (잠 4:23, 우리 마음을 지켜야 함)
3. 어떻게 해야 악에서 떠날 수 있겠습니까?
   (잠 4:24~27, ① 입을 조심하고 ② 눈을 조심하고 ③ 발을 조심해야 함)

주간 경건의 시간 <31> · 날마다 말씀과 함께

요일 / 내용	주일/월(Mon)	화(Tue)	수(Wed)	목(Thu)	금(Fri)	토(Sat)
찬송	91동 / 93동	491 / 543	516 / 265	529 / 319	532 / 323	526 / 316
성경	잠 1 : / 잠 2 :	잠 3 :	잠 4 :	잠 5 :	잠 6 :	잠 7 :
적용	지혜롭게 / 공의 정의 정직	네 길 지도하리	네 마음 지키라	네 샘으로 복되게	생명의 길이라	내 법을 눈동자처럼

* 성경은 흐르는 물이다. 여기에서 코끼리가 헤엄을 치는가하면 어린 양일지라도 빠져 죽지 않고 건너간다. <그레고리 대제, 540~604, 이탈리아 교황>

8단원 심신 단련의 달

제32과

의인의 열매, 생명나무

찬송 / 498, 456, 325 / 통 275, 509, 359
성경 / **잠언 11:1-31**
요절 / **잠언 11:30**
"의인의 열매는 생명 나무라 지혜로운 자는 사람을 얻느니라."
목표 / 험난한 세상 지혜를 얻어 생명나무로 살아가는 태도를 기른다.

시작하는 말

분문 잠언 11장은 다른 장과 마찬가지로 의인과 악인을 대조하여 설명합니다. 먼저 본장에서 전달하고 있는 메시지는 '의인의 삶은 그 삶 자체를 하나님께서 기뻐하신다'는 사실입니다.

사람에게 기쁨을 받으면 살아가면서 행복을 풍성하게 누립니다. 하물며 하나님께서 기뻐하는 삶이야말로 영원히 확실한 생명나무인 것입니다. 시편 1편에는 복 있는 사람은 여호와의 율법을 즐거워하여 주야로 묵상합니다. 의인들의 길은 여호와께서 인정하십니다. 그게 바로 지혜의 삶이요. 생명나무의 살아가는 모습일 것입니다. 요즘 사람들은 제 생각대로 제 뜻대로 살아가는 것이 지혜인 줄 착각하고 있습니다.

오늘의 말씀

1. 하나님께서 기뻐하시는 삶은 정직, 겸손한 삶입니다(잠 3:1~11).

첫째로, 하나님이 기뻐하시는 삶은 다음과 같습니다.

① 하나님은 성도의 정직한 삶을 원하십니다(1절). 속이는 저울추는

하나님께서 미워하십니다. 정직하지 못하기 때문입니다.

② 하나님은 성도의 겸손한 삶을 요구하십니다(2절).

③ 하나님은 신의를 지키는 삶을 원하십니다(4절).

④ 여호와께서 기뻐하시는 삶은 생명을 구원해 내는 삶입니다(9절).

성읍이 진흥하고 무너지는 데는 그 이유가 있습니다. 모든 행실이 정직에 달려있습니다. 그렇지 못하면 망할 뿐입니다.

· 함께 읽어요 : 잠언 11장 11절

"성읍은 정직한 자의 축복으로 인하여 진흥하고 악한 자의 입으로 말미암아 무너지느니라."

2. 성도의 사회생활은 말과 행위에 신중해야 합니다(잠언 11:12-17).

본문에서는 성도가 세상을 살아갈 때 인간관계의 지혜를 말씀해 주고 있습니다. 인간은 언어로 소통합니다. 우리 속담에 "말로 천 냥 빚을 갚는다"고 했습니다. 그 만큼 말은 인간관계의 성패를 좌우합니다.

첫째로, 말의 지혜입니다.

① 침묵이 약입니다. 그래서 '침묵은 금이라'고도 했습니다.

② 건전한 교훈도 필요합니다. 살아가는데 필요한 건전한 교훈이 있습니다. 그 교훈을 따르고 실천해야 합니다.

둘째로, 행위의 지혜가 있습니다.

① 능력 이상의 행위를 금하고 있습니다.

② 성령을 좇아 살아야 합니다(롬 8:4-6). '육신의 생각은 사망이요 영의 생각은 생명과 평안이라'고 했습니다. 성령의 뜻과 지혜는 인간의 지혜를 능가합니다. 성령을 쫓는 것이 우리의 본분임을 아시기 바랍니다.

셋째로, 말과 행위에 신중한 자가 누릴 복이 있습니다.

① 육신의 평안입니다. 말과 행위를 신중하게 하는 자에게는 우선, 육신의 평안을 주십니다.

② 영혼의 평안입니다. 말과 행위에 신중한 자는 질서를 지키고, 모든 환경을 화평하게 하는 자이므로, 그는 육신의 평안과 함께 그의 영혼도 평안한 복을 받게 됩니다. 항상 말과 행동에 신중을 기하시기 바랍니다.

· 함께 읽어요 : 로마서 8장 7절
"육신의 생각은 하나님과 원수가 되나니 이는 하나님의 법에 굴복하지 아니할 뿐 아니라 할 수도 없음이라."

3. 의인의 상급과 악인의 보응이 뒤따를 것입니다(잠 11:18-31).

요즘 인간들의 행태를 보면, '매점매석으로 나만 돈을 벌면 그만이다'라는 생각이 지배하고 있습니다. 이런 행위는 물건 값을 올리는 악한 상행위이며, 결국 가난한 자들에게 더 큰 부담을 주는 것입니다.

첫째로, 보상의 법칙이 있습니다.

① 공평한 것입니다. 삯은 언제나 행위에 대하여 공평하게 공급되어야 합니다. ② 보상이 공평해야 함은 당연한 것입니다.

둘째로, 악(惡)한 행위에 대한 하나님의 견해입니다.

① 인간의 악한 행위에 대하여 하나님은 인간으로 허무함을 느끼게 합니다. ② 피할 길 없는 심판을 내리십니다.

셋째로, 선(善)한 행위에 대한 하나님의 견해입니다.

① 상급을 예비하십니다. ② 구원을 작정하십니다. 앞서 언급한 바와 같이 모든 행위의 결과는 생명과 사망이 따릅니다. 의(義)를 굳게 지키는 자에게는 생명(19절), 즉 구원해 주어집니다(살전 5:9).

넷째로, 선에 대한 부지런한 사람이 있고, 악을 행하기에 부지런한 사람이 있습니다(잠 11:27~31절). 선을 행하기에 부지런하시기 바랍니다.

· 함께 읽어요 : 잠언 11장 27절
"선을 간절히 구하는 자는 은총을 얻으려니와 악을 더듬어 찾는 자에게는 악이 임하리라."

정리하는 말

성도 여러분! 의인이 받을 보상이 있습니다. 즉 재물을 의지하고 악을 찾는 자들은 패망하겠지만, 선을 구하는 지혜로운 의인들은 은총을 받게 됩니다. 그뿐 아니라 의인은 환난에서 구원을 얻으나, 악인은 입으로 그의 이웃을 망하게 합니다. 사람은 무슨 일에나 부지런해야 합니다. 이웃과 친구를 위하여, 소외된 이웃을 위하여 부지런히 봉사하고, 구제하고, 적극적으로 선을 행하시기 바랍니다. 그 길이 축복의 길이요, 생명의 길임을 명심하시고 기쁨으로 아름답게 살아 내시기 바랍니다.

평가와 결심

1. 하나님께서 기뻐하시는 삶은 어떤 삶입니까?
   (잠 11:1~11, 정직, 겸손, 신의 지킴, 생명을 구원해 내는 삶)
2. 성도의 사회생활은 어떻게 살아야 하는 것입니까?
   (잠 11:12~17, 침묵, 비밀 지킴, 보증의 신중 함, 유덕 근면함 삶)
3. 하나님께서 최종적으로 주시는 삶의 결과는 무엇입니까?
   (잠 11:18~26, 의인에게는 상급, 악인에게는 보응이 있음)

주간 경건의 시간 <32> · 날마다 말씀과 함께

요일 / 내용	주일/월(Mon)	화(Tue)	수(Wed)	목(Thu)	금(Fri)	토(Sat)
찬송	88동 / 83동	508 / 270	505 / 268	535 / 325	499 / 277	497 / 274
성경	잠 8 : / 잠 9 :	잠 10 :	잠 11 :	잠 12 :	잠 13 :	잠 14 :
적용	간절히 찾음 / 명천의 길	의인의 입술	의인 환난서 구원	사람의 부귀	생명나무	시기 뼈 썩게 함

* 가난 속의 살림을 꾸릴 줄 모르는 자는 노예를 면치 못한다. < 호라티우스, B. C. 65~8, 로마시인>

8단원 심신 단련의 달

제33과

마음에 즐거움을 가져라

찬송 / 86, 89, 363 / 통 86, 89, 479

성경 / 잠언 15:13-30

요절 / 잠언 15:13

"마음의 즐거움은 얼굴을 빛나게 하여도 마음의 근심은 심령을 상하게 하느니라."

목표 / 심신이 건강하고 마음의 즐거움을 가져야 함을 알게 한다.

시작하는 말

오늘날은 모두 가무(歌舞)에 취해 살아갑니다. 노래에 들뜨고 춤에 즐거움을 갖고 살아갑니다. 그러나 진정한 기쁨과 행복이란 무엇일까요? 마음에 즐거움을 가지는 것일 것입니다. 더위가 몰려올지라도 심신이 건강하면 정복할 수 있습니다. 영의 건강 또한 이에 무관하지 않습니다. 더위를 이기면서 하나님의 말씀인 '생명의 양식'이 풍족하다면 영의 건강 또한 지켜집니다. 찬송을 부름으로 영적 기쁨이 충만하고, 말씀의 은혜와 성령의 은사로 기쁨이 넘쳐 영·육 건강을 되찾으시기 바랍니다.

오늘의 말씀

1. 사람에게 즐거움을 주고 유익한 것들이 있습니다(잠 15:13~15).

지식의 가치를 아는 사람은 또 많은 지식을 찾고, 쾌락의 맛을 본 자는 더욱 짜릿한 쾌락을 찾는 것이 인간의 심리적인 경향입니다.

본문에서 사람에게 유익한 것들과 해로운 것들을 교훈하고 있습니다. 먼저 사람에게 유익한 것들을 찾아 열거해 봅니다.

① 여호와를 경외하는 것입니다(16절). 가산이 적어도 해야 합니다.

② 서로 사랑하는 것입니다(17절). 채소를 먹으면서도 해야 합니다.

③ 노하기를 더디 하는 것입니다(18절). 그래야 시비가 그칩니다.

④ 정직한 것입니다(19절). 믿음과 양심을 더 귀하게 여겨야 합니다.

⑤ 지혜로운 아들입니다(20절). 신앙으로 자란 아들입니다.

⑥ 타인의 의견을 존중하는 것입니다(22절). 이를 외면하는 절대 권력은 언젠가는 부패합니다.

· 함께 읽어요 : 잠언 15장 13절
"마음의 즐거움은 얼굴을 빛나게 하여도 마음의 근심은 심령을 상하게 하느니라."

2. 사람에게 즐거움을 뺏는 해로운 것들이 있습니다(잠 15:16~23).

인간이 살아가노라면 사람에게 해로운 것들이 있습니다. 유익한 것이 있는가하면 해로운 것도 있습니다.

① 재물을 사랑하는 것입니다(16절). 재물이 많으면 인생으로 번뇌케 합니다. 인간의 많은 범죄가 재물에서 발생합니다.

② 서로 미워하는 것입니다(17절). 사랑해도 시간이 부족합니다. 그러나 미움, 시기, 질투, 분노, 증오는 서로가 서로의 영혼을 죽입니다.

③ 분을 내는 것입니다(18절). 분노는 자신의 영혼을 사탄에게 내맡기는 것입니다. 분노는 스스로 그리스도인임을 포기하는 것입니다.

④ 게으른 것입니다(19절). 게으름은 가난의 첩경입니다. 그러나 어리석은 자는 게으름을 즐기고 사랑합니다.

⑤ 미련한 자입니다(21절). 미련한 자는 어미의 근심이 되고요. 가정의 파괴자가 됩니다. 자녀교육에 게으름을 부리면 가정 근심이 됩니다.

⑥ 독단적인 사고입니다(22절). 타인의 충고를 받아들이지 않습니다.

· 함께 읽어요 : 잠언 15장 23절

"사람은 그 입의 대답으로 말미암아 기쁨을 얻나니 때에 맞는 말이 얼마나 아름다운고"

3. 하나님이 기뻐하시는 것과 징계하시는 것이 있습니다(잠 15:24~33).

첫째로 하나님께서 기뻐하시는 것이 있습니다.

① 선한 말입니다(26절). 선한 말이란 '순수하고 깨끗한 말' 또는 '정결하고 순결한 마음에서 나온 말'입니다. 이런 말은 세상에서 듣는 이의 영혼을 살릴 뿐 아니라, 깊이 위로해 줍니다.

② 뇌물을 싫어하는 자입니다(27절). 뇌물을 싫어하는 마음은 자신을 지키는 마음입니다. 자신 뿐 아니라, 이웃을 정화시키는 마음입니다.

③ 의인의 기도입니다(29절). 애통하는 마음으로 주께 나오는 자를 물리치지 아니하십니다. 그와 더불어 축복을 받을 것이며, 하나님의 나라의 백성이 될 것입니다.

④ 견책을 달게 받는 자입니다(32절). 이런 자는 악한 길로부터 안전하게 보호되며, 선한 길로 향하게 인도될 것입니다.

⑤ 겸손한 자입니다(33절).

둘째로 하나님께서 징계하시는 자가 있습니다.

① 교만한 자를 징계합니다(25절).

② 악한 꾀를 지닌 자를 징계합니다(26절).

③ 이를 탐하는 자를 징계합니다(27절).

④ 악을 쏟는 입을 징계합니다(28절).

⑤ 훈계를 받기를 싫어하는 자를 징계합니다(32절). 훈계를 싫어하는 사람은 자신의 영혼을 경홀히 여기는 지혜롭지 못한 자인 것입니다.

· 함께 읽어요 : 잠언 15장 33절

"여호와를 경외하는 것은 지혜의 훈계라 겸손은 존귀의 앞잡이니라."

정리하는 말

성도 여러분! 인생을 살다 보면 폭염이 내리쬐는 불볕더위에서 살아갈 때도 있고, 폭우가 쏟아지고 폭풍이 몰아치는 악천후에서 터벅터벅 홀로 길을 걸어가야 할 때도 있습니다. 이때 '나라는 인간은 이렇게 약한 것인가?' 하는 느낌을 갖기도 합니다. 그러나 담대히 하나님께 기도하면서 성령의 기쁨으로 찬송 부르면서 살아가시기 바랍니다. 마음에 평안을 얻으면 그 무엇도 두렵지 않습니다. 살아간다는 것은 경이로운 시간의 연속이요, 행복을 창조해 가는 과정임을 믿으시기 바랍니다.

평가와 결심

1. 첫째로 사람에게 무엇이 있다고 말했습니까?
   (잠 15:13~15, 유익한 것들이 있다고 함)
2. 둘째로 또 사람에게 무엇이 있다고 말했습니까?
   (잠 15:16~23, 해로운 것들이 있다고 함)
3. 셋째로 사람에게 또 무엇이 있다고 하였습니까?
   (잠 15:16~33, 하나님께서 기뻐하신 것, 징계하시는 것)

주간 경건의 시간 <33> · 날마다 말씀과 함께

요일 내용	주일/월(Mon)	화(Tue)	수(Wed)	목(Thu)	금(Fri)	토(Sat)
찬송	83동 / 86동	254 / 186	268 / 202	286 / 218	320 / 350	336 / 383
성경	잠 15 : / 잠 16 :	잠 17 :	잠 18 :	잠 19 :	잠 20 :	잠 21 :
적용	온순한 혀 / 너의 행사	마음의 즐거움	사람의 심령	자기의 영광	듣는 귀 보는 눈	마음을 감찰

* 자기 나라를 떠나 본적이 없는 사람은 편견으로 가득 차 있다.

<카로 골드니, 1707~1793, 이탈리아 극작가>

8단원 심신 단련의 달

제34과

부지런하고 건강하게 하소서!

찬송 / 546, 397, 545 / 통 399, 454, 344

성경 / 잠언 24:23-34

요절 / 잠언 24:33-34

“33네가 좀더 자자, 좀더 졸자, 손을 모으고 좀더 누워 있자 하니
34네 빈궁이 강도 같이 오며 네 곤핍히 군사같이 이르리라.”

목표 / 부지런해야 건강함을 깨닫고, 부지런한 태도로 살아가도록 한다.

시작하는 말

본문은 솔로몬 잠언을 보충하는 두 번째 부록입니다. 사회적 공의의 실행에 대한 권고와 게으름에 대한 경계를 주요내용으로 담고 있습니다. 지혜자는 재판관들과 통치자들에 대한 교훈을 말하고 있습니다.

백성이 자기의 의무를 다하며 위정자와 재판관에게 복종을 해야 하듯이, 위정자와 재판관은 쌍방 간의 소송에 있어서 정의롭게 사심 없이 판결해야 합니다. 또한 선한 양심에 따라 판결해야 합니다. 재판의 본질은 인간에게 있지 않고, 하나님께 있음을 명심하시기 바랍니다.

오늘의 말씀

1. 정의를 간과한 잘못된 재판이 있습니다(잠 24:23~25).

첫째로, 사람의 평판, 즉 낯을 보아 가며 하는 재판은 옳지 못합니다. 지혜자는 재판할 때에 사람의 낯을 보아 주는 것이 옳지 못하다고 합

니다. 재판할 때 낯을 보아 주는 행위는 그 자체가 옳지 못한 일인 동시에 결코 유익한 일도 못 됩니다. 그래서 성경은 재판을 억울하게 하지 말며, 공정하게 하라고 권면하고 있습니다(레 19:15절).

둘째로, 악인을 옳다고 판결하지 말라고 권면합니다.

재판할 때에 악인에게 네가 옳다고 한다면 국민에게 미움을 받습니다. 그러므로 재판관들은 결코 사악한 자들의 악행을 묵인해서도 안 됩니다. 재판석에 앉은 재판관이나 통치자들은 악한 행위를 한 자를 법대로 다루어 재판해야 합니다. 정직하게 하나님이 하시듯 해야 합니다.

· 함께 읽어요 : 레위기 19장 15절

"너희는 재판할 때에 불의를 행하지 말며 가난한 자의 편을 들지 말며 세력 있는 자라고 두둔하지 말고 공의로 사람을 재판할지며"

2. 백성을 무시한 잘못된 재판의 결과입니다(잠 24 : 24~29).

첫째로, 백성에게 저주를 받습니다(24:24절).

재판관이 국민의 복리와 안녕을 위한 판결을 하지 않을 때, 백성들에게 저주를 받을 것이며, 치욕적인 모욕과 함께 불신의 눈총을 받을 것입니다. 성도는 그러한 재판관을 인정하지 말아야 합니다. 그 굽어진 판결에 승복하지 말아야 합니다.

둘째로 하나님께 인정을 받지 못합니다.

지혜자는 말씀하시길, 판결을 정직하지 않게 하는 자는 백성에게 미움을 받게 된다고 했습니다. 우리 속담에도 '민심은 천심이라'고 했습니다. 판결을 잘못하면 모든 사람에게 배척을 받고 미움을 받습니다. 하나님은 악인을 의롭다고 하는 자, 의인을 악하다고 하는 자를 미워하신다고 했습니다(잠 17:15절). 그러므로 재판을 그릇되게 하는 통치자는 하나님께 미움을 받게 됩니다. 통치자들과 재판관들은 하나님과 백성들을 두려워하는 마음으로 불의를 버리고 공의를 행해야 합니다. 누구에게나 그 사람이 행한 대로 그 사람에게 갚겠다 말하지 말아야 합니다(잠 24:29절). 누구든 입술을 속이지 말고 공의로 재판에 임해야 합니다.

· 함께 읽어요 : 잠언 17장 13절, 15절
"[13]누구든지 악으로 선을 갚으면 악이 그 집을 떠나지 아니하리라. [15]악인을 의롭다 하고 의인을 악하다 하는 이 두 사람은 다 여호와께 미움을 받느니라."

3. 게으름은 빈궁과 곤핍을 불러옵니다(잠 24:30~34).

본문에서 '게으른 자'란 '지혜 없는 자'와 동일시하고 있습니다. 밭을 부지런히 갈고 풀을 뽑고 가꾸지 아니하면 잡초가 밭을 덮어 버립니다. 우리 몸도 항상 깨끗하게 하고, 부지런히 운동을 해야 건강을 유지할 수 있습니다. 모든 것은 노력에 달려있습니다.

첫째로, 게으른 자와 지혜 없는 자의 특징이 있습니다(30~31절).

① 게으른 자의 밭은 가시덤불이 퍼져 있습니다.

② 지혜 없는 자의 포도원은 돌담이 무너져 있습니다.

둘째로, 게으른 자의 행동은 이렇습니다(33절).

① '좀 더 자자'라고 말합니다. ② '좀 더 졸자'라고 말합니다.

③ '손을 모으고 좀 더 누워 있자'라고 말합니다.

셋째로, 게으른 자의 결과는 이렇게 옵니다(34절).

① 빈궁이 강도 같이 옵니다. 내가 원하지 않아도 강도당합니다.

② 곤핍이 군사같이 옵니다. 군사처럼 순식간에 몰려옵니다.

게으른 자의 결과는 금방 나타나지 않을지라도 점점 가까워 오며, 그 결과가 곧 다가옵니다. 몸도 맘도 부지런해야 건강도 지켜집니다. 영육 간의 성공도, 건강도 부지런함에 좌우 된다는 사실을 명심하시기 바랍니다.

· 함께 읽어요 : 잠언 24장 33~34절
"[33]네가 좀 더 자자, 좀 더 졸자, 손을 모으고 좀 더 누워 있자 하니 [34]네 빈궁이 강도 같이 오며 네 곤핍이 군사같이 이르리라."

정리하는 말

성도 여러분! 무더위가 기승을 부릴 때면 움직이기도 싫습니다. 그러나 오히려 우리 몸을 움직여 운동하고 땀을 흘리면 건강에 좋습니다. 음식물도 육식과 탄수화물 위주보다는 잡곡을 섭취하고, 설탕이나 인스턴트 식품보다는 자연 채식 위주로 하여 몸의 산성화를 막아 주어야 합니다. 여름철 적당한 운동과 섭생으로 개인과 가족의 건강을 잘 지켜 가시기 바랍니다. 건전한 마음과 영적 건강으로, 건강한 신앙생활에 힘을 다하셔서 주안에서 승리하시고 만수무강의 축복을 누리시기 바랍니다.

평가와 결심

1. 잘못된 재판이란 무엇을 두고 말하는 것입니까?
   (잠 24:23~25, ① 낯을 보아주는 재판, ② 악인을 옳다고 판결함)
2. 잘못된 재판의 결과는 무엇입니까?
   (잠 24:23~25, ① 백성에게 저주를 받음, ② 하나님께 인정받지 못함)
3. 게으름과 지혜 없는 자의 결과는 무엇입니까?
   (잠24:9~16, ① 빈궁이 강도 같이 옴, ② 곤핍이 군사 같이 옴)

주간 경건의 시간 <34> · 날마다 말씀과 함께

요일 / 내용	주일/월(Mon)	화(Tue)	수(Wed)	목(Thu)	금(Fri)	토(Sat)
찬송	85동 / 83동	419 / 478	393 / 447	393 / 447	240 / 231	315 / 512
성경	잠22 : / 잠23 :	잠 24 :	잠 25 :	잠 26 :	잠 27 :	잠 28 :
적용	언약의 중보 / 영원한 기업	영원한 제사	믿음의 별들 I	믿음의 별들 II	믿음의 주	찬송의 제사

* 역경은 진리로 들어가는 첫 번째 관문이다.

<조지 고든 노엘 바이런, 1788~1824, 영국 6대 남작, 시인>

9단원 헌신 봉사의 달

제35과

가정은 봉사 실천의 장(場)

찬송 / 498, 456, 325 / 통 275, 509, 359
성경 / **잠언 31:10-31**
요절 / **잠언 31:31**
"그 손의 열매가 그에게로 돌아갈 것이요 그 행한 일로 말미암아 성문에서 칭찬을 받으리라."
목표 / 가정은 봉사 실천의 장임을 알고 먼저 실천하는 태도를 기른다.

시작하는 말

잠언은 저자가 솔로몬인데, 1-29장까지는 솔로몬이고, 30장은 '아굴'이라는 사람이 썼으며, 31장은 '르무엘 왕[1]'의 어머니가 썼습니다. 본문은 르무엘 왕의 어머니의 잠언이 계속됩니다. 현숙한 여인이 주는 성실함에 대해 말해주고 있습니다. 요즘은 열린 교육의 영향으로 자기 주장이 강해졌습니다. 그래서 제 생각대로 제 뜻대로 살아가는 것이 지혜인 줄 착각하고 있습니다. 우리는 현숙한 여인의 지혜를 본 받아야 합니다.

오늘의 말씀

1. 현숙한 여인은 가정을 위한 봉사에 가치를 둡니다(잠 31:10~27).

현숙한 여인이란 지혜로운 여인을 의미합니다. 이 지혜로움은 세상의 지식에서 오는 것이 아니라 '하나님을 경외하는'(30절) 데서 옵니다.

1) 르무엘 왕은 맛사의 왕(잠 31:1; 창 25:4; 대상 1:30)으로서 맛사는 북아라비아 부족들이 거주하는 지명. 르무엘 왕은 솔로몬 왕이나 히스기야 왕의 다른 이름일 것으로 추정한다.

첫째로, 한 남편을 잘 내조하는 여자입니다(12절).

현숙한 여인은 남편의 신임을 얻는 여자로서, 가정의 모든 살림을 관할하도록 위임 받으며, 언제나 남편의 유익을 위하여 헌신적인 봉사를 하고, 남편이 명예를 얻도록 내조하는 여자라는 뜻입니다(23절).

둘째로, 노동의 즐거움과 가치를 아는 여자입니다(13~24절).

현숙한 여인은 근면하고 부지런하여 매사에 생산적입니다.

셋째로, 근로의 대가를 잘 분배할 줄 아는 여자입니다(20~22절).

넷째로, 지혜와 인애의 법을 가족에게 가르치는 여자입니다(27절).

그래서 가정을 평화로 이끌고 화목한 가정을 이루어 갑니다.

· 함께 읽어요 : 잠언 31장 11~12절

"[11]그런 자의 남편의 마음은 그를 믿나니 산업이 핍절하지 아니하겠으며, [12]그런 자는 살아 있는 동안에 그의 남편에게 선을 행하고 악을 행하지 아니하느니라."

2. 현숙한 여인이 받을 보상이 있습니다(잠 31:28-29).

본문에서 현숙한 여인이 돋보이는 점은 남편의 칭찬을 넘어선다는 것입니다. 현대와 같이 날만 새면 직장으로 달려가야 하는 남편을 대신해 해야 할 일이 많습니다. 그래서 가정교육은 지혜로운 지어미의 몫인 것입니다. 유대인들의 경우 어머니의 가정교육이 특별합니다. 자녀에 대한 가정교육이 우선하지 않고는 사회윤리나 국가관을 제대로 세울 수 없습니다. 그만큼 가정교육이 얼마나 중요한지 우리에게 가르쳐 줍니다.

오늘날 남녀평등을 주장하며, 직장에서도 똑같은 지위를 인정해야 하는 현실과는 다르게, 현숙한 여인은 그녀의 활동 자체가 우리말의 어원에서 안 해(안방의 해님), 즉 아내라는 명칭에서 찾아볼 수 있습니다.

이러한 현숙한 여인이 받을 보상이 있습니다. ① 남편의 칭찬, ② 자녀들 사례, ③ 고매한 품위, ④ 지역사회 칭찬 등의 보상을 받게 됩니다. 현숙한 여인의 봉사의 장은 가정이며, 이를 통해 보상을 받게 됩니다.

· 함께 읽어요 : 잠언 31장 28~29절

"[28]그의 자식들은 일어나 감사하며 그의 남편은 칭찬하기를 [29]덕행 있는 여자가 많으나 그대는 모든 여자보다 뛰어나다 하느니라."

3. 여호와를 경외하는 여인이 칭찬을 받습니다(잠 31:30-31).

요즘 인간들의 모습을 보면 들떠 있고 세속에 취해있는 모습들이 대부분입니다. 예루살렘 교회의 감독이요, 예수님의 동생 야고보는 이렇게 말합니다. "약 5:26누구든지 스스로 경건하다 생각하며 자기 혀를 재갈 물리지 아니하고 자기 마음을 속이면 이 사람의 경건은 헛것이라. [27]하나님 아버지 앞에서 정결하고 더러움이 없는 경건은 곧 고아와 과부를 그 환난 중에 돌보고 자기를 지켜 세속에 물들지 않는 그것이니라"고 했습니다. 봉사 속에 여호와의 경외함이 묻어나야 합니다.

요즘 매스컴을 보면, 한쪽에서는 굶어 죽어가는 데도 애완동물들을 호사시켜 주기 위해 가계비를 더 많이 지출하는 모습을 봅니다. 하지만 그것이 공평하지 못한 세상처럼 보이지만, 그들 나름대로의 인생의 가치관을 가지고 살기 때문입니다.

본문에 현숙한 여인은 칭찬을 받아 마땅합니다. 새벽이나 늦은 저녁까지 교회봉사를 하시는 분들을 보면 가정에서 자신의 본분을 다하기 위해 밤잠을 줄이며, 끼니조차 챙겨 드시지 못하시는 분들도 있습니다.

이런 봉사할 힘이 어디서 나오는 것일까요? 이것은 여호와를 경외하는 믿음에서 나온다고 봅니다. 여호와 하나님을 진정으로 사모하는 사람은 자신의 시간, 물질, 재능까지 다 바쳐 봉사하는 것입니다. 이런 분들을 볼 때 저절로 머리가 숙여집니다. 주님이 칭찬하실 것입니다.

· 함께 읽어요 : 잠언 31장 31절

"그 손의 열매가 그에게로 돌아갈 것이요 그 행한 일로 말미암아 성문에서 칭찬을 받으리라."

정리하는 말

성도 여러분! 여기서 강조하고 있는 것은 하나님께서 허락하신 가정이 곧 성도에게는 봉사 실천의 장이 될 수 있다는 말씀입니다. 그뿐 아니라 진실한 봉사를 실천하는 자세를 가르쳐 줍니다. 모든 것을 바쳐 교회봉사를 하되 자신이 출산한 아기처럼 잘 보살피라는 것입니다. 이웃을 위해 부지런히 봉사하고, 구제하고, 가정에서 적극적으로 믿음과 봉사를 실천하시기를 바랍니다. 그것이 가정천국을 이루는 길이 될 것입니다. 항상 복된 가정을 이루시고 하나님께 영광 돌리시기 바랍니다.

평가와 결심

1. 현숙한 여인의 지혜로운 봉사의 삶은 어디로부터 온 것입니까?
   (잠 31:30, 하나님을 경외함으로부터 옴)
2. 현숙한 여인의 받을 보상 다섯 가지는 무엇 무엇입니까?
   (잠 31:28~30, ① 남편의 칭찬 ② 자녀들 사례 ③ 고매한 품위 ④ 지역사회 칭찬)
3. 최종적으로 어떤 여인이 하나님께 칭찬을 받습니까?
   (잠 31:30~31, 여호와를 경외하며 가정에서 봉사 실천하는 여인)

주간 경건의 시간 <35> · 날마다 말씀과 함께

요일 / 내용	주일/월(Mon)	화(Tue)	수(Wed)	목(Thu)	금(Fri)	토(Sat)
찬송	39동 / 37동	508 / 270	505 / 268	535 / 325	499 / 277	497 / 274
성경	잠 29 : / 잠 30 :	잠 31 :	전 1 :	전 2 :	전 3 :	전 4 :
적용	자식 징계 / 아굴의 잠언	르무엘의 잠언	해 아래 새 것 없다	바람 잡는 것	범사에 기한	세 겹 줄

* 우리는 종종 걱정에 의해 움직이면서 그것이 열심이라고 생각한다. <테오그니스 / 센탠티아이>

제36과

지성으로 봉사하자!

찬송 / 498, 456, 325 / 통 275, 509, 359
성경 / 전도서 11:1-10, 12:1-13
요절 / 전도서 11:1
"너는 네 떡을 물 위에 던져라 여러 날 후에 도로 찾으리라."
목표 / 흩어 구제하라는 성경의 봉사정신을 실천하는 태도를 기른다.

시작하는 말

9단원에서는 '지성으로 봉사하는 삶'을 배우게 됩니다. '지성'(至誠)이란 '지극한 정성'을 가리킵니다. 전도서는 12장으로 된 책으로 히브리 경전에는 다섯 권의 절기용 책들 중에 회당에서 낭독된 책인데 일반적으로 잠언, 욥기와 함께 지혜 문학에 속합니다. 전도서는 솔로몬이 쓴 책으로 지혜의 내용들을 수록하여 놓은 책입니다.

전도자(설교자)는 세상 야심과 욕망에 근거한 인생이 궁극적으로 무익하고 허망하다는 것입니다. 그렇다면 인생을 보람 있게 살아가는 방법이란 대가를 바라지 않고, 나누어 주며 구제할 것을 가르쳐줍니다.

오늘의 말씀

1. 인생 길흉 알 수 없고, 흥망성쇠가 주님께 달렸습니다(전 11:1~6).

과학 문명이 아무리 발달한다 해도 인간의 미래사를 알 수 없습니다. 공자도 "사후의 생을 걱정하는 제자에게 내일 일도 알지 못하면서 죽음 이후의 생을 어떻게 알겠느냐?"고 했습니다.

첫째로, 인간은 자신에게 어떤 재앙이 임할는지 알지 못합니다. 그러나 모든 인생의 운명을 알고자 예언가나 역술가, 점치는 자, 관상, 손 금 보는 자를 찾아갑니다. 이 모든 것이 미신이요, 허황된 일입니다.

둘째로, 인생의 흥망성쇠는 하나님께 달렸습니다(신 32:39). 우주의 주인이신 하나님이 우주 안에 있는 모든 만물과 인간의 생사화복을 주관하십니다. 우리의 성공도 행복도 하나님께 달려있습니다.

· 함께 읽어요 : 전도서 11장 1절
"너는 네 떡을 물 위에 던져라 여러 날 후에 도로 찾으리라."

2.. 하나님은 언제나 자신의 계획을 성취시키십니다(전 11:7-10).

세상 창조 전에도, 창조 이후에도, 하나님의 계획은 사탄 마귀에 의해 상당한 방해를 받아왔습니다(창조). 인간이 범죄한 이후에도 하나님께서는 일관되게 범죄한 인간을 사랑하사 독생자를 보내주셔서(① 동정녀 탄생), 십자가에서 대속의 죽음을 죽게 하시고(② 십자가 죽으심), 사흘 만에 부활의 첫 열매로 부활시키셨습니다(③ 부활). 사망권세를 모두 이기시고 하늘에 오르사(④ 승천) 영원한 하나님의 우편에 앉아계시다가 성도들이 거할 곳을 준비하시고, 그곳으로부터 다시 오실 것입니다(⑤ 재림). 이 다섯 가지를 예수 그리스도의 5대 생애라고 합니다. 이 하나님의 구속 계획을 비롯해 하나님의 계획이 한 번도 좌절된 일은 없습니다. 혹 사람의 죄악이 세상에 관영함과 그 마음의 생각의 모든 계획이 항상 악할 뿐임을 보시고, 사람 지으셨음을 한탄하사 마음에 근심(창 6:5, 6절)한 적은 있으시지만, 하나님이 후회하시는 일은 없으셨습니다(민 23:19; 삼상 15:11, 35).

왜냐하면, 하나님의 계획은 처음부터 선하시므로 그 계획이 중간에 변경될 이유가 없습니다. 또한 전지전능하시므로 어떤 방해나 난관이 닥친다 하더라도 다 해결하시기 때문에 지켜보며 기다려야 합니다. 하나님께서는 어제나 오늘이나 변함없이 동일하신 분이십니다. 한 번 계획하신 것은 다 이루시고, 우리를 끝까지 견인하시고 축복해 주십니다.

· 함께 읽어요 : 전도서 11장 8절
"사람이 여러 해를 살면 항상 즐거워할지로다 그러나 캄캄한 날들이 많으리니 그 날들을 생각할지로다 다가올 일은 다 헛되도다."

3. 지극한 정성으로 본분을 다하며 살아가야 합니다(전 12:9-13).

세상이 날마다 새로워지는 것 같지만, 세상에 새 것은 하나도 없습니다. "흙은 여전히 땅으로 돌아가고, 영은 그것을 주신 하나님께로 돌아가기 전에 기억하라"(전 12:7절)는 말씀을 기억해야 할 것입니다. '… 헛되고 헛되도다. 모든 것이 헛되도다.' 전도자의 말씀처럼 헛된 세상이지만 인생의 본문을 다하는 삶은 아름답습니다. 선하신 하나님 아버지를 기억하면서 지극한 정성으로 인간의 본분을 다하며 살아가시기 바랍니다. 이 본분 속에 하나님이 축복하시고자 하는 계획과 뜻이 있음을 명심하시기 바랍니다. 지극한 정성으로 봉사하여 본분을 감당하고 하나님께 영광 돌리시기 바랍니다.

하나님의 명령은 선(善)하십니다. 하나님의 계획은 아름답습니다.

오늘은 선한 일, 이웃에게 봉사하라고 주신 귀중한 날입니다.

① 불평하지 말고 감사하며 삽시다. ② 원망보다 축복하며 삽시다. ③ 목소리 다하여 하나님 찬송하며 삽시다. ④ 선하신 하나님과 이웃을 사랑하며 삽시다. ⑤ 오늘을 허송하지 말고 행복을 베풀어가며 삽시다.

산다는 것은 기적이요 벅찬 감동입니다. 소리 없이 내리는 아침 이슬처럼 싱그러운 하루를 시작하며, 행복한 결실로 일과를 마치기 바랍니다.

· 함께 읽어요 : 전도서 12장 13절
"일의 결국을 다 들었으니 하나님을 경외하고 그의 명령들을 지킬지어다. 이것이 모든 사람의 본분이니라."

정리하는 말

성도 여러분! 전도자의 가르침은 참으로 아름답습니다. 악을 찾는 자들은 패망합니다. 선을 구하는 지혜로운 의인들은 은총을 받게 됩니다. 그뿐 아니라 의인은 환난에서 구원을 얻으나, 악인은 입으로 그의 이웃을 망하게 합니다. 사람은 무슨 일에나 부지런해야 합니다. 이웃과 친구를 위하여, 소외된 이웃을 위하여 부지런히 봉사하고, 구제하고, 적극적으로 선을 행하시기 바랍니다. 이것이 하나님께서 우리에게 명하신 사명이요, 본분입니다. 잘 감당하셔서 금생내세에 축복 받으시기 바랍니다.

평가와 결심

1. 전도자의 가르침 첫째는 무엇입니까?
   (전 11:1~6, 인생이 길흉 알 수 없고, 하나님이 생사화복 주장함)
2. 전도자의 가르침 둘째는 무엇입니까?
   (전 11:7~10, 창조주 하나님은 언제나 자신의 계획을 성취시키심)
3. 전도자가 인생에게 주시는 결론의 말씀이 무엇입니까?
   (전 12:1~14, 지성으로 사람의 본분을 다하며 살아가라)

주간 경건의 시간 <36> · 날마다 말씀과 함께

요일 / 내용	주일/월(Mon)	화(Tue)	수(Wed)	목(Thu)	금(Fri)	토(Sat)
찬송	23동 / 27동	197 / 178	34 / 45	68 / 32	70 / 79	90 / 98
성경	전 5 : / 전 6 :	전 7 :	전 8 :	전 9 :	전 10 :	전 11 :
적용	하나님 경외/ 천년의 감절	지나친 의인	악인들과 의인들	산 자들 중 희망	지혜는 성공	떡을 물위에

* 태양을 따르는 해바라기와 같은 꽃은 구름 낀 날에도 변함없이 따른다.
< 로버트 라이튼, 1611~1684, 스코틀랜드 대 주교 >

9단원 헌신 봉사의 달

제37과

복음의 향기를 발하라!

찬송 / 65, 64, 40 / 통 19, 13, 43
성경 / **아가서 4:1-16**
요절 / **아가서 4:16**

"북풍아 일어나라 남풍아 오라 나의 동산에 불어서 향기를 날려라 나의 사랑하는 자가 그 동산에 들어가서 그 아름다운 열매 먹기를 원하노라."

목표 / 교회성도로서 믿음의 향기를 날리면서 살아가는 태도를 갖게 한다.

시작하는 말

오늘날 여러분들의 교회는 복음의 향기를 날리고 있습니까? 진정한 봉사는 교회가 그리스도의 복음의 향기를 발하는 것입니다. 교회가 하나님의 영광을 가리는 일을 하면 전도의 길도 막혀버립니다. 한국 개신교회 교인 수가 줄어들고 있다는 소식은 안타까운 일입니다.

백합이나 라일락, 천리향의 진한 향기는 멀리 멀리 퍼져나갑니다. 진한 꽃향기는 발걸음도 멈추게 합니다. 여러분의 교회가 복음의 꽃이 피면, 복음의 향기가 세상 끝까지 전파됩니다. 이로 인해 세상은 변화되고 정화됩니다. 오직, 하나님을 기쁘시게 하고 영광 돌리시기 바랍니다.

오늘의 말씀

1. 주님의 신부인 교회는 아름다워야 합니다(아 4:1~6).

본문은 신랑이신 주님께서 신부의 순수하고 맑은 사랑! 그녀의 아름다움을 칭찬하는 내용입니다. 신랑이 신부의 아름다움을 노래합니다.

① 비둘기 눈 같음, ② 머리털 같음, ③ 쌍태를 낳은 이, ④ 홍색 실 같은 입술, ⑤ 석류 한 쪽 같은 뺨, ⑥ 방패로 둘러싸인 다윗의 망대 같은 목, ⑦ 쌍태 노루 새끼 같은 유방의 아름다움을 노래합니다. 이는 곧 신랑 되시는 예수 그리스도께서 신부인 교회의 아름다움을 칭찬하는 말씀입니다. 이렇게 본문은 신부의 고운 자태를 고백하며 그리스도와 신부인 교회의 거룩한 사랑으로 비유하고 있습니다. 신부를 사모하고 기리는 신랑의 노래가 오늘도 우리의 삶 속에서 들을 수 있기를 바랍니다.

· 함께 읽어요 : 아가서 4장 5절
"네 두 유방은 백합화 가운데서 꼴을 먹는 쌍태 어린 사슴 같구나."

2. 신랑은 순전한 신부를 그리워하며 노래합니다(아 4:7~15).

본문에서 솔로몬 왕은 술람미 여인을 '나의 신부야'(8절)라고 애칭하고 있습니다. 신랑이 신부 술람미의 모습을 칭찬하고 있습니다.

첫째로, 순전하고 흠이 없는 신부라고 합니다.

① 육체적으로 순전하고 어여쁜 신부요.

② 영적으로 흠이 없는 온전한 신부인 것입니다.

둘째로, 신부로 택함 받은 술람미 여인입니다. 솔로몬은 이곳에서 최초로 술람미 여인이 자기의 신부가 되었음을 선포했습니다.

셋째로, 새로운 출발을 위해 전심으로 순종하는 신부입니다.

① 함께 사는 삶입니다. 신랑이 가는 길이 낯설고 힘이 들며 환란이 계속된다 할지라도 아내는 남편 뒤를 묵묵히 따라가야 하는 것입니다.

② 주님의 도우심입니다. 신랑 되신 그리스도께서는 매 걸음마다 인도하시고 지켜 주심으로 신부인 교회가 천국에 이르기에 부족함이 없도록 도와주시는 것입니다.

넷째로, 신부로 인하여 즐거움을 얻는 신랑입니다. 우리 성도들도 우리의 신랑 되신 주님께 육체의 경건과 영혼의 아름다움을 드리는 삶을 살아야 합니다. 그리하여 친밀한 사랑의 기쁨으로 하나가 되어야 합니다.

· 함께 읽어요 : 아가 4장 15절
"너는 동산의 샘이요 생수의 우물이요 레바논에서부터 흐르는 시내로구나!"

3. 주님의 신부는 복음의 향기를 날려야 합니다(아 4:16; 고후 2:14).

첫째로, 그리스도를 아는 지식을 복음의 향기로 전해야 합니다.

하나님께서는 어느 곳에서나 그리스도를 아는 지식을 전하시기 위하여 사역자가 필요합니다. 복음의 전령자는 ① 그리스도를 믿어야 하고, ② 그리스도 안에서 소명을 받아야 하고, ③ 그리스도 안에서 섬겨야 합니다. ④ 그리스도 안에서 사역을 해야 하고, ⑤ 그리스도 안에서 행해야 하며, ⑥ 그리스도 안에서 살아야 합니다.

둘째로, 그리스도 복음으로 구원 얻는 자들에게는 그리스도 안에 있는 생명을 전해 주어야 합니다. 신랑 되신 그리스도의 첫사랑을 알았기에 나아가 전해야 합니다. 나만의 구원이 아니라 모든 백성의 구원이 되도록 그리스도의 향기를 발해야 합니다.

셋째로, 그리스도의 복음의 자격 있는 전령자는 책임이 막중합니다. ① 하나님 말씀을 혼잡하게 하지 않습니다. ② 순전합니다. ③ 하나님께로부터 난 자입니다. ④ 하나님 앞에서 살아갑니다. ⑤ 그리스도 안에서 말합니다. 사랑하는 그리스도의 신부이신 여러분! 여러분들은 신랑이신 그리스도의 복음의 향기를 세계만방에 널리 전하시기 바랍니다. 그리하여 그 동산에 들어가서 아름다운 열매를 누리시길 축복합니다.

· 함께 읽어요 : 아가 4장 16절
"북풍아 일어나라 남풍아 오라 나의 동산에 불어서 향기를 날리라 나의 사랑하는 자가 그 동산에 들어가서 그 아름다운 열매 먹기를 원하노라."

정리하는 말

여러분! 여러분은 그리스도의 복음의 전령자입니다. 무의미한 인생이었지만 그리스도의 십자가 복음의 꽃으로 아름답게 피어났습니다. 꽃이 향기를 날리듯 여러분은 '그리스도의 향기'를 세계만방에 전해야 합니다. 아름다운 꽃은 눈을 즐겁게 하지만, 복음의 꽃향기는 생명을 전달해 줍니다. 십자가 복음이 사탄권세 이기시고 부활의 생명의 꽃을 피웠습니다. 복음의 꽃이 생명의 향기를 발하며 피어났습니다. 복음 전파로 하나님을 기쁘시게 하고, 남은 생애 하나님께 영광 돌리시기 바랍니다.

평가와 결심

1. 주님의 신부인 교회의 모습을 어떠해야 합니까?
   (아 4:1~6, 아름다워야 함)
2. 신랑은 신부의 어떤 점을 칭찬하고 노래합니까?
   (아 4:7~15, 순전하고 흠이 없고, 택함 받아 전심으로 순종함을 노래)
3. 주님의 신부는 어떻게 해야 합니까?
   (아 4:16, 복음의 향기를 날려 하나님을 기쁘시게 해야 함)

주간 경건의 시간 <37> · 날마다 말씀과 함께

요일 / 내용	주일/월(Mon)	화(Tue)	수(Wed)	목(Thu)	금(Fri)	토(Sat)
찬송	85동 / 87동	196 / 174	213 / 348	252 / 184	286 / 218	314 / 511
성경	전 12 : / 아 1 :	아 2 :	아 3 :	아 4 :	아 5 :	아 6 :
적용	청년의 때 / 솔로몬 아가	사랑은 깃발	마음에 사랑	봉한 샘	내 누이 내 신부	술람미 여자

* 신앙과 열정은 어려서부터 자라야 그 사람의 일생을 지배하게 된다. <Joseph, Shin>

제38과

종처럼, 신실하게 봉사하라!

찬송 / 546, 397, 545 / 통 399, 454, 344
성경 / 히브리서 3:1-19
요절 / 히브리서 3:5
"또한 모세는 장래에 말할 것을 증언하기 위하여 하나님의 온 집에서 종으로서 신실하였고"
목표 / 교회나 가정 및 직장에서 모세처럼 신실하게 봉사하는 태도를 기른다.

시작하는 말

본문은 예수 그리스도께서 모든 사람보다 뛰어나심을 가르쳐줍니다. 아무리 훌륭한 사람이라도 예수 그리스도보다 뛰어난 사람은 없습니다. 이스라엘 백성을 출애굽 시킨 모세도 유대백성을 한 국가로 탄생시킨 위대한 지도자였지만 예수님을 능가하지는 못했습니다.

모세의 생애를 보면, 종처럼 신실하게 봉사한 인물이었습니다. 모세는 오늘을 사는 우리에게 큰 교훈을 줍니다. 오늘날 교회와 사회, 정치계에도, 경제계에도 이런 신실하고 진정한 봉사자가 필요합니다.

오늘의 말씀

1. 믿음의 대상인 그리스도를 깊이 생각해야 합니다(히 3:1~6).

첫째로, 예수 그리스도는 믿음의 대상이기 때문에 우리의 생각과 마음, 관심과 주의를 기울여야 할 분이십니다.

① 믿는 자들은 거룩한 형제요, ② 함께 하늘의 부르심을 입은 자들이기 때문에 그렇습니다(히 3:1절).

둘째로, 그리스도는 우리의 믿는 도리의 사도이십니다. 또한 믿는 도리의 대제사장이시기 때문에 그렇습니다.

셋째로, 그리스도는 모세가 충성했던 것처럼 하나님께 충성했습니다(3:2절).

넷째로, 그리스도는 집의 건축자시요. 모세는 거주자입니다(3:3~4절).

다섯째로, 그리스도는 하나님의 집 맡은 아들이요, 모세는 사환일 뿐입니다(3:6절). 그러나 모세를 통하여 예언을 성취하시는 예수님을 볼 수 있었습니다. 모세의 사역은 오실 메시야의 표상이었습니다.

· 함께 읽어요 : 히브리서 3장 1절
"그러므로 함께 하늘의 부르심을 받은 거룩한 형제들아 우리가 믿는 도리의 사도이시며 대제사장이신 예수를 깊이 생각하라."

2. 여러분의 마음을 강퍅하게 하지 마셔야 합니다(히 3:7-19).

성령께서 모든 세대의 믿는 자들을 향하여 명령하십니다. 성령께서는 오늘날도 여전히 말씀하고 계십니다. 이 명령은 모든 세대의 모든 사람들에게 효력이 있습니다. 이 명령을 불순종하는 데에는 큰 위험이 따릅니다. 출애굽한 이스라엘 백성이 40여년 광야생활을 통해 하나님의 법도를 거스르고 죄를 범했습니다.

첫째로, 그들은 하나님의 진노를 격동했습니다(7~11절). 그들은 하나님을 불신했고 지도자 모세에게 불평불만을 쏟아놓았습니다. 40년 동안 하나님을 시험하면서 항상 잘못된 길로 행했습니다. 그들은 하나님의 길을 깨닫지 못했습니다.

둘째로, 불신앙을 삼가 경계하십시오(12절). 오늘날 우리 성도들도 삼가야 할 부분이 있습니다. '경성하고 깨어있어야' 합니다. 주의하고 끊임없이 경계해야 하는 것입니다. 세상은 불신앙적 요소가 사방에 널려 있습니다. 세상을 산다는 것은 불신앙의 지뢰밭에 사는 것과 같습니다. 정신 차리지 않으면, 시험과 유혹에 빠져 강퍅해 질 수 밖에 없습니다.

· 함께 읽어요 : 히브리서 3장 6절

"그리스도는 하나님의 집을 맡은 아들로서 그와 같이 하셨으니 우리가 소망의 확신과 자랑을 끝까지 굳게 잡고 있으면 우리는 그의 집이라."

3. 성도들은 매일 피차 권면해야 합니다(히 3:13~19).

여기에 '권면하다'(파라칼레오: *παρακαλέω*)라는 말은 '빌다' '간절히 원하다', '충고하다'라는 말입니다. 보혜사 성령이란 어원도 동일합니다. 성령께서도 권면하시는 분이신 것입니다. 서로가 권면해야 할 이유입니다.

첫째로, 때가 많이 남지 않았기 때문입니다(엡 5:15~16절).

둘째로, 사람은 죄의 기만성으로 인하여 강퍅해질 수 있습니다(히 3:13).

셋째로, 구원은 조건적입니다(벧후 3:17절).

넷째로, 매일 매일이 중요합니다(고후(6:2).

다섯째로, 어떤 이들은 하나님을 격노케 합니다(시 106:7절).

여섯째로, 심판은 확실합니다(잠 11:19절).

일곱째로, 하나님께서는 불신앙을 심판하십니다(요 8:24절).

여덟째로, 불신앙으로 인하여 하늘나라에 들어가지 못하게 됩니다(막 10:25절). 낙타가 바늘 귀로 나가는 것이 더 쉽다고 말씀합니다.

예수 그리스도와 그분의 구원의 약속을 믿지도 신뢰하지도 않는 것은 약속의 땅의 문을 닫아 두는 행위인 것입니다. 이를 유념하시기 바랍니다.

· 함께 읽어요 : 히브리서 3장 18~19절

"[18]또 하나님이 누구에게 맹세하사 그의 안식에 들어오지 못하리라 하셨느냐 곧 순종하지 아니하던 자들에게가 아니냐 [19]이로 보건대 그들이 믿지 아니하므로 능히 들어가지 못한 것이다."

정리하는 말

성도 여러분! 우리 주 예수 그리스도보다 더 크시고 위대하신 분은 없으십니다. 이스라엘 백성을 출애굽 시킨 모세조차도 사환과 종에 불과합니다. 그리스도는 믿는 도리의 사도시요, 대제사장이십니다. 그리스도는 하나님의 온 집에서 아들로서, 모세는 종으로서 신실히 봉사했습니다. 여러분! 주님은 우리의 구원이시요, 생명이십니다. 섬기시는 교회와 가정에서 신실한 일꾼으로서 충성 봉사하시기를 부탁드립니다.

평가와 결심

1. 그리스도는 어떤 분이시며 우리가 어떻게 해야 하겠습니까?
(히 3:1, 믿는 도리의 사도시며 대제사장이신 예수를 깊이 생각하라)
2. 불신앙의 위험에 처한 성도들에게 경고 내용이 무엇입니까?
(히 3:7~12, ① 마음 강퍅케 하지 말라 ② 불신앙을 삼가 경계해야 함)
3. 불신앙과 죄에 대하여 어떻게 대처해야 합니까?
(히 3:13~19, 성도들은 매일 피차 권면해야 함))

주간 경건의 시간 <38> · 날마다 말씀과 함께

내용 \ 요일	주일/월(Mon)	화(Tue)	수(Wed)	목(Thu)	금(Fri)	토(Sat)
찬송	93동 / 91동	370 / 455	395 / 450	397 / 454	393 / 447	386 / 439
성경	아 7: / 아 8:	히 1:	히 2:1-9	히 2:10-18	히 3:1-11	히 3:12-19
적용	언약의 중보/ 영원한 기업	믿음의 상속자	성령 나눠 주신 것	교회 중에서 찬송	집 맡은 아들	광야에 엎드러짐

* 우리가 용서받기 위해 기도하고, 용서하기 위해 기도하는 것만큼 아름다운 것은 없다. <쟝 파울 리히터, 1763~1826, 독일 해학가>

제39과

하나님의 뜻을 행하라!

찬송 / 101, 108, 126 / 통 106, 113, 126
성경 / 히브리서 10:1-25
요절 / 히브리서 10:9
"그 후에 말씀하시기를 보시옵소서. 내가 하나님의 뜻을 행하러 왔나이다 하셨으니 그 첫째 것을 폐하심은 둘째 것을 세우려 하심이라."
목표 / 하나님의 뜻을 행하면서 지성으로 봉사하는 태도를 기른다.

시작하는 말

인간은 나약한 존재입니다. 그래서 죄 아래에 있는 더럽고 추악한 모습을 보여줍니다(롬 3:9~18절). 불완전하고 부도덕한 인간은 욕심을 만족시키기 위하여 불의를 자처합니다. 단 몇 분의 쾌감을 얻으려고 상대적으로 약한 사람을 공격하고 난폭하게 대합니다. 한 인간이 하나님을 무시하고 안하무인으로, 거부하고, 저주까지 합니다. 하나님 앞에서 모세의 율법을 통해 결코 의(義)로워 질 수 없습니다. 하나님이 마련해 놓으신 유일한 방법이 있습니다. 그것은 예수 그리스도로만 가능합니다.

오늘의 말씀

1. '옛 제사'들은 무력하고 효력이 없습니다(히 10:1~4).

첫째로, 하나님께서 범죄한 인간을 위해 속죄의 방법을 마련하셨습니다. 죄 지은 사람이 마땅히 죽어야 했습니다. 그런데 대신 짐승을 잡아 제사를 드림으로 죄악의 처참함을 해결해 주셨습니다. 제사를 통해 용서하시고, 치료 하시고 속죄함을 약속해 주신 것입니다.

① 옛 언약의 율법은 단지 장차 오는 좋은 일의 그림자였습니다.

② 희생 제사는 해마다 늘 반복되어야 했습니다(1절).

③ 희생 제사는 죄의식을 결코 없이하지 못했습니다.

④ 동물을 드리는 제사는 사실 죄를 생각나게 하는 것이었습니다.

⑤ 동물을 드리는 제사는 죄를 없이 하기에는 무력했습니다.

흠 없고 정결한 동물이 희생되었을 때, 죄 없는 생명이 사람들의 죄를 담당하도록 했지만 상징에 불과했습니다. 완전한 구속은 율법을 완성하신 예수 그리스도 만이 해결할 수 있는 것입니다.

· 함께 읽어요 : 히브리서 10장 1절

"율법은 장차 올 좋은 일의 그림자일 뿐이요 참 형상이 아니므로 해마다 늘 드리는 같은 제사로는 나아오는 자들을 언제나 온전하게 할 수 없느니라."

2. 완전한 제사는 예수 그리스도의 십자가 죽음이십니다(히 10:5~10).

첫째로, 완전한 제사는 하나님께서 친히 예비하신 몸이었습니다(5절).

① 하나님께서는 하나님의 사랑을 보여주시기 위하여 인간의 몸을 입으시고 세상에 오셨습니다. ② 우리의 죄와 죄책과 정죄를 친히 담당하시기 위하여 오셨습니다. ③ 자신을 친히 우리의 죄를 위한 완전한 제사를 드리기 위하여 오신 것입니다. ④ 우리의 죄를 없이 하셔서 우리가 완전한 자로 여겨져 하나님께 받아들여질 만한 존재로 만드시기 위하여 오신 것입니다. ⑤ 하나님과 영원무궁토록 친교 할 수 있는 영원한 생명을 우리에게 주시기 위하여 오신 것입니다.

둘째로, 완전한 제사는 하나님의 뜻을 온전히 행하러 오신 예수 그리스도십니다(7절).

셋째로, 완전한 제사는 옛 제사를 폐하시고 새 언약을 세우시게 하셨습니다(8~9절).

넷째로, 완전한 제사는 예수 그리스도께서 단번에 드리신 몸으로 거룩함을 얻게 합니다(10절).

· 함께 읽어요 : 히브리서 10장 10절
"이 뜻을 따라 예수 그리스도의 몸을 단번에 드리심으로 말미암아 우리가 거룩함을 얻었노라."

3. 완전한 제사의 증인은 성령이십니다(히 10:11-18).

첫째로, 옛 제사와 완전한 제사는 대비가 됩니다(10:11~14절).

① 옛 제사장은 그 일을 결코 마치지 못했습니다(10~12절).

② 옛 제사의 제사장은 죄를 위한 똑같은 희생 제사를 반복해 늘 드려야 했습니다(11~12절).

③ 옛 제사는 죄를 없이하지 못했지만, 그리스도의 완전한 제사는 모든 원수들에 대해 승리하셨습니다(12~13절).

④ 옛 제사는 사람을 온전케 하지 못하나, 예수 그리스도의 완전한 제사는 하나님께 구별된 자들을 영원히 온전케 했습니다(14절).

둘째로, 완전한 제사의 증인은 성령이십니다(10:15~18절).

① 성령은 믿는 자의 마음속에 능력을 주십니다.

② 성령은 하나님과 하나님의 뜻을 알려주십니다.

③ 성령은 죄를 단번에 사하신다는 것을 증거 하십니다(히 4:15~16절).

④ 성령은 더 이상 희생 제사를 드릴 필요가 없고, 예수 그리스도께서 죄를 위한 완전하고 영원한 희생제물이시라는 것을 증거 하십니다.

구속사역의 계획은 하나님께서 하셨으며, 예수 그리스도가 하나님의 뜻대로 십자가에 못 박히셨으며, 성령께서 십자가 보혈의 사건을 손수 집행하시고 증거하셨습니다. 이렇게 구속이 완전하게 완성된 것입니다.

· 함께 읽어요 : 히브리서 10장 18절
"이것들을 사하셨은 즉 다시 죄를 위하여 제사 드릴 것이 없느니라."

정리하는 말

여러분! 오늘날 예배가 점점 무너지고 있습니다. 하나님의 약속의 말씀이 전해져야 하는데, 간증이라는 이름으로 유명한 탤런트를 내세워 교회마다 강단을 허락합니다. 각자가 '예배자'가 아니라 청중으로 변조되어가고 있습니다. 구약의 희생제사가 '열린 예배'로 대체된 감이 있습니다. 진정한 예배의 모습을 찾아 하나님께 영광 돌리시기 바랍니다.

"하나님은 영이시니 예배하는 자가 영과 진리로 예배할지니라"(요 4:24절)는 말씀을 기억하면서 성령과 진리로 예배할 수 있기를 바랍니다.

평가와 결심

1. 구약에서 드려졌던 옛 제사는 어떻습니까?
   (히 10:1~5, 무력하고 효력이 없습니다)
2. 신약에서 드려지는 완전한 제사는 무엇입니까?
   (히 10:9~18, 예수 그리스도의 십자가 죽음이십니다)
3. 완전한 제사의 증인은 누구십니까?
   (히 10:15~18, 완전한 제산의 증인은 성령이심)

주간 경건의 시간 <39> · 날마다 말씀과 함께

요일 / 내용	주일/월(Mon)	화(Tue)	수(Wed)	목(Thu)	금(Fri)	토(Sat)
찬송	27동 / 29동	161 / 159	167 / 157	170 / 16	175 / 162	180 / 168
성경	히 4 : / 히 5 :	히 6 :	히 7 :	히 8 :	히 9 :	히 10 :
적용	혼 영 관절 골수 / 구원의 근원	세례 안수	십분의 일	언약의 중보	언약의 피	하나님의 뜻 행하라

* 하나님께서 원하시는 최고의 예배는 이삭처럼 자신이 드려지는 예배일 것이다. '여호와이레'로 주신 그리스도의 산제물인 것이다. *<Joseph Shin>*

제40과

이스라엘의 회복과 선교

찬송 / 498, 456, 325 / 통 275, 509, 359
성경 / **에스겔 36:1-28**
요절 / **에스겔 36:27**
"또 내 영을 너희 속에 두어 너희로 내 율례를 행하게 하리니 너희가 내 규례를 지켜 행할지라."
목표 / 이스라엘의 회복을 위해 선교 실천하는 태도를 기른다.

시작하는 말

에스겔서에서 하나님은 이스라엘 땅의 회복을 말씀합니다. 앞 장에서의 에돔에 대한 하나님의 심판과 대조를 이루고 있습니다. 하나님께서는 자신의 백성을 회복시키기 위한 준비입니다. 최근 미국 대통령이 예루살렘을 이스라엘 수도로 공식 선언하므로 아랍권과 이슬람권이 일제히 분노를 표출했습니다. 시인 다윗은 "예루살렘을 위하여 평안을 구하라"(시 122:6절)고 했습니다. 예수님은 예루살렘을 위해 눈물로 기도했습니다. 주님의 재림을 기다리는 여러분들은 예루살렘의 평안을 위해 기도하고, 예루살렘 선교를 위해 최선을 다하시기를 부탁드립니다.

오늘의 말씀

1. 이스라엘의 땅이 회복되어야 합니다(겔 36:1~15).

본문에서 말하는 이스라엘의 산들이란 산으로 이루어진 이스라엘의 국토 전체를 가리킵니다.

첫째로, 이방인들이 심판받을 것입니다(1~7절).

유다가 바벨론에 의해 멸망당한 이후에(주전 586년), 그 땅에 에돔을 비롯해 이방인들이 자신들의 땅으로 삼고자 했으나 하나님께서 여전히 그 땅에 계셨습니다. 그들을 하나님께서 심판하실 것입니다(6~7절).

둘째로, 이스라엘의 산들이 회복될 것입니다(8~15절). 그 땅이 풍요롭게 될 것입니다(8~9절). 또한 안전하게 될 것입니다(12~15절). 이렇게 이스라엘의 땅이 회복될 것입니다.

· 함께 읽어요 : 에스겔 36장 11절

"내가 너희 위에 사람과 짐승을 많게 하되 그들의 수가 많고 번성하게 할 것이라 너희 전 지위대로 사람이 거주하게 하여 너희를 처음보다 낫게 대우하리니 내가 여호와인 줄을 너희가 알리라."

2. 이스라엘의 선민이 회복되어야 합니다(겔 36:16~23).

이스라엘의 땅이 회복되고 회복된 땅에 이스라엘 백성들이 돌아와서 살게 됨으로써 이스라엘 회복은 온전히 성취될 것입니다. 즉 외적으로 회복된 약속의 땅 위에서 내적으로 회복된 하나님의 백성들이 살아감으로써 하나님의 나라가 이루어지는 것입니다.

첫째로, 이스라엘 백성들이 심판받게 된 원인과 결과입니다(16~21절).

① 그 원인이 있습니다(17~19절). 선지자는 이스라엘 백성들이 하나님께 심판받게 된 원인을 그들의 죄(罪)라고 지적합니다.

② 그 결과입니다(20~21절). 이스라엘 백성들이 포로의 신세로 여러 나라에 흩어짐으로써 그들 자신은 수치와 절망을 당했습니다. 그로 인해 하나님의 거룩한 이름이 더러워졌습니다.

둘째로, 이스라엘 백성들을 회복시키는 목적이 있습니다(22~23절).

그 목적은 이스라엘의 영광보다는 하나님의 더럽혀진 이름을 다시 회복하는 것입니다. 그래서 하나님의 본래의 거룩함을 되찾는 것, 즉 '하나님의 영광'을 위한 것이라는 사실입니다.

· 함께 읽어요 : 에스겔 36장 23절

"여러 나라 가운데에서 더럽혀진 이름 곧 너희가 그들 가운데에서 더럽힌 나의 큰 이름을 내가 거룩하게 할지라. 내가 그들의 눈 앞에서 너희로 말미암아 나의 거룩함을 나타내리니 내가 여호와인 줄을 여러 나라 사람이 알리라 주 여호와의 말씀이니라."

3. 이스라엘의 회복은 '하나님의 영광'의 회복입니다(겔 36:24-27).

본문에는 이스라엘 백성들이 회복되는 과정이 나타나 있습니다.

첫째로, 하나님께서 다음 네 가지 과정을 거쳐서 이스라엘을 회복하실 것입니다. ① 모아서 데려옵니다(24절). 역사적으로 이스라엘 백성들이 주전 538년 경, 바사 왕 고레스의 귀환 조서로 고국으로 돌아옵니다(스 1:1~2절). ② 물로 뿌려 정결케 합니다(25절). ③ 새 영과 새 마음을 줍니다(26절). ④ 하나님의 신(神)을 부어줍니다(27절). 이 과정을 통하여 이스라엘 선민을 회복시켜 주실 것입니다.

둘째로, 이스라엘의 회복과 관련하여 주목해야할 요소가 있습니다(32~38절). 회복을 위해서 백성들은 여호와께 간절히 구하여야 합니다.

① 회개가 요구됩니다(32절). ② 내적인 회복이 외적인 회복보다 앞섭니다(33절). ③ 장차 회복될 상태는 이전 상태보다 좋아질 것입니다(34~35절). ④ 회복시키는 목적은 '하나님의 영광'을 위함입니다(36절). ⑤ 회복을 위해서는 기도가 요구됩니다(37절). ⑥ 회복의 내용은 번성함입니다(37~38절). 여호와께서는 무너진 곳을 건축하여 세우시고 사람이 모이게 하시고 부흥케 하실 것입니다.

· 함께 읽어요 : 에스겔 36장 36절

"너희 사방에 남은 이방 사람이 나 여호와가 무너진 곳을 건축하며 황폐한 자리에 심을 줄을 알리라 나 여호와가 말하였으니 이루리라."

정리하는 말

성도 여러분! 본 단원은 이스라엘 민족의 회복은, 곧 하나님의 영광의 회복이라고 합니다. 그래서 '하나님의 영광 회복'이 가장 중요하다고 강조합니다. 세상에 가정과 교회를 설립하신 하나님의 목적 또한 똑같습니다. 여러분이 가정이나 교회에서 하나님을 찬송하면서 하나님께 영광을 돌려야 할 이유가 여기에 있습니다. 우리도 영적 이스라엘의 회복을 위해서 적극적으로 전도하고 선교합시다. 인간의 목적이 오직 하나님을 영화롭게 하는 데 있음을 명심하고 하나님께 영광 돌리시기 바랍니다.

평가와 결심

1. 하나님께서 선교를 통해 첫째 이루고자 하는 것이 무엇일까?
   (겔 36:1~15, 이스라엘이 외적으로 회복되어야 함)
2. 하나님께서 선교를 통해 둘째 이루고자 하는 것이 무엇일까?
   (겔 36:16~38, 이스라엘이 외적으로 회복되어야 함)
3. 최종적으로 선교를 통하여 이루시고자 하는 것이 무엇입니까?
   (겔 36:16~38, 회복으로 하나님께 영광을 돌리도록 함)

주간 경건의 시간 <40> · 날마다 말씀과 함께

요일 / 내용	주일/월(Mon)	화(Tue)	수(Wed)	목(Thu)	금(Fri)	토(Sat)
찬송	39동 / 36동	254 / 186	292 / 415	325/ 359	363 / 479	426 / 215
성경	겔 36 : / 겔 37 :	겔 38 :	겔 39 :	겔 40:1-19	겔 40:20-49	겔 41 :
적용	새 언약 / 마른 뼈들	내 백성 이스라엘	사랑을 베풀지라	이상 중 본 성읍	노래하는 자의 방	성소 지성소 골방들

* 종교 없이는 인간성은 무의미하고, 그리스도 없는 종교도 무의미하다.

< 스트라우스, 1808~1874, 독일 신학자 >

10단원 온 마음 선교의 달

제41과

하나님의 영광을 위한 선교

찬송 / 438, 285, 545 / 통일 495, 209, 344
성경 / **에스겔 43:1-27**
요절 / **에스겔 43:5**
"영이 나를 들어 데리고 안뜰에 들어가시기로 내가 보니 여호와의 영광이 성전에 가득하더라."
목표 / 여호와 하나님의 영광을 위한 선교에 최선을 다하는 태도를 기른다.

시작하는 말

오늘 본문은 지금까지 에스겔은 천사의 안내를 받아 새 성전의 여러 곳을 둘러보고 그것을 척량했습니다(40~42장). 그런데 정교하고 짜임새 있는 성전의 모든 구조에도 불구하고, 그 곳에 하나님의 영광이 떠났습니다. 하나님의 임재가 없는 성전은 단순한 구조물에 불과합니다. 이는 오늘날 맘모스 건물로 전도와 선교의 위세를 자랑하려는 교회들의 모습과 비교가 됩니다. 여러분! 하나님의 영광이 임하고 '하나님이 계시는 성전'을 위해 기도하시고 전도하시고 세계만방에 선교하시기 바랍니다.

오늘의 말씀

1. 하나님의 영광이 성전으로 돌아옵니다(겔 43:1-5).

에스겔이 전하는 메시지 중 하나는 '하나님의 영광이 성전을 떠남'(10:18~19; 11:22~23)이고, 다른 하나는 '하나님의 영광이 성전으로 돌아

옴'(43:1~5절)입니다. 하나님의 영광이 떠났을 때, 그 결과는 이스라엘의 멸망과 포로가 되므로 나타났습니다. 이제 하나님의 영광이 성전으로 돌아온 결과는 이스라엘의 회복과 구원으로 나타날 것입니다.

이와 같이 성전에 하나님의 영광이 머무는 것이 얼마나 필요하고 절실한가를 알아야 합니다. 이는 전도와 선교를 통하여 하나님의 영역이 확장되며, 그분의 영광이 성전은 물론 가정에까지 머무르게 해야 합니다. 우리의 신실한 믿음과 열심이 하나님의 영광을 임하게 할 줄 믿습니다.

· 함께 읽어요 : 에스겔 43장 5절

"영이 나를 들어 데리고 안뜰에 들어가시기로 내가 보니 여호와의 영광이 성전에 가득하더라."

2. 하나님께서는 영원히 거하시겠다고 약속하셨습니다(겔 43:6-9).

본문은 새 성전의 지성소에 임재하신 하나님으로부터 들려오는 음성을 소개하고 있습니다. 그 음성의 내용은, 하나님께서 이제 영원히 이스라엘과 같이 하시겠다는 약속입니다.

첫째로, 성전의 본질을 설명합니다. 성전이란 다음과 같습니다.

① '하나님 보좌의 처소'요, ② '하나님의 발을 두는 처소'요, ③ '하나님께서 이스라엘 족속 가운데 영원히 거할 곳'입니다.

둘째로, 하나님과의 교제를 위한 조건입니다(7~9절).

하나님께서는 성전의 본질에 대한 말씀에 이어, 예배를 통하여 하나님과 영원토록 올바른 교제를 나눌 수 있는 조건에 대해 말씀하십니다.

하나님께서는 먼저, 이전에 하나님께서 예루살렘 성전을 떠나갈 수밖에 없었던 이유를 밝힘으로써, 다시 반복하지 않도록 경고하셨습니다.

하나님을 성전에서 떠나가시도록 만든 원인은 다음과 같습니다.

① 음란하게 행함입니다.

② 죽은 왕의 시체를 더럽혔습니다.

③ 가까이에서 가증한 일을 행했습니다. 그들은 가증한 범죄, 즉 하나님께서 행하지 말라고 명령하신 죄악들을 자행했습니다. 그들은 바로 담 너머에, 거룩하신 하나님께서 거하시는 성전이 있다는 사실을 무시했습니다. 즉 그들은 거룩한 하나님의 이름을 더럽혔던 것입니다.

· 함께 읽어요 : 에스겔 43장 9절

"이제는 그들이 그 음란과 그 왕들의 시체를 내게서 멀리 제거하여 버려야 할 것이라 그리하면 내가 그들 가운데에 영원히 살리라."

3. 하나님의 성전에 관한 법을 알게 해야 합니다(겔 43:10-12).

하나님께서는 에스겔에게 한 가지 지시를 하셨습니다. 그것은 그가 본 새 성전의 이상에 관한 내용입니다. 즉 40~42장에서 성전의 법을 백성들에게 전하라고 했습니다. 성전은 거룩함이 제 일 원리이기에, 성전에 관한 법을 가르쳐 온 백성이 공유하기를 원하셨습니다.

첫째로, 백성들에게 성전의 법을 알게 해 주어야 할 이유가 있습니다(10절). 그것은 백성들이 진지한 자세로 새 성전의 형상을 주목해서 살필 때, 그곳은 거룩하신 하나님의 처소임을 깨닫게 될 것이며, 자신들이 저지른 죄에 대해 회개를 하게 될 것이기 때문입니다.

둘째로, 성전의 법을 알게 하는 궁극적인 목적이 있습니다. 즉 성전의 법도와 규례를 지켜 행하도록 하기 위해서입니다(11절).

셋째로, 성전의 법도와 규례를 정해 놓은 목적은 거룩함 때문입니다(12절). 거룩하게 예배하며, 성도들이 거룩함을 유지하기 위함입니다. 하나님의 법도를 지키는 것은 하나님을 따라가기 때문에 거룩하게 됩니다.

· 함께 읽어요 : 에스겔 43장 12절

"성전의 법은 이러 하니라 산 꼭대기 지점의 주위는 지극히 거룩하리라 성전의 법은 이러하니라."

정리하는 말

성도 여러분! 하나님은 거룩하십니다. 거룩하신 하나님께서 범죄한 백성들을 만나는 장소가 성전입니다. 성전을 통하여 하나님을 만나는데 구약시대에는 제사제도를 통해서 거룩하게 된 후, 하나님을 뵈었습니다. 신약시대에는 그리스도의 십자가의 보혈로 용서함을 받고 하나님께 나아가는 것입니다. 이런 복음의 법을 알지 못하는 나라와 민족들에게 사명을 갖고 복음을 전파하여 죽음에서 생명으로 인도해야 할 것입니다.

평가와 결심

1. 에스겔이 성전을 통하여 본 것과 깨달은 것이 무엇입니까?
   (겔 43:1~5, 성전에서 하나님이 영광이 떠나는 것과 들어오는 것)
2. 에스겔이 지성소로부터 무슨 음성을 들었습니까?
   (겔 43:6~9, 하나님께서 영원히 거하시겠다는 약속의 말씀)
3. 에스겔은 무엇을 왜 알게 해야 한다고 했습니까?
   (겔 43:10~12, 하나님의 성전의 법을 알게 해야 함. 곧 거룩함 수호 위해)

주간 경건의 시간 <41> · 날마다 말씀과 함께

요일 / 내용	주일/월(Mon)	화(Tue)	수(Wed)	목(Thu)	금(Fri)	토(Sat)
찬송	145동 / 144동	491 / 543	516 / 265	529 / 319	532 / 323	526 / 316
성경	겔 42 : / 겔 43 :	겔 44 :	겔 45 :	겔 46 :	겔 47 :	겔 48 :
적용	제사장 방 / 성전에 들어가심	영광이 성전에 가득	거룩한 구역	안식일과 초하루	성전에서 나오는 물	지파의 몫 거룩한 땅

* 다른 사람의 잘못은 용서하되 당신 자신의 잘못에 대해서는 용서하지 말라.
< 마르쿠스 아우렐리우스 안토니우스, A. D. 121~180, 스토아 철학자 >

10단원 온 마음 선교의 달

제42과

이방에도 살아계신 하나님

찬송 / 498, 456, 325 / 통 275, 509, 359
성경 / **다니엘 6:1-27**
요절 / **다니엘 6:27**
"그는 구원도 하시며 건져내기도 하시며 하늘에서든지 땅에서든지 이적과 기사를 행하시는 이로써 다니엘을 구원하여 사자의 입에서 벗어나게 하셨음이라 하였더라."
목표 / 이방에도 살아계신 하나님을 선교 실천하는 태도를 기른다.

시작하는 말

바벨론의 잇따른 침입으로 마침내 예루살렘이 함락되어 백성들은 포기한 채 실의에 빠져 있었습니다. 그때 다니엘은 어린 소년이었습니다. 그는 진실한 믿음으로 살아왔습니다. 그는 세 친구와 함께 바벨론 포로로 끌려갔습니다. 그는 이방 땅에서 왕 다음인 고위 관리로 오를 만큼 능력 있고 신실했습니다. 그가 다른 관리들의 시기로 큰 시련을 만났습니다. 그들의 잔꾀로 다리오 왕을 부추겨 앞으로 30일 동안 왕 외에 다른 신이나 사람에게 무엇을 구하는 자를 사자 굴속에 던져 넣는 법을 제정했던 것입니다. 그러나 다니엘은 알고도 헌신적인 신앙을 지켰습니다.

오늘의 말씀

1. 대적들은 틈만 있으면 해치려고 음모를 꾸몄습니다(단 6:1~9).

바벨론은 벨사살 왕이 살해됨으로써 멸망했습니다. 이후 메대 사람

다리오가 왕이 되었습니다. 그는 다니엘을 나라의 총리로 세웠습니다. 바벨론의 고위 관리였던 다니엘이 새로운 나라가 들어섰는데도 여전히 중요한 공직을 맡게 되었습니다. 이는 그의 탁월한 능력과 성실한 인격을 만방에 보여주었기 때문이었습니다.

첫째로, 온전하고 신실했던 다니엘의 인격이 돋보입니다(1~5절).

둘째로, 탁월한 능력과 왕의 신임은 변함없었습니다(6~9절).

하나님은 세상 역사를 주관하사 다니엘을 형통케 하셨습니다.

· 함께 읽어요 : 다니엘 6장 4절

"이에 총리들과 고관들이 국사에 대하여 다니엘을 고발할 근거를 찾고자 하였으나 아무 근거, 아무 허물도 찾지 못하였으니 이는 그가 충성되어 아무 그릇됨도 없고 아무 허물도 없음이었더라."

2. 생명의 위협이 와도 믿음을 지켜야 합니다(단 6:10~13).

다니엘은 국사(國事)를 돌보면서 새로 정해진 법령을 어겼을 때 어떤 사태가 벌어지리라는 것을 잘 알고 있었습니다. 그럼에도 자기 집에 돌아가서 그 방의 예루살렘을 향하여, 창을 열고 전에 행하던 대로 하루 세 번씩 무릎을 꿇고 기도했으며, 하나님께 감사했던 것입니다.

본문을 통해 볼 때, 다니엘은 포로로 잡혀 온 이후, 날마다 쉬지 않고 예루살렘을 향하여 세 번씩 기도해온 것으로 보입니다.

그리고 이번에 그의 대적들로부터 올려져 발표된 법령은 다니엘만을 묶어 놓으려는 의도의 법령입니다. 30일 이내에 다른 신이나 개인에게 기도함을 방해하려는 법령으로 포장했습니다. 다니엘은 이미 자신의 이러한 행위가 새로운 법령을 어기는 것이 되는 줄 알았습니다. 그러나 이제까지 해오던 기도를 중단하겠다고 생각하지 않고 더 열심이었습니다.

법령의 유효기간 30일 동안만이라도 잠간 동안 기도를 중단했다 시작하여 화를 면할 수도 있었으나, 다니엘은 그렇게 하지 않았습니다. 살아계신 하나님께서 사자 굴 속 사자들의 입에서 건져주실 것을 믿었기 때문입니다.

· 함께 읽어요 : 다니엘 6장 13절

"그들이 왕 앞에서 말하여 이르되 왕이여 사로잡혀 온 유다 자손 중에 다니엘이 왕과 왕의 도장이 찍힌 금령을 존중하지 아니하고 하루 세 번씩 기도하나이다 하니"

3. 하나님은 어떤 위협 속에서도 살려 주십니다(단 6:14~24).

요즘 세상은 집 밖으로 한 발자국 떼기도 불안한 세상입니다. 세상의 변화 속도가 무한하기 때문입니다. 위험도 천배 만배 많아졌습니다. 다니엘이 당한 위협은 그로 하여금 겁먹고 놀라게 하기에 충분했습니다.

첫째로, 법령을 어긴 다니엘은 사자 굴에 던져졌습니다(6:14~17절).

한번 결정해 법령에 도장을 찍은 왕은 잘못된 줄 알면서도 철회하지 않았습니다. 하나님을 믿지 못해 반신반의하는 왕은 밤잠을 이루지 못하고 안절부절 했습니다. 그러나 다니엘은 담대하고, 사자들과 편안하게 보냈습니다.

둘째로, 다니엘의 구원과 대적들의 멸망입니다(6:18~24).

① 하나님께서 다니엘을 건져 주셨습니다(18~23절).

② 대적들은 멸망을 당합니다(24절).

셋째로, 다리오 왕은 하나님의 주권을 선포합니다(6:25~28절).

이전에 바벨론의 느부갓네살 왕이 그랬듯이 다리오 왕은 하나님의 주권을 인정하고 찬양하는 조서를 내립니다. ① 살아계신 하나님, ② 하나님의 나라 영원함, ③ 자신의 백성 구원, 그분의 영광을 나타냈습니다.

· 함께 읽어요 : 다니엘 6장 27절

"그는 구원도 하시며 건져내기도 하시며 하늘에서든지 땅에서든지 이적과 기사를 행하시는 이로서 다니엘을 구원하여 사자의 입에서 벗어나게 하셨음이라 하였더라."

정리하는 말

성도 여러분! 다니엘이 이룬 이방 땅의 선교는 참으로 감동적이며 놀라운 결과를 나타냈습니다. 다니엘은 참으로 이방나라 선교의 모델입니다. 이전 왕 바벨론 왕 느부갓네살 왕이 그랬듯이 다리오 왕이 살아계시고, 영원히 변치 않으시며, 신뢰하는 자의 필요에 따라 성실히 응답하시는 하나님! 그 나라는 영원하며 능력 무한하십니다. 그의 백성을 구원하시며, 동시에 그분의 영광을 드러내시는 하나님이십니다. 할렐루야!

평가와 결심

1. 이방 땅 원수들의 나라에서 당한 다니엘의 형편은 어떠합니까?
   (단 6:1~9, 대적들의 음모와 위협이 극심해 사자 굴에 던져 넣음)
2. 생명의 위협을 받은 다니엘은 어떻게 대처했습니까?
   (단 6:10~13, 대적들에게 굽히지 않고 믿음으로 굳세게 밀고 나감)
3. 위협 속에 역사하신 하나님은 어떤 분이십니까?
   (단 6:14~24, 살아계셔서 사자 굴속에서도 구원해 주심)

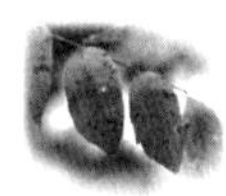

주간 경건의 시간 <42> · 날마다 말씀과 함께

요일 / 내용	주일/월(Mon)	화(Tue)	수(Wed)	목(Thu)	금(Fri)	토(Sat)
찬송	87동 / 74동	293 / 414	356 / 396	382 / 432	423 / 213	430 / 456
성경	단 1 : / 단 2 :	단 3 :	단 4:1-18	단 4:19-37	단 5 :	단 6 :
적용	뜻을 정하여 / 하나님 찬송	금신상 숭배	거룩한 신들의 영	다니엘 꿈 해석	신들의 영	살아계신 하나님

* 실수하는 것은 인간이요, 용서하는 것은 신이시다. < 알렉산더 포프, 1688~1744, 영국 시인 >

제43과

황폐한 성소에 임하소서!

찬송 / 87, 250, 268 / 통 87, 182, 202
성경 / **다니엘 9:1-27**
요절 / **다니엘 9:17**
"그러하온즉 우리 하나님이여 지금 주의 종의 기도와 간구를 들으시고 주를 위하여 주의 얼굴 빛을 주의 황폐한 성소에 비추시옵소서."
목표 / 황폐한 성소에 주의 얼굴 빛을 비추도록 선교하는 태도를 기른다.

시작하는 말

바벨론 포로로 끌려와 메대 바사에 의해 새로운 나라가 들어서기까지 오랜 세월이 지났습니다. 다니엘은 어떤 경우에도 하나님을 경외했습니다. 경건함을 잃지 않고 끊임없는 기도로 일관했습니다. 유다가 바벨론에 의해 멸망당한 것은 유다 민족의 죄악에 대한 하나님의 징계였습니다. 다니엘은 유다 백성의 포로기가 70년 만에 끝날 것임을 예레미야의 예언을 통해 깨달았습니다. 그래서 금식하며 기도하기 시작했습니다. 그리고 하나님의 응답인 70이레의 환상을 받게 됩니다. 전도와 선교의 시작과 끝은 항상 기도하는 일인 줄 명심하고 실천하시기 바랍니다.

오늘의 말씀

1. 다니엘은 유다 백성을 위해 간절히 기도했습니다(단 9:1~19).

일평생 하나님을 경외하며 기도생활을 해 온 다니엘입니다. 장차 역사 가운데 이루어질 일들을 보여 준 두 가지 환상이(7, 8장) 나옵니다. 이어서 본문에서는 유다 백성을 위한 다니엘의 기도가 소개됩니다.

첫째로, 유다 백성을 위한 다니엘의 기도입니다(9:1~19절).

① 포로기가 70년 만에 끝날 것임을 깨닫습니다(1~2절). 바벨론 포로로 시작된 그의 생활은 메대와 바사 이후에도 계속되었습니다. 예레미야의 예언을 읽고 그는 역사의 주인공이신 하나님께 기도했습니다.

② 다니엘은 금식하며 기도합니다(3~19절). 예레미야의 예언의 기간이 끝나간다는 것을 알고 그는 금식하면서 기도하기 시작했습니다.

· 함께 읽어요 : 다니엘 9장 2절

"곧 그 통치 원년에 나 다니엘이 책을 통해 여호와께서 말씀으로 선지자 예레미야에게 알려 주신 그 연수를 깨달았나니 곧 예루살렘의 황폐함이 칠십 년 만에 그치리라 하신 것이니라."

2. 하나님의 응답으로 칠십 이레의 환상을 보여주십니다(단 9:20~26).

하나님께서는 천사 가브리엘을 보내어 이스라엘의 회복을 위한 다니엘의 간구에 응답해 주셨습니다.

① 하나님께서 가브리엘 천사를 보내어 응답하십니다(20~23절).

② 하나님께서는 칠십 이레의 계시를 알려주십니다(24~27절).

다니엘은 천사로부터 하나님의 백성의 허물과 죄악이 70이레 만에 끝나게 되리라는 사실을 듣습니다. 70이레를 문자 그대로 풀면 70에 7을 곱한 490년은 숫자적인 연수를 말하기보다는, 하나님의 백성 이스라엘의 영적 구속 역사의 완성을 위해 작정하시고 섭리하시기 위한 상징적인 기한을 가리킵니다.

이어서 가브리엘 천사는 70이레는, 7이레, 62이레, 1이레의 세 기간으로 나누어 설명을 합니다(27절). 그리고 62이레 후에 두 가지 사건이 나타납니다. ① 기름부음을 받은 자가 끊어져 없어질 것입니다(메시아의 죽음 예언: 사 53:8절). ② 장차 한 왕의 백성이 와서 그 성읍과 성소를 훼파

하리라는 것입니다(주후 70년 디도장군이 파괴함). 그래서 예수님의 오심과 십자가의 죽으심, 예루살렘의 멸망과 말세에 성도들이 당할 환난을 보여주고, 예수의 재림이라는 한 정점을 향해 나아가고 있습니다.

· 함께 읽어요 : 다니엘 9장 25절

"그러므로 너는 깨달아 알지니라. 예루살렘을 중건하라는 영이 날 때부터 기름부음을 받은 자 곧 왕이 일어나기까지 일곱 이레와 예순두 이레가 지날 것이요 그 곤란한 동안에 성이 중건되어 광장과 거리가 세워질 것이며"

3. 마지막 한 이레에 있을 예언이 성취될 것입니다(단 9:27).

마지막 한 이레에 대해서는 여러 가지 견해가 있습니다.

첫째는, 세대주의에 근거한 견해로서 문자적으로 종말의 7년 동안에 있을 기간으로 유대인에게만 해당된다는 것입니다.

둘째는, 이 기간이 문자 그대로 7년이 아니라 그저 상징적 의미로 환난의 시기이고, 그 환난의 대상도 유대인이 아니라 교회라는 것입니다.

즉 그리스도가 재림하시기 전에 교회가 겪게 될 환난의 시기라는 것입니다. 주목할 것은 적그리스도의 활동에 대한 묘사입니다. 예수 그리스도의 재림 직전의 마지막 7년 동안에 나타날 적그리스도는 그리스도를 흉내 내며 그분의 자리를 대신 차지하려고 시도할 것입니다.

그리스도가 그분의 백성에게 언약을 주셨던 것처럼 적그리스도 역시 사람들과 조약을 채결할 것입니다. 이레의 절반, 즉 그의 성공이 절정에 당할 즈음에 그는 마침내 예배행위를 금하며 자신의 본성을 드러낼 것입니다. 그러나 그들은 결국 하나님의 진노로 종말을 맞게 될 것입니다.

· 함께 읽어요 : 다니엘 9장 27절

"그가 장차 많은 사람들과 더불어 한 이레 동안의 언약을 굳게 맺고, 그가 그 이레의 절반에 제사와 예물을 금지할 것이며 또 포악하여 가증한 것이 날개를 의지하여 설 것이며, 또 이미 정한 종말까지 진노가 황폐하게 하는 자에게 쏟아지리라 하였느니라 하니라."

정리하는 말

성도 여러분! 하나님은 말씀을 통해 예언하시고, 그 약속대로 꼭 성취하십니다. 다니엘은 예레미야 선지자의 예언을 읽고 시기의 적중함을 알고 금식 기도했습니다. 그때 하나님께서 계시를 펼쳐보여 주셨습니다. 우리도 선지자들의 뛰어난 영적 통찰력을 본받아야 합니다. 그래서 하나님께서 움직이는 역사의 흐름을 이해하시기 바랍니다. 또한 영원한 구원을 주시고, 약속을 이루실 하나님을 기대하시기 바랍니다. 복음전파의 지상명령으로 역사의 계시를 여시는 하나님께 영광 돌리시기 바랍니다.

평가와 결심

1. 다니엘은 예레미야의 예언과 금식기도를 통해 무엇을 깨닫습니까?
   (단 9:1~6, 이스라엘의 포로기가 70년 만에 끝날 것임)
2. 다니엘이 금식기도 응답으로 받은 내용은 무엇입니까?
   (단 9:20~26, 칠십 이레의 환상을 통해 펼쳐질 역사의 계시 내용)
3. 다니엘이 받은 마지막 이레의 계시의 핵심은 무엇입니까?
   (단 9:27, 그리스도의 재림 직전에 나타날 적그리스도의 출현과 멸망)

주간 경건의 시간 <43> · 날마다 말씀과 함께

요일 / 내용	주일/월(Mon)	화(Tue)	수(Wed)	목(Thu)	금(Fri)	토(Sat)
찬송	83동 / 86동	254 / 186	268 / 202	286 / 218	320 / 350	336 / 383
성경	단 7 : / 단 8 :	단 9 : 1-19	단 9 : 20-27	단 10 :	단 11 :	단 12 :
적용	네 짐승 환상 / 이천 삼백 주야	다니엘의 기도	가브리엘의 환상 설명	은총 받은 사람	마지막 때까지	지혜 있는 자의 결국

* 세상을 살아가면서 신앙과 열정도 필요하고 중요하지만 근본적으로 성경에 근거한 믿음과 열정이 더 중요하다. <*Joseph Shin*>

11단원 감사 찬송의 달

제44과

고난 중에 감사 찬송

찬송 / 498, 456, 325 / 통 275, 509, 359
성경 / **시편 119:65-88**
요절 / **시편 119:67**
"고난 당하기 전에는 내가 그릇 행하였더니 이제는 주의 말씀을 지키나이다."
목표 / 고난 중에라도 감사하며 찬송하는 태도를 기른다.

시작하는 말

본문에서 시인은 '고난당한 것이 내게 유익이라'고 말하면서 이로 말미암아 '내가 주의 율례들을 배우게 되었다'고 고백합니다. 이 말씀은 신앙인들이 이 세상에서 겪는 고난이 결코 무익한 것이 아니라는 사실을 가르쳐 줍니다. 즉 '고난'은 하나님께 더 가까이 나아갈 수 있는 기회입니다. 하나님께서 주신 말씀을 더 깊이 묵상하며 깨달을 수 있는 기회입니다. 그래서 고난은 우리에게 오히려 전화위복이 될 것입니다.

본문을 요약하면 '하나님의 율법과 고난 가운데서 배우는 선한 지식'(시 119:65~72절)입니다. 여러분! 고난이 온다고 두려워하거나 움츠러들지 마시고 담대하게 나아가 고난을 극복하고 승리하시기 바랍니다.

오늘의 말씀

1. 하나님의 선하심에 대한 확신입니다(시 119:65~68).

본문에서 시인은 하나님의 선하심에 대한 확신을 고백합니다. "여호와여 주의 말씀대로 주의 종을 선대하셨나이다"(65절). 이 고백은 그가 형통할 때 드려진 기도가 아니라, 고난 받는 중에 나온 것입니다. 이 사실에 주목하시기 바랍니다. 그는 경험을 통하여 하나님의 모든 성품과 선하심에 대해 확신하고 확증했습니다. 그래서 자신이 고난에 처해 있어도 하나님을 철저하게 신뢰한 것입니다. 우리는 일반적으로 형통할 때 하나님의 성호를 찬양합니다. 여러분! 고난 중에도 하나님을 찾고, 그 선하심을 기대하며 영광과 찬양을 돌리시기 바랍니다.

· 함께 읽어요 : 시편 119편 67절
"고난 당하기 전에는 내가 그릇 행하였더니 이제는 주의 말씀을 지키나이다."

2. 고난을 통한 유익을 말씀하고 있습니다(시 119:69~72).

시인이 당하는 고난의 성격이 여기서 드러납니다. 그것은 악한 자가 그를 대적했습니다. 교만한 자가 거짓된 말로 그를 치려했던 것입니다. 그것은 곧 악의에 찬 중상모략이었습니다. 다른 사람들에게 이 시인을 모함하여 혐의를 뒤집어씌우는 것일 수도 있습니다. 혹은 시인 자신을 향하여 거짓말로 가득 찬 말을 진실인 것처럼 위장할 수도 있습니다.

그러나 시인은 교만한 자의 거짓 된 공격을 당하면서도 오히려 하나님을 더욱 신뢰하고 의지했습니다. 자신을 향하신 하나님의 선하신 뜻을 발견하고자 열망하고 사모했습니다. 그는 악인들이 옭아맨 계략을 하나님께서 풀어주실 것을 믿었습니다. 그가 지금까지 삶의 어렵고 힘든 과정에서 순간순간 지켜주신 하나님을 똑똑히 보았기 때문입니다.

이렇게 다윗처럼 간증 할 수 있다면, 그 어떤 역경과 환난과 파멸의 웅덩이라 할지라도 하나님께서 능히 건져 주실 줄 믿습니다.

시인은 고난의 껍질을 하나하나 벗긴 후, 마지막의 알맹이를 발견했던 것입니다. 고난이라는 포장은 아름다운 것은 아닙니다. 그러나 그 포장을 벗기면 벗길수록 하나님의 아름다운 계획과 인도하심을 발견하게 됩니다. 성도 여러분! 고난을 통하여 주님의 율례를 배우고, 오히려 유익함을 얻게 되시기를 소원합니다.

· 함께 읽어요 : 시편 119편 71절
"고난당한 것이 내게 유익이라 이로 말미암아 내가 주의 율례를 배우게 되었나이다."

3. 하나님의 율법과 영향력 있는 신앙입니다(시 119:73-80).

시인이 극심한 고난으로부터 구원되는 것은 단지 그의 신앙의 유익만을 위한 것이 아니었습니다. 하나님의 백성들에게도 은혜를 베풀기 위함입니다. 하나님께서 시인을 살리시고 회복시키는 것을 하나님의 백성들이 보고 깨닫게 하기 위함입니다. 그들까지도 하나님의 확실한 증거를 보고 기뻐하며 주님을 더욱 경외할 수 있게 했습니다. 그러므로 자신이 당하는 고난까지도 경건한 자들을 위한 좋은 본이 되고, 하나님의 증거가 되기를 소망하고 있습니다.

첫째로, 시인의 고난 중에 창조 신앙에 바탕을 둔 고백입니다(119:73절). 주의 손이 만들었다고 분명하게 창조 신앙을 고백하고 있습니다.

둘째로, 고난 중에 깨닫게 된 신앙적 안목입니다(119:74~75절). 고난 중에 자신을 구원하심이 그의 삶 전체에서 미쳐지고 있음을 압니다.

셋째로, 말씀에 근거하여 드리는 확신의 기도입니다(119:76~77절). 그는 분명히 하나님의 약속하신 말씀에 근거하여 확신에 찬 승리의 기도를 올리고 있습니다.

넷째로, 구원이 미치는 영향입니다(119:78~80절). 악인은 그가 완전히 죽음에 넘겨졌지만, 믿음으로 칭의를 받은 하나님의 백성들은 위대한 구원하심을 보게 됩니다.

· 함께 읽어요 : 시편 119편 80절
"내 마음으로 주의 율례들에 완전하게 하사 내가 수치를 당하지 아니하게 하소서."

정리하는 말

성도 여러분! 성도들이 세상에서 악인들에게 당하는 엄청난 고난과 공격도 무섭지만, 곁으로 다가와 위로해주는 척하면서 등을 치는 경우를 경계해야 합니다. 그러므로 주님은 제자들을 파송하면서 "양을 이리 가운데 보냄과 같도다. 뱀같이 지혜롭고 비둘기 같이 순결 하라" (마 10:16절)고 하셨습니다. 세상에서 환란을 당하나 담대 하라는 말씀과 함께 고난 중에 감사하면서 기뻐할 수 있기를 바랍니다. 고난의 이면에 축복이 임한다는 사실을 고대하면서 하나님께 영광 돌리시기를 축복합니다.

평가와 결심

1. 고난 중에라도 감사할 수 있었던 것은 무엇 때문입니까?
   (시 119:65~67, 하나님의 선하신 성품을 믿었기 때문)
2. 시인은 고난을 통해서 무엇을 배울 수 있게 되었습니까?
   (시 119:68~72, 주의 율례를 배우게 되었음)
3. 영향력 있는 신앙생활이란 무엇을 두고 하는 말입니까?
   (시 119:73~80, 구원하신 증거를 보고 주님을 경외하게 될 것)

주간 경건의 시간 <44> · 날마다 말씀과 함께

요일 / 내용	주일/월(Mon)	화(Tue)	수(Wed)	목(Thu)	금(Fri)	토(Sat)
찬송	73동 / 93동	401 / 457	423 / 213	421 / 210	436 / 493	292 / 415
성경	시 119 : 65-88 / 89-104절	105-120절	121-144절	145-176절	시 120 :	시 121 :
적용	고난의 유익/ 말씀의 맛	자원제물	정의와 공의 행함	일곱 번 찬양	로뎀나무 숯불	낮의 해 밤의 달

* 감사하며 받는 자에게는 풍성한 수확이 있다. <윌리엄 블레이크, 1757~1827, 영국 시인 예술가>

제45과

우리 편이신 여호와께 감사

찬송 / 438, 285, 545 / 통일 495, 209, 344

성경 / **시편 124:1-7**

요절 / **시편 124:1**

"이스라엘은 이제 말하기를 여호와께서 우리 편에 계시지 아니하셨더라면 우리가 어떻게 하였으랴?"

목표 / 여호와 하나님께서 우리 편이심을 믿고 감사하는 태도를 가진다.

시작하는 말

오늘의 본문은 이스라엘의 역사 속에서 수없이 체험한 하나님의 구원의 능력을, 부정적 가정을 통해 극적으로 회상하면서, 감격적으로 찬양하고 있습니다. 우리들은 불안한 현실 속에 살아가면서 지나간 과거를 돌아보며 불평과 원망에 사로잡혀 살아가기 쉽습니다. 그러나 여러분들의 삶의 현장에서 한 발자국 물러나 돌아보며 하나님의 구원을 회상해 보시기 바랍니다. 지금까지 역사하신 하나님의 은혜를 찬양하게 될 것입니다. 하나님은 현재도, 미래에도 변함없이 우리 편이 될 것입니다.

오늘의 말씀

1. 부정적 회고를 통한 신앙고백입니다(시 124:1-5).

이 시는 신앙공동체에 대한 감사 시(感謝 詩)입니다. 이 시는 하나님께서 위기와 재난의 때에 도움을 주시지 않았더라면 어떻게 되었을까? 이런 가정을 통하여 하나님의 도우심과 구원을 회상하고 있습니다. 시인은 이스라엘의 역사적 사건들을 회고하고 있지만, 그것은 모든 신앙인들이 자신의 이야기로 받아들일 수 있는 것입니다. 구원을 경험한 자라면 누구나 동일한 고백을 할 수밖에 없습니다. 사실 어떤 감당할 수 없을 정도의 어려움에 처하면 그 환경과 상황이 엄몰하는 홍수처럼 느껴집니다. 그러나 오직 구원의 하나님을 의지한다면, 하나님은 지금 우리 곁에 오셔서 도와주시고 능력을 베풀어 큰 힘이 되실 것입니다.

· 함께 읽어요 : 시편 124편 2절, 5절

"[2]사람들이 우리를 치러 일어날 때에 여호와께서 우리 편에 계시지 아니하셨더라면 [5]그 때에 넘치는 물이 우리 영혼을 삼켰을 것이라 할 것이로다."

2. 구원의 하나님께 대해 찬양과 감사로 고백합니다(시 124:6~7).

이제까지 시인은 부정적 가정을 통해 하나님의 구원의 위대하심을 부각시켰습니다. 이제 긍정적인 묘사를 통해 하나님께 대한 찬양과 감사의 고백을 합니다. 이 고백은 하나님의 구원, 곧 이스라엘 백성들의 구원 경험이 얼마나 불가사의한 기적이었는지를 드러내어 보여줍니다. 그리고 이를 통해 이스라엘 백성의 마음 깊이 심어주려고 했던 것입니다.

이스라엘을 공격했던 무리들로부터 그들이 구원을 얻은 것은 상식적으로 도저히 불가능한 일입니다. 하나님의 작정과 도우심이 없으면 있을 수 없는 것입니다. 따라서 그들의 구원은 기적 중의 기적이었습니다.

'우리를 ~에서 씹히지 않게 하신'이란 표현에서, 이스라엘의 대적을 노획물을 뼈째 삼켜버리는 사나운 짐승으로 표현하고 있습니다.

이스라엘이 아무 힘없는 연약한 동물이고 대적자는 게걸스럽게 먹이를 찾는 맹수로 대비시켜 표현하고 있습니다. '우리 혼이 ~ 올무가 끊어지므로'에서는 이스라엘을 사냥꾼의 올무에 걸려 전혀 헤어날 방도가 없는 가련한 새로 묘사하고 있습니다. 이러한 비유를 통해서 시인은 이스라엘의 구원 사건들은 그저 단순한 사건이거나 자연스런 것이 아니라, 곧 이적이며 하나님의 능력 외에는 설명할 길이 없습니다. 우리의 구원도 하나님의 섭리를 빼고는 어떻게 설명할 수 없습니다. 이스라엘의 구원 뿐 아니라, 우리의 구원도 이적이요, 기적입니다. 여러분! 이런 하나님의 구원의 사건을 감격하면서 찬양과 감사를 드리시기 바랍니다.

· 함께 읽어요 : 시편 124편 7절
"우리의 영혼이 사냥꾼의 올무에서 벗어난 새 같이 되었나니 올무가 끊어지므로 우리가 벗어났도다."

3. 구원을 경험 후, 강화된 신앙 고백이 있습니다(시 124:8).

하나님의 위대하신 구원 역사에 대한 직접적이고도 생생한 묘사로 이 시(詩)의 결론을 내리고 있습니다. 시인은 이 시의 서론에 두었음직한 구절을 결론으로 가서 싣고 있습니다.

우리가 믿는 창조주 하나님은 모든 권능을 가지셨습니다. 그러므로 하나님이 맹렬한 불, 엄몰하는 홍수, 사나운 짐승, 유능하고 교활한 사냥꾼과 같은 악한 대적자들을 물리치실 것입니다. 따라서, 자기 백성들을 능히 구원하실 것이라고 믿는 믿음은 당연한 것입니다.

창조와 구원 사이에는 모두 하나님의 권능이 그 중심에 있습니다. 하나님 안에 모든 역사가 존재하고 있습니다. 따라서, 하나님께서 인간 속에서 능력을 발휘하게 하는 것은, 오직 하나님을 신뢰하는 믿음뿐입니다. 하나님의 전지전능하심과 신앙인의 신뢰 안에서 대적자의 악한 계획과 권세는 허사가 되고 맙니다. 믿는 자의 삶은 하나님 안에 있는 능력을 붙들므로 더욱 견고하게 되어 질 것입니다. 여러분! 여러분의 삶 가운데 하나님의 도우심을 찾아 감사하시고 영광 돌리시기 바랍니다.

· 함께 읽어요 : 시편 124편 8절
"우리의 도움은 천지를 지으신 여호와의 이름에 있도다."

정리하는 말

성도 여러분! 우리가 섬기는 하나님! 창조주 하나님 안에 영원한 생명이 있고, 모든 능력과 도우심이 있습니다. 시인은 바로 그분이 '우리 편'이라고 고백합니다. 이 고백이 바로 성도들과 모든 크리스천들의 고백이어야 합니다. 왜냐하면, 그분은 '우리 편'이 되시기 위해 자신의 아들 예수 그리스도까지 십자가에 내어 주셔서, 보혈로 대속해 주셨으며, 우리를 하나님의 나라에 입성할 수 있도록 구원해 주셨기 때문입니다.

평가와 결심

1. 시인은 어떻게 표현함으로써 그분을 돋보이게 합니까?
   (시 124:1~5, 부정적인 회고를 통하여 감사함을 극대화시킴)
2. 시인은 긍정적인 묘사로 무엇을 표현하고 있습니까?
   (시 124:6~7, 구원의 하나님께 찬양과 감사를 표현함)
3. 시인이 경험한 후에 강화된 신앙고백은 무엇입니까?
   (시 124:8, 도움은 천지를 지으신 우리 편 하나님께 있다고 고백함)

주간 경건의 시간 <45> · 날마다 말씀과 함께

요일 / 내용	주일/월(Mon)	화(Tue)	수(Wed)	목(Thu)	금(Fri)	토(Sat)
찬송	85동 / 83동	325 / 359	543 / 342	496 / 260	220 / 278	314 / 511
성경	시 122 : / 시 123 :	시 124 :	시 125 :	시 126 :	시 127 :	시 128 :
적용	예루살렘 평안 / 상전의 손	우리 편에 계심	여호와 의지함	울며 씨를 뿌림	사랑하는 자에게 잠	안방의 아내

* 감사하며 받는 자에게 풍성한 수확이 있다.

<윌리엄 블레이크, 1757~1827, 영국 시인, 예술가>

제46과

여호와의 이름을 찬송하라

찬송 / 498, 456, 325 / 통 275, 509, 359
성경 / **시편** 135:1-21
요절 / **시편** 135:1
"할렐루야 여호와의 이름을 찬송하라 여호와의 종들아 찬송하라."
목표 / 여호와의 이름을 기뻐 찬송하는 태도를 기른다

시작하는 말

이 시편은 '찬양 시'로서 예배를 위한 것입니다. 시인은 찬양과 함께 인도자가 하나님에 대한 가르침, 그리고 하나님의 위대성을 찬양하고, 창조와 섭리, 구속과 선택 안에 나타난 '하나님의 주권'을 높이며, 계속해서 우상숭배의 허망함을 밝히고 있습니다. 따라서 이 시편은 예배의 본질적 성격과 동기, 그리고 그 구성을 잘 밝혀주고 있습니다. 오늘날 찬양을 하고 싶어 하는 분들 중에 예배를 소홀히 하는 분들이 있습니다. 이것은 가장 중요한 찬양의 목적과 의미를 놓치고 있기 때문입니다. 악기와 노래만을 기분에 맞춰 연주하고 있지는 않은지 살펴보시기 바랍니다.

오늘의 말씀

1. 예배는 하나님을 찬양하며 노래해야 합니다(시 135:1~4).

'예배'(禮拜)는 사람의 기분을 맞추는 것보다는 하나님을 찬양하고 노래하는 것입니다. 인간의 으뜸가는 의무는 '하나님을 예배'하는 것입니다. 인간이 찬송하고 노래할 때 '찬양의 중심'은 '하나님'이어야 합니다.

요즘 젊은이들이 가장 선호하는 것은 노래일 것입니다. 세상 가요들은 인생의 사랑과 이별, 인간의 희로애락이나 로맨틱한 이야기들을 세속적인 가사에 담아 음악(리듬, 멜로디, 화음)의 옷을 입혀 대중들에게 전달합니다. 복음성가는 기독교 복음적인 요소들을 담지만 본문에서처럼 시편가사를 담아 예배를 위해 작곡된 '시편 찬송가'가 예배에 적합합니다. 하나님께 영광 돌리는 예배 요소를 잘 갖추고 있기 때문입니다.

· 함께 읽어요 : 시편 135편 3절
"여호와를 찬송하라 여호와는 선하시며 그의 이름이 아름다우니 그의 이름을 찬양하라."

2. 하나님을 가르치는'예배 찬송'이어야 합니다(시 135:5~18).

찬양의 초청에 따라 찬양의 중심이 되는 하나님에 대한 가르침이 계속 됩니다. 하나님은 위대하신 예배의 대상이십니다.

첫째로, 창조주 하나님이십니다(5~7절). 시인은 먼저 하나님의 창조의 위대성을 가르칩니다. 여호와는 모든 신보다 크시기에 이스라엘에게 교만히 행하는 그들을 멸망시키고 이기셨습니다(출 18:11절).

둘째로, 구속의 하나님이십니다(8~12절). 시인은 출애굽 사건과 가나안 정복 사건을 통하여 일깨워 줍니다. 그들의 역사에서 그의 백성 이스라엘을 건지시고 구원하신 분이심을 증언하고 있습니다.

셋째로, 영원히 영광 받으실 하나님이십니다(13~14절). 시인은 계속해서 그 하나님만이 영원히 영광 받으실 분이심을 밝히고 있습니다. 여호와의 이름이 영원하여 대대에 이르고, 자기 백성을 긍휼히 여길 것입니다.

넷째로, 우상 숭배자를 향한 저주입니다(15~18절). 우상은 입이 있어도 말을 못하며, 귀가 있어도 듣지도 못하고, 인간의 수공으로 만들어진 우상들은 위대하신 하나님과는 결코 비교의 대상이 될 수 없음을 가르쳐 줍니다. 그 우상들을 만들고 신으로 섬기는 자들은 그 우상과 함께 불에 타고 망해서 소멸되어질 것입니다.

· 함께 읽어요 : 시편 135편 15~18절

"15열국의 우상은 은금이요 사람의 손으로 만든 것이라 16입이 있어도 말하지 못하며 눈이 있어도 보지 못하며 17귀가 있어도 듣지 못하며 그들의 입에는 아무 호흡도 없나니 18그것을 만든 자와 그것을 의지하는 자가 다 그것과 같으리로다."

3. 예배는 하나님을 향한 전심의 송축입니다(시 135:19~21).

본문에서 '예배'는 절정에 이르렀습니다. 이제 하나님을 향한 전심의 송축이 이어집니다. 이는 은혜 받은 회중들의 응답입니다. 여기서 '송축하다'는 말은 '축복하다'라는 의미입니다. 그러나 하나님을 위해 복을 빈다든지 하나님께 복을 내려줄 다른 존재가 있을 수도 없으므로, 이는 하나님을 높이고 기리는 것을 의미합니다.

'이스라엘 족속', '아론의 족속', '레위 족속', 그리고 '여호와를 경외하는 너희'는 서로 다른 직무와 역할을 맡았다 할지라도, 모두가 한마음 한뜻으로 하나님을 찬양하라고 강조하고 있습니다. 하나님의 위대성을 치하하고, 찬양하는 데는 모든 사람이 다 동원되어도 부족합니다. 모든 족속, 모든 지파 등이 다 모여 전심(全心)으로 하나님을 예배할 때 하나님께서는 그 합당한 영광을 받으실 것입니다. 시인은 최종적으로 그러한 예배를 받으시는 하나님은 그 백성들과 언약을 맺으신 성소, 곧 '예루살렘'에 거하신다고 말합니다. 그분은 언약의 중심지 '시온'에서 찬송을 받으시는 분입니다. 다시 강조하면, 하나님의 위대하심을 알고 그분의 구속의 은총과 선택을 받은 백성들을 통하여 영광을 받으실 것입니다. 이제 하나님께서 흠향하시는 예배를 깨달았습니까? 이제 그 영광과 찬양을 내 자신의 삶에 실어 전적으로 드려질 수 있기를 축복합니다.

· 함께 읽어요 : 시편 135편 21절

"예루살렘에 계시는 여호와는 시온에서 찬송을 받으실지어다 할렐루야"

정리하는 말

성도 여러분! 천지를 창조하시고 온 우주를 운행하시며 다스려 가시는 하나님을 찬양합시다! 그분은 온갖 거짓 신들을 심판하시는 분이시며, 전지전능한 분이시고, 세상만사를 관여하시고, 통치하시는 위대한 하나님입니다. 모든 피조물들이 하나님의 발아래 있듯이 다른 모든 신들을 지배하고 있다는 사실입니다. 여호와 하나님은 모든 신(神) 위에 신이십니다. 하나님의 성호로 모든 영광을 홀로 받으시기를 소원합니다.

평가와 결심

1. 천지 창조주 하나님께 드려야할 예배는 어떻게 해야 합니까?
   (시 135:1~4, 하나님을 찬양하고 기뻐 노래해야 함)
2. 예배를 통하여 드려지는 찬양은 어떻게 드려져야 합니까?
   (시 135:5~18, 하나님의 이름, 선택과 구원, 선하심을 가르쳐야 함)
3. 예배의 절정 부분에서 우리는 어떻게 해야 합니까?
   (시 135:19~21, 하나님을 향해 전심으로 송축해야 함)

주간 경건의 시간 <46> · 날마다 말씀과 함께

요일 / 내용	주일/월(Mon)	화(Tue)	수(Wed)	목(Thu)	금(Fri)	토(Sat)
찬송	83동 / 85동	363 / 479	356 / 396	382 / 432	423 / 213	430 / 456
성경	시 129: / 시 130:	시 131 :	시 132 :	시 133 :	시 134 :	시 135 :
적용	지붕의 풀 / 파수꾼의 아침	젖 뗀 아이	예배 하리로다	형제가 연합	여호와 송축	여호와 찬송

* 항상 네 감사하는 일을 처음에는 하늘에 하고, 다음에는 땅에 하라.

<데이비드 토머스, 1776~1850, 미국 농학자, 저술가>

제47과

전심으로 주께 감사하라

찬송 / 87, 250, 268 / 통 87, 182, 202
성경 / 시편 138:1-8
요절 / 시편 138:1
"내가 전심으로 주께 감사하며 신들 앞에서 주께 찬송하리이다."
목표 / 전심으로 주님께 감사하고 찬송하는 태도를 기른다.

시작하는 말

이 시편은 다윗의 시로서 전반적인 내용을 볼 때, 하나님께 감사드리기 위하여 이 시를 썼다는 것이 분명하게 들어나고 있습니다.

그리고 그 감사는 하나님의 인자하심과 성실하심을 직접 체험한 데서 우러나온 것입니다. 시인은 환난 중에서 하나님의 구원을 경험한 내용을 시로 표현하고 있습니다. 그는 평생을 통해서 하나님의 구원이 계속되어 궁극적으로 완성될 것을 확신합니다. 동시에 시인은 구원을 확신하는 자로서 하나님 앞에서의 삶의 자세를 재점검하고 있습니다. 본문 내용의 핵심은 전심을 다한 '감사의 고백'과 '구원의 확신'입니다.

오늘의 말씀

1. 하나님께 충만한 감사를 드리고 있습니다(시 138:1~3).

시인은 성전 앞뜰에서 성전을 향하여 하나님을 경배합니다. 그의 경배는 감사로 가득 차 있습니다. 시인은 전심(全心)으로 여호와께 감사하고 있습니다. 세상의 신들과는 비교할 수도 없으신 위대하신 천지의 주재이십니다. 주의 '인자하심'과 '성실하심'을 인하여 '주의 이름'에 감사하고 있습니다. 이는 '언약에 신실'하시고 변치 않으시는 하나님이십니다. 이러한 시인의 경험은 그로 하여금 더할 수 없는 열렬한 감사의 심정으로 하나님을 사모하고 경배합니다. 그는 기도의 응답을 받았습니다. 이로써 구체적인 하나님으로 경험하고 인식하게 되었습니다.

· 함께 읽어요 : 시편 138편 3절
"내가 간구하는 날에 주께서 응답하시고 내 영혼에 힘을 주어 나를 강하게 하셨나이다."

2. 하나님께 대한 감사가 점점 확대되어 집니다(시 138:4~6).

시인은 역사적인 사건에서 하나님께 대한 감사를 확대해 나갑니다. 이는 그 자신의 감사의 열정이 극에 달하게 하는 것입니다. 그 내용은 하나님께 드리는 왕들의 감사와 찬양입니다. 모든 시들을 쓸모없는 것으로 여길 수 있을 만큼 위대하신 하나님의 인자와 성실하심은, 시인 한 개인의 감사보다 더 큰 감사와 찬양을 받으셔야 마땅합니다. 하나님의 그 본성(인자하심, 성실하심), 그 약속과 성취, 그 모든 것을 행하실 수 있는 능력, 놀라운 행적 가운데 계시된 그분의 이름을 생각해 볼 때, 그분의 영광은 땅의 열 왕들을 총동원하여 찬양을 드려도 언제나 부족합니다. 충분하지 않습니다.

하나님은 높은 데 계셔서, 낮은 데 거하는 인생들의 모든 속사정들을 속속들이 살펴보시며 도와주시고 역사하십니다. 항상 동행하시고 우리의 감정에 동감해 주시며 위로해 주시고, 궁극적으로 구원해 주십니다. 하나님은 세상 왕들이나 지도자들과 비교할 수 없습니다. 하나님의 영이 우리를 만지사, 우리의 간구를 간과치 않으시고 응답해 주십니다. 세밀하심과 인자하심으로 간섭하셔서 해결해 주십니다.

· 함께 읽어요 : 시편 138편 6절

"여호와께서는 높이 계셔도 낮은 자를 굽어살피시며 멀리서도 교만한 자를 아심 이니 이다."

3. 시인은 궁극적인 구원을 확신합니다(시 138:7~8).

시인은 인자하시고 성실하신 하나님께 구원받은 자신의 경험을 모든 민족과 왕들에 대한 하나님의 구원의 부분으로 이해합니다. 그것을 전 세계를 향한 하나님의 구원 계시로 확장시켰습니다. 그런 후 이제 그는 자신의 구원에 대하여 신앙적 확신을 표명합니다. 원수들의 노를 막으시며 주의 오른손이 그를 구원했다고 고백합니다. 그는 경험을 통하여 삶의 비결을 배웠습니다. 인간이 할 수 있는 최선은 영광의 하나님 앞에 자신을 낮추는 것이며, 겸손한 가운데 그분을 의지하는 것임을 가르쳐 줍니다. 능력과 구원은 하나님의 것이라고 강조합니다. 시인은 '손을 펴사' 또는 '오른손' 등으로 묘사하고 있습니다. 이것은 위대하신 하나님의 권능을 표현하고 있는 것입니다.

시인은 하나님이 어떤 분이심을 알고 있었습니다. 그래서 하나님께서 행사하시는 구원을 더욱 신뢰할 수 있었습니다. 그는 자신의 생애를 통해 하나님의 구원 섭리가 그 목적대로 완전케 된다는 사실을 고백합니다. 시인은 하나님께 더욱 가까이 나아갑니다. 그는 간절히 하나님께 간구했습니다. 자신의 전 생애를 통해서 끊이지 않는 궁극적인 구원의 하나님을 잊을 수 없습니다. 그래서 은혜의 하나님을 만나고자 갈구하며 온 맘 다해 섬기고 교제하는, 헌신의 결단을 표현하고 있는 것입니다. 여러분! 우리도 생명의 은인인 주님을 잊지 말고 더욱 사랑합시다.

· 함께 읽어요 : 시편 138편 8절

"여호와께서 나를 위하여 보상해 주시리이다. 여호와여 주의 인자하심이 영원하오니 주의 손으로 지으신 것을 버리지 마옵소서."

정리하는 말

성도 여러분! 여러분도 과거에 하나님께서 구원해 주신 개인적인 간증이 있을 것입니다. 어려움에 처했을 때 기도 응답으로 피할 길을 열어 주셨던 때도 있었을 것입니다. 하나님께서는 허물어져가는 한 사회를, 한 민족을, 한 국가를 구원하시기도 하고, 대적을 멸하신 분이십니다. 지구상 마지막 분단국가인 남과 북을 이제 하나님께서 십자가 복음으로 통일시켜 주실 것입니다. 세계 선교 민족으로 우뚝 세워주실 것입니다. 이날을 위해 하나님께 전심으로 감사하며 영광 돌리시기를 소원합니다.

평가와 결심

1. 시인은 성전 뜰 앞에서 하나님께 무엇을 하고 있습니까?
   (시 138:1~3, 하나님을 향하여 충만한 감사를 드리고 있음)
2. 시인의 이러한 감사가 점점 어떻게 전개되고 있습니까?
   (시 138:4~6, 역사적으로 회상된 감사가 모든 나라 열 왕까지 확대됨)
3. 시인은 총체적으로 하나님께 무엇을 확신하고 있습니까?
   (시 138:7~8, 하나님의 궁극적인 구원을 확신하고 있음)

주간 경건의 시간 <47> · 날마다 말씀과 함께

요일 / 내용	주일/월(Mon)	화(Tue)	수(Wed)	목(Thu)	금(Fri)	토(Sat)
찬송	78동 / 83동	219 / 279	255 / 187	295 / 417	357 / 397	410 / 468
성경	시 136 / 시 137:	시 138 :	시 139 :	시 140 :	시 141 :	시 142 :
적용	주께 감사할/ 버드나무 수금	전심으로 주께 감사	새벽 날개	고난당한 자 변호	나의 기도	여호와는 나의 분깃

* 감사할 줄 모르는 자식을 갖는다는 것은 뱀의 이에 물리는 것보다 더 따가운 일이다.
<윌리엄 셰익스피어, 1564~1616. 영국 시인, 극작가>

12단원 영광 찬양의 달

제48과

여호와의 영광을 회복하라

찬송 / 251, 255, 286 / 통 137, 187, 218

성경 / **에스겔 1:1-28**

요절 / **에스겔 1:28**

"그 사방 광채의 모양은 비 오는 날 구름에 있는 무지개 같으니 이는 여호와의 영광의 형상의 모양이라 내가 보고 엎드려 말씀하시는 이의 음성을 들으니라."

목표 / 이 나라와 한국교회에 여호와 하나님의 영광을 회복하도록 한다.

시작하는 말

에스겔서는 먼 이방의 포로지 절망의 땅 바벨론의 그발 강 가에서 사랑하는 조국을 그리워하며 시작되고 있습니다. 사실 당시 이스라엘 백성들은 포로지인 그발 강 가에서 절망적인 처지라고 생각했을 것입니다. 그러나 하나님께서는 그들의 생각이 잘못되었다는 것을 깨우치고 새로운 소망을 주시기 위해 절망의 땅, 바벨론의 그발 강 가로 찾아가셨습니다. 이상 중에 에스겔을 선지자로 부르시고, 파수꾼의 사명을 부여하심으로 자신의 백성들에게 여호와의 영광을 회복하라고 했습니다.

오늘의 말씀

1. 에스겔에게 하나님의 이상이 나타났습니다(겔 1:1~3).

본문에는 에스겔과 그의 메시지를 이해하는데 매우 중요한 근거가 되는 내용이 담겨 있습니다. 그것은 에스겔에게 하나님의 이상이 나타난 때와 장소, 그리고 하나님의 이상을 본 인물에 대한 구체적 내용들이 등장합니다. 그래서 많은 환상과 비유와 상징으로 가득 차 이해하기 어려운 본서를 해석하는 데 도움을 주고 있습니다.

하나님의 이상이 슬픔과 고통에 처한 이스라엘과 에스겔에게 위기와 시련의 상황이 닥칠 때, 오히려 이를 믿음에 대한 연단으로 사용하셨습니다. 우리는 이런 연단을 통해 하나님께서 이루고자 하시는 뜻이 무엇인지 살피며 순종하는 자세가 필요한 것입니다.

· 함께 읽어요 : 에스겔 1장 3절
"갈대아 땅 그발 강 가에서 여호와의 말씀이 부시의 아들 제사장 나 에스겔에게 특별히 임하고 여호와의 권능이 내 위에 있으니라."

2. 에스겔에게 보인 하나님의 이상이 있습니다(겔 1:4~21).

첫째로, 에스겔에게 보인 하나님의 이상(異象)은 북방에서부터 몰려오는 큰 폭풍과 구름과 번쩍번쩍하는 불과 사면에 비취는 빛과 불 속의 단쇠(빛나는 금속) 같은 것이 나타나 보입니다. 주목해야 할 사실은 두 가지입니다. ① 북방으로부터 왔습니다. ② 폭풍과 구름과 불과 빛 같은 것이 보였습니다. 이같은 이상은 하나님의 나타나심을 알리는 첫 광경입니다. 여기서 폭풍, 구름, 불, 번개, 바람, 빛 등은 하나님의 나타나심에 동반되는 초자연적인 현상입니다.

둘째로, 네 생물의 형상입니다(1:5~14절). ① 첫 번째 묘사입니다(5~11절). 앞은 사람, 우편은 사자, 좌편은 소, 뒤는 독수리로서 탁월한 특성과 위대함을 부여받은 존재들입니다. 이들 모두는 어디까지나 하나님의 병거 아래 놓일 뿐입니다. ② 네 생물은 얼굴의 수와 같이 각기 네 개의 날개(총 16개)를 가지고 있었습니다. 생물의 움직임은 돌이킴 없이 앞으로 곧게 행했습니다(9, 12, 14절). 신이 가는 데로 따라갔습니다. 번개같이 빨랐습니다. ③ 두 번째 묘사(5, 13절)에서 사람의 모양 같았습니다. 숯불과 횃불의 모양 같았습니다. 생물 사이로 불이 오르락내리락 하는 가운데 빛이 발하고 번개가 나는 것 같았습니다. ④ 네 바퀴의 형상입니다(1:15~21절). 네 생물에 관한 이상을 본 후에, 에스겔은 이어서 네 바퀴에 관한 이상인데, 이 내용의 요점은 하나님의 신을 따라 네 생물과 네 바퀴가 일사불란하게 움직였다는 것입니다.

· 함께 읽어요 : 에스겔 1장 20절
"영이 어떤 쪽으로 가면 생물들도 영이 가려 하는 곳으로 가고 바퀴들도 그 곁에서 들리니 이는 생물의 영이 그 바퀴들 가운데에 있음이니라."

3. 여호와 하나님의 이상의 중심은 '보좌의 형상'입니다(겔 1:26~28).

생물들이 정지하고 그들의 날개 소리가 멈추었을 때, 마침내 에스겔은 이상의 중심(초점)을 볼 수 있었습니다. 그것은 '보좌의 형상'이었습니다. 즉 에스겔은 하나님의 보좌와 그 보좌에 앉으신 하나님의 형상을 보고, 그분의 음성을 들을 수 있었습니다. 네 생물을 앞세워 하늘 수레를 몰고 북방에서부터 지극히 높은 곳에 있었는데, 이것은 만물보다 뛰어나고, 만물을 주관하고, 만물을 살피셨습니다. 보좌의 형상은 남보석 같았습니다(26절). 사람의 모양 같은 한 형상입니다(26~28절). 에스겔의 눈은 마침내 이상 중의 이상, 곧 보좌에 앉으신 사람 모양 같은 한 형상을 보았는데, 하나님의 이상을 본 것일 뿐, 하나님을 본 것은 아닙니다. 무소부재하신 하나님에 관한 체험은 역사의 모든 시점과 세상의 모든 곳에서 가능합니다. 그러나 누구도 만물의 창조자 되시는 영광의 하나님을 눈으로 실제 볼 수 없습니다. 여러분! 항상 '여호와의 영광의 모양'을 새기면서 선민으로서 여호와의 영광의 회복을 사모하시기 바랍니다.

· 함께 읽어요 : 에스겔 1장 28절
"그 사방 광채의 모양은 비 오는 날 구름에 있는 무지개 같으니 이는 여호와의 영광의 형상의 모양이라 내가 보고 엎드려 말씀하시는 이의 음성을 들으니라."

정리하는 말

여러분! 이스라엘을 지키시고 인도하시고 보호하시는 하나님께서는 에스겔에게 이상을 보여 가르쳐주셨습니다. 유다는 우상숭배와 불순종으로 말미암아 예루살렘 성전은 불타버리고, 쓸 만한 사람이라면 바벨론에 포로로 잡혀가고 말았습니다. 하나님께서는 잃어버린 하나님의 영광을 회복하시기를 원하셨습니다. 에스겔을 통해서 하나님의 영광의 모습을 보여주면서 회복하고 계셨습니다. 하나님! 영원한 주의 영광을 간절히 소원합니다. 성도들에게 여호와의 영광을 회복하여 주시옵소서!

평가와 결심

1. 에스겔에게 보인 하나님의 이상의 목적이 무엇입니까?
   (겔 1:1~3, 연단을 통해 믿음으로 고난과 역경을 이기도록 하기 위함)
2. 에스겔에게 보인 네 생물의 움직임은 어떠했습니까?
   (겔 1:4~21, 돌이킴이 없이 곧게 행했고, 신을 따라 일사불란하게 움직임)
3. 에스겔이 본 바는 하나님의 무엇을 보았는가?
   (겔 1:22~28, 하나님의 형상을 본 것일 뿐 하나님을 본 건 아님)

주간 경건의 시간 <48> · 날마다 말씀과 함께

요일 / 내용	주일/월(Mon)	화(Tue)	수(Wed)	목(Thu)	금(Fri)	토(Sat)
찬송	73동 / 87동	384 / 434	421 / 210	441 / 498	452/ 505	380 / 424
성경	겔 1: / 2:	겔 3 :	겔 4 :	겔 5 :	겔 6 :	겔 7 :
적용	하나님의 모습 / 두루마리 책	주의 영	심백 구십일	양식을 끊을 것	칼을 피하여	정한 재앙

* 인간이 교만하면 교만할수록 그의 지반은 추악해지고 만다.

<레오 N. 톨스토이, 1828~1910, 러시아 작가>

12단원 영광 찬양의 달

제49과

여호와의 영광을 머물게 하라

찬송 / 357, 331, 325 / 통일 397, 375, 359

성경 / **에스겔 10:1-22**

요절 / **에스겔 10:4**

"여호와의 영광이 그룹에서 올라와 성전 문지방에 이르니 구름이 성전에 가득하며 여호와의 영화로운 광채가 뜰에 가득하였고"

목표 / **삶의 현실에서 여호와의 영광이 머물게 하는 태도를 기른다.**

시작하는 말

본장은 이상의 세 번째 부분으로서 하나님께서 예루살렘을 정결케 하기 위해 불로 심판하시고 그룹을 타고 예루살렘 성전을 떠나심으로써 그분의 영광을 거두어 가시는 것에 관한 이상입니다. 이같은 이상과 관련하여 에스겔은 1장에서 체험했던 여호와의 영광에 대한 기상을 반복하여 서술하고 있는데, 이는 '여호와의 영광'이 심판과 관련되어 있기 때문입니다. 본문의 내용은 '예루살렘에 대한 불 심판과 성전을 떠나는 여호와의 영광'입니다. 여러분! 여호와의 영광이 삶의 현실에서 가득하게 하시고, 교회와 가정마다 머물게 하시기 바랍니다.

오늘의 말씀

1. 예루살렘에 대한 불 심판입니다(겔 10:1~8).

에스겔은 앞서 체험한 이상들을 통해 예루살렘이 심판당해야 하는 이유를 인식하게 되었습니다. 그러한 인식을 통해 예루살렘에 대한 하나님의 심판이 필연적임을 알게 되었습니다.

첫째로, 보좌 형상이 나타납니다(10:1~8절). 심판은 보좌 형상이 나타남으로 시작되었습니다. 이 보좌는 위(位)와 영광과 통치를 의미합니다.

둘째로, 여호와께서 심판하십니다(2절). 하나님께서 보좌에 앉아 예루살렘에 대한 심판을 직접 주관하십니다.

셋째로, 여호와의 영광이 성전 문지방에 임했습니다(3~5절). 동편 문 입구에 여호와의 영광이 임한 것입니다.

넷째로, 예루살렘에 임할 불 심판이 이상으로 암시됩니다(6~8절). 이 말씀대로 예루살렘의 불 심판이 이르게 될 것입니다.

· 함께 읽어요 : 에스겔 10장 4절
"여호와의 영광이 그룹에서 올라와 성전 문지방에 이르니 구름이 성전에 가득하며 여호와의 영화로운 광채가 뜰에 가득하였고"

2. 하나님의 보좌를 구성하는 그룹들과 바퀴들입니다(겔 10:9~17).

에스겔의 주된 관심은 여전히 '하나님의 보좌'에 있었습니다. 그래서 그는 하나님의 보좌를 구성하고 있는 그룹들과 바퀴들에 대하여 자세히 묘사하고 있습니다. 하지만 그룹들과 바퀴들에 대한 묘사는 한두 가지의 세부적인 묘사를 제외하고는 이미 그발 강 가에서 체험한 첫 번째 이상에서 서술한 것들입니다.

첫째로, 네 바퀴입니다(9~13절). 하나님의 보좌 병거는 우리가 상상할 수 있는 것처럼 바퀴를 가지고 있었는데, 움직임은 곧장 앞으로 직진해 나갈 수 있었습니다.

둘째로, 네 그룹입니다(14~17절). 그룹(생물)과 바퀴의 행동은 완전히 일치했으니, 그룹의 영이 바퀴를 완전히 지배하고 있었기 때문입니다. 그들은 하나님의 영에 의하여 지배당하고 있었기 때문에, 결국 그룹과 바퀴로 구성된 하나님의 보좌 병거는 하나님의 뜻에 따라 하나님께서

가고자 하는 모든 곳으로 즉시 운행되어 갈 수 있었습니다.

· 함께 읽어요 : 에스겔 10장 17절
"그들이 서면 이들도 서고 그들이 올라가면 이들도 함께 올라가니 이는 생물의 영이 바퀴 가운데에 있음이더라."

3. 성전을 떠나시는 여호와의 영광입니다(겔 10:18~22).

에스겔의 관심은 줄곧 '여호와의 영광'에 있었습니다. 이제 그 영광이 예루살렘 성전을 떠나는 것을 보게 되었습니다. 에스겔은 매우 안타까운 마음으로 그러한 움직임을 지켜보았을 것입니다.

첫째로, 성전 문지방을 떠나 그룹들 위에 머뭅니다(18절). 하나님께서는 그룹을 떠나 성전 문지방 곧 성전의 동편 문 입구에 임했습니다(10:4절). 이제 성전을 빠져나가시려는 것을 보여줍니다.

둘째로, 여호와의 전으로 들어가는 동문에 머뭅니다(19절). 하나님께서 보좌 병거에 오르시자, 그룹들은 힘찬 날갯짓과 함께 하나님의 뜻을 따라(하나님의 영이 그룹들을 지배하고 있었기 때문에, 이것은 별다른 명령 없이도 아주 자연스럽게 이루어졌을 것입니다) 예루살렘 성전 안뜰의 문지방을 떠나 성전으로 들어가는 성전 동문으로 이동했습니다.

셋째로, 생물들과 그룹들입니다(20~22절). 에스겔은 그발 강 가에서 본 생물들과 지금 보고 있는 그룹들이 같은 존재임을 깨닫고, 그 사실을 거듭 말하고 있습니다. 이스라엘은 수없는 경고에도 죄와 멸망의 길로 달음질쳤습니다. 결국 하나님은 성전을 떠나십니다. 오늘날 교회마다 진정 하나님의 영광을 머물게 하려면, 인간의 방법을 과감히 버리십시오.

· 함께 읽어요 : 에스겔 10장 22절
"그 얼굴의 형상은 내가 그발 강 가에서 보던 얼굴이며 그 모양과 그 몸도 그러하며 각기 곧 앞으로 가더라."

정리하는 말

성도 여러분! 현대를 살아가는 하나님의 백성은 삶 속에서 하나님의 영광이 머물게 해야 합니다. 그래서 우리는 삶의 목적을 분명히 해야 합니다. 하나님께 소망을 둔 자들을 주님은 언제나 기억하시고, 구원해 주시고 축복하십니다. 여러분, 하나님의 독생자가 주신 은사를 기억하면서 이웃을 사랑하시기 바랍니다. 가난하고 어려움을 당한 자, 질병과 고통을 당하는 자를 외면하지 마시고, 주님을 대하듯 헌신 봉사하시기 바랍니다. 이것이 바로 하나님의 영광을 머물게 하는 큰 축복입니다.

평가와 결심

1. 에스겔에게 보인 하나님의 이상을 통해 무엇을 알 수 있습니까?
   (겔 10:1~8, 하나님의 불 심판의 필연성을 알 수 있음)
2. 네 그룹들과 네 바퀴는 누구의 지시에 의해 움직여집니까?
   (겔 10:9~17, 하나님의 영의 지시에 의해 움직여짐)
3. 무엇이 성전을 떠나고 있습니까?
   (고후 9:8~15, 여호와 하나님의 영광이 떠남)

주간 경건의 시간 <49> · 날마다 말씀과 함께

요일 / 내용	주일/월(Mon)	화(Tue)	수(Wed)	목(Thu)	금(Fri)	토(Sat)
찬송	87동/ 144동	331/ 375	314 / 511	254/ 186	273/ 331	527 / 317
성경	겔 8 : / 9 :	겔 10 :	겔 11 :	겔 12 :	겔 13 :	겔 14 :
적용	하나님 영광/ 이마에 표	여호와의 영광	여호와의 영	구가 보는 묵시	사람의 영혼 사냥	노아 다니엘 욥

* 그는 거의 모든 재능을 가졌으되 그것들을 사용할 수 있는 능력이 없는 사람 중의 하나였다.

<찰스 킹즐리, 1819~1875, 영국 성직자, 소설가>

제50과

안식일을 거룩하게 하라

찬송 / 43, 44, 46 / 통 57, 56, 58
성경 / 에스겔 20:10-26
요절 / 에스겔 20:20
"또 나의 안식일을 거룩하게 할지어다. 이것이 나와 너희 사이에 표징이 되어 내가 여호와 너희 하나님인 줄을 너희가 알게 하리라 하였노라."
목표 / 안식일(주일)을 거룩하게 지키는 태도로 살아가도록 한다.

시작하는 말

출애굽 후 이스라엘은 시내 산에서 율법을 받고, 가나안 정복에 대한 확실한 약속을 받습니다. 그럼에도 그들은 목전의 난관을 견디지 못하고 가데스 바네아 범죄사건(민수기 14장)으로 가나안 진입을 좌절당하게 됩니다. 그들의 40년간의 뼈아픈 광야 생활은 참회와 연단의 기회로 주어졌으며, 하나님의 각별하신 보호와 인도 하에 출애굽 제 2세대가 가나안 정복에 참여하게 됩니다. 그러나 계속된 백성의 죄악과 반역의 역사로 인해 예루살렘과 유다에 임할 '하나님의 심판'이 선포됩니다. 하나님의 규례를 멸시하고 우상을 섬기며 안식일을 더럽혔기 때문입니다. 에스겔을 통해서 무섭고 철저한 심판이 다가 올 것을 예고합니다.

오늘의 말씀

1. 출애굽 1세대와 하나님과의 관계입니다(겔 20:10~12).

본문은 특히 출애굽 1세대, 즉 애굽 땅에서 태어나고 자란 세대로서 가데스 바네아 반역 사건(민수기 14장)으로 인해 하나님의 징계를 받을 당시 20세 이상 된 사람들에 대한 역사입니다.

첫째로, 이스라엘을 향한 하나님의 관심과 배려입니다(10~12절). 이스라엘을 자기 백성으로 삼으신 하나님께서는 그들에게 지극한 관심을 가지고 자비를 베푸셨습니다.

둘째로, 하나님께 대한 이스라엘의 배역입니다(13절). 하나님의 관심과 배려에도 불구하고 이스라엘은 계속 하나님께 패역했습니다. '패역하다'라는 말은 '반역하고 거역하는 것'을 가리키는 말입니다.

① 율례를 준행하지 아니하고, 규례를 멸시함입니다.

② 안식일을 크게 더럽혔습니다.

· 함께 읽어요 : 에스겔 20장 12절

"또 내가 그들을 거룩하게 하는 여호와인 줄 알게 하려고 내 안식일을 주어 그들과 나 사이에 표징을 삼았노라."

2. 이스라엘에 대한 하나님의 자비와 용서입니다(겔 20:13~17).

이스라엘 백성과 지도자들의 패역함은 하나님의 분노를 일으켜 진멸당하기 충분한 것이었습니다. 그러나 하나님께서는 애굽 땅에서와 같이 이번에도 분노를 쏟지 않으셨습니다.

그 이유는 그들의 선함과 그들의 행위에 있지 아니했습니다. 우리들은 흔히 하나님께서 아주 멸하지 않으신 것을 자신들의 선행으로 돌릴 때가 많습니다. 그러나 그렇지 않습니다.

애굽의 우상들을 떠나지 아니했기에 그들에게 여호와 하나님의 분노를 쏟아 마땅함에도 참으시고 기다리셨습니다. 택한 민족을 위해 지도자 모세를 자라게 하시고 애굽의 학문과 기술을 익히게 하셨습니다. 그런 후에 모세를 통해 그들을 출애굽 시키신 것은 이방인의 눈앞에서 여호와 하나님의 이름을 더럽히지 아니하려 하심이었습니다. 이 모든 것이 하나님의 자비와 용서하심이었습니다.

· 함께 읽어요 : 에스겔 20장 16~17절

"[16]그들이 마음으로 우상을 따라 나의 규례를 업신여기며 나의 율례를 행하지 아니하며, 나의 안식일을 더럽혔음이라. [17]그러나 내가 그들을 아껴서 광야에서 멸하여 아주 없이하지 아니하였었노라."

3. 출애굽 2세대와 하나님과의 관계입니다(겔 20:18~26).

본문은 출애굽 2세대, 즉 가데스 바네아에서의 반역 사건(민수기 14장)으로 하나님의 징계를 받을 당시 2세 이하의 사람들로 옛 세대가 광야에서 죽어갈 때 새 세대를 형성한 자들에 대한 역사입니다. 그들은 이전 세대의 실패에서 교훈을 배우지 못했습니다. 그래서 그들은 이전 세대와 똑같았습니다.

첫째로, 이스라엘을 향한 하나님의 관심과 배려(18~20절)는 출애굽 2세대에 대해서도 이전 세대와 똑같은 관심을 가지고 배려했습니다.

둘째로, 이들 출애굽 2세대들도 이전 세대와 똑같이 율법을 거역하고 안식일을 더럽혔습니다. 그 결과 하나님의 분노를 사 멸망당할 처지에 놓이게 되었습니다.

셋째로, 이들 또한 하나님 자신의 이름을 위하여 분노를 쏟지 않으셨습니다(8~9절; 13~17절). 끝까지 자기 백성을 인내로 지켜보셨습니다.

넷째로, 이스라엘에 대한 하나님의 분노와 징계입니다(23~26절).

이것은 여호와의 규례를 행치 아니하며 율례를 멸시하며, 안식일을 더럽히고 눈으로 그 조상의 우상들을 사모함 때문이었습니다. 하나님은 결국 분노하시고, 자기 백성을 사랑하시므로 징계할 수밖에 없었습니다.

· 함께 읽어요 : 에스겔 20장 26절

"그들이 장자를 다 화제로 드리는 그 예물로 내가 그들을 더럽혔음은 그들을 멸망하게 하여 나를 여호와인줄 알게 하려 하였음이라."

정리하는 말

사랑하는 성도 여러분! 이스라엘의 구원자이신 하나님께서 왜 그들을 바벨론에 포로로 내어주며, 이방 민족들에게 짓밟히도록 하셨겠습니까? 그들은 이방 사람들보다 더 극성스럽게 우상을 섬겼으며, 율례를 어겼습니다. 하나님은 출애굽 1세대나 2세대에게 똑같은 배려와 관심을 두셨지만 그들은 실망스럽게도 하나님께 불순종했습니다. 그 결과 여호와 하나님의 진노와 징계를 당하게 되었습니다. 거룩한 안식일을 잘 지키셔서 금생내세에 복 받는 축복의 주인공이 되시기를 주님의 이름으로 축원합니다.

평가와 결심

1. 하나님께서 출애굽 1세대를 향해서 가지신 것은 무엇입니까?
   (겔 20:10~12, 지극한 관심과 배려였음)
2. 하나님께서 출애굽 2세대를 향해서 가지신 것은 무엇입니까?
   (겔 20:13~17, 출애굽 1세대와 똑같은 관심과 배려를 가지셨음)
3. 출애굽 2세대를 향해서 가지셨던 기대가 어떻게 되었습니까?
   (겔 20:18~26, 율법을 거역하고 안식일을 더럽혀 분노와 징계를 당했음)

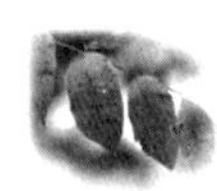

주간 경건의 시간 <50> · 날마다 말씀과 함께

요일 / 내용	주일/월(Mon)	화(Tue)	수(Wed)	목(Thu)	금(Fri)	토(Sat)
찬송	93동 / 91동	95 / 82	182 / 169	202 / 241	255 / 187	292 / 415
성경	겔 15 : / 16 :	겔 17 :	겔 18 :	겔 19 :	겔 20 :	겔 21 :
적용	포도나무 / 너는 피투성이	독수리와 포도나무	아버지의 죄악	슬픈 노래	이스라엘의 반역	여호와의 길

* 선물의 훌륭함을 그 가치에서 보다는 그것을 사용하는 데 있다.
<찰스 도드리 워너, 1829~1900, 미국 작가>

제51과

하나님의 영광 나타나리라

찬송 / 215, 331, 325 / 통일 354, 375, 359
성경 / 에스겔 28:1-22
요절 / 에스겔 28:22
"너는 이르기를 주 여호와께서 이같이 말씀하시되 시돈아 내가 너를 대적하나니 네 가운데에서 내 영광이 나타나리라 하셨다 하라 내가 그 가운데에서 심판을 행하여 내 거룩함을 나타낼 때에 무리가 나를 여호와인 줄을 알지라."
목표 / 가정과 교회, 나라에 여호와의 영광이 머물도록 하는 태도를 기른다.

시작하는 말

선지자 에스겔은 에스겔 26장과 27장에 이어서 본문에서도 두로를 향한 심판의 메시지를 전하고 있습니다. 한 마디로 두로의 교만이 여호와 하나님께 심판을 받게 되었고, 두로 왕을 위해 애가를 부르게 되었다는 말씀입니다. 두로 왕의 교만의 근원을 '사탄의 교만'과 연결시켜 밝히고 있습니다. 여러분! 하나님 앞에 겸손하시기 바랍니다. 교만은 패망의 선봉입니다. 이 말씀은 여러분들의 가정과 교회에도, 그리고 국가나 사회에도 마찬가지로 적용되고 있음을 명심하시기를 바랍니다.

오늘의 말씀

1. 두로 왕의 교만과 하나님의 심판입니다(겔 28:1~10).

에스겔은 지금까지 '두로'라는 국가에 대해서 하나님의 심판을 전했으나(26~27장), 여기서는 두로 왕을 지목하여 그의 교만에 대해 하나님의 심판이 있을 것임을 선언했습니다(7~10절).

첫째로, 두로 왕의 교만함입니다(2~6절). 에스겔이 이 메시지를 전할 당시, 즉 주전 586년경에 두로 왕은 엣바알 2세(Etbaal II)였습니다. 그는 "나는 신(神)이라 내가 하나님의 자리 곧 바다 중심에 앉았도다"라고 교만한 말을 했습니다.

둘째로, 하나님께서 두로 왕의 교만을 꺾습니다(7~10절). 하나님께서는 "너는 사람이요 신이 아니라"(2절)고 하시면서 그를 열방의 강포한 자를 통해 쳤습니다. 마치 할례 받지 않은 자와 같았습니다.

· 함께 읽어요 : 에스겔 28장 9절

"네가 너를 죽이는 자 앞에서도 내가 하나님이라고 말하겠느냐 너를 치는 자들 앞에서 사람일 뿐이요 신이 아니라."

2. 교만한 두로 왕을 위한 애가입니다(겔 28:11~19).

두로 왕에 대한 에스겔의 마지막 메시지는, 두로 왕의 죽음을 노래한 애가입니다. 그 내용은 구약의 '사탄론'을 반영하고 있다는 것입니다.

첫째로, 두로 왕의 온전한 상태입니다(12~14절). 그것은 타락하기 이전의 사탄의 상태입니다(12~14절).

둘째로, 두로 왕의 불의와 사탄의 타락입니다(15절). 아름답고 온전한 상태에 있던 두로 왕은 그것을 계속적으로 유지하는 데 실패했습니다. 권력이 강화되고 명예가 상승하며 재물이 쌓이자, 그는 온전함의 상태에서 벗어나 불의('불법' '악함')를 나타냈습니다. 그것은 교만에서 비롯된 것입니다(28:2~5절). 마찬가지로 처음 하나님께 지음 받던 날에, 흠 없이 완전한 천사의 상태였던 사탄도 자신의 완전함에 스스로 도취되었습니다. 자신이 하나님의 피조물인 것을 잊고 자신을 최고로 높였습니다. 심지어 자신을 하나님으로까지 생각했으며(28:2, 6절), 이것은 곧 하나님께 대한 반역이었습니다. 바로 그것이 교만의 극치에 이른 타락이었고 모든 불의의 시작이었습니다.

셋째로, 두로 왕의 몰락은 곧 사탄의 몰락입니다(16~19절). 하나님께서는 두로 왕과 사탄의 불의함에 대하여 심판하여 몰락케 하셨습니다.

· 함께 읽어요 : 에스겔 28장 17절

"네가 아름다우므로 마음이 교만하였으며, 네가 영화로우므로 네 지혜를 더럽혔음이여, 내가 너를 땅에 던져 왕들 앞에 두어 그들의 구경거리가 되게 하였도다."

3. 시돈에 대한 하나님의 심판의 경고입니다(겔 28:20~26).

본문에서는 두로의 자매 도시인 시돈에 대한 하나님의 심판이 선포되고 있습니다.

첫째로, 시돈을 심판함입니다(28:20~24절). 시돈(Sidon)은 가나안의 장자인 시돈의 후손들이 세운 성읍으로(창 10:15), 고대 베니게 성읍들 가운데서 가장 크고 오래된 지중해 연안의 유력한 항구도시입니다.

① 심판의 목적입니다(22절). 하나님께서는 자신을 '여호와'로 나타내시기 위해 시돈 사람들을 심판하시는 것입니다.

② 심판의 방법입니다(23절). 염병과 칼로 심판하실 것입니다.

③ 심판의 이유입니다(24절). 시돈은 이스라엘 사람들에게 '찌르는 가시', 즉 '아프게 하는 가시'가 된 것입니다.

둘째로, 이스라엘을 회복 하십니다(28:25~26절). 열국을 심판하시는 목적이 바로 이스라엘을 약속의 땅으로 인도하여 거주시키시고 회복시키시기 위함입니다. 이것은 하나님의 크신 사랑이요, 성도를 끝까지 붙들어 주시는 성도의 견인입니다. 이 모든 것이 하나님의 영광이 됩니다.

· 함께 읽어요 : 에스겔 28장 25절

"주 여호와께서 이같이 말씀하셨느니라. 내가 여러 민족 가운데에 흩어져 있는 이스라엘 족속을 모으고 그들로 말미암아 여러 나라의 눈앞에서 내 거룩함을 나타낼 때에 그들이 고국 땅 곧 내 종 야곱에게 준 땅에 거주할지라."

정리하는 말

사랑하는 성도 여러분! 12월은 하나님의 독생자 예수 그리스도께서 탄생하신 성탄절이 있어서 행복합니다. 이 땅에 '임마누엘' 되셔서 하나님이 우리와 함께 계심으로 '하나님의 영광이 나타나'는 놀랍고 의미 있는 달입니다. 금년 12월에도 성탄의 기쁨이 여러분의 가정과 교회에 임하셔서, 여호와 하나님의 영광이 높이 드러나는 놀라운 역사가 일어나기를 소원합니다. 살아계신 하나님! 사랑과 인자가 풍성하신 하나님께서 여러분들의 심령에 영광의 하나님으로 임재하시기를 축복합니다.

평가와 결심

1. 잘 나가던 두로 왕이 왜 심판을 자초했습니까?
   (겔 28:15~17, 불의함과 마음의 교만함으로 심판을 자초함)
2. 사탄이 왜 가장 높고 영화로운 곳에서 추락하고 말았습니까?
   (겔 28:13~17, 마음의 교만, 지혜를 더럽혔음, 여호와께서 땅에 던져버림)
3. 시돈이 심판은 받은 이유가 무엇이었습니까?
   (겔 28:20~26, 이스라엘 사람들을 찌르는 가시 곧 아프게 하는 가시가 됨)

주간 경건의 시간 <51> · 날마다 말씀과 함께

요일 / 내용	주일/월(Mon)	화(Tue)	수(Wed)	목(Thu)	금(Fri)	토(Sat)
찬송	74동 / 73동	421 / 210	508 / 270	524 / 313	534 / 324	538 / 327
성경	겔 22 : / 23 :	겔 24 :	겔 25 :	겔 26 :	겔 27 :	겔 28 :
적용	풀무 불 / 행음	녹슨 가마 예루살렘	모압 세일 심판	두로가 받을 심판	두로에 대한 애가	두로 왕 심판

* 우리 속에 성령이 살아 숨 쉴 때, 성령의 불에 의해 우리는 생동하게 된다.

< 오비디우스, B. C. 43~A. D. 18, 로마 시인 >

제52과

복된 소낙비를 내리리라

찬송 / 362, 365, 430 / 통 481, 484, 456
성경 / **에스겔 34:7-26**
요절 / **에스겔 34:26**

"내가 그들에게 복을 내리고 내 산 사방에 복을 내리며 때를 따라 소낙비를 내리되 복된 소낙비를 내리리라."

목표 / **하나님께서 복된 소낙비를 내리도록 주님을 앙망하며 살아간다.**

시작하는 말

예루살렘이 함락된 이후, 에스겔 선지자는 이스라엘의 회복과 구원이라는 새로운 메시지를 선포했습니다(33장~48장). 한편, 이스라엘의 회복을 말하기 전에 먼저 이스라엘이 하나님의 심판을 받아 멸망 받게 된 원인에 대해서 지적하고 있습니다. 그 원인을 거짓 목자들과 악한 양들의 비유를 통해 밝히고 있습니다. 즉 거짓 목자들과 악한 양들을 향한 심판의 경고와 이스라엘을 회복시킬 참 목자와 그 때에 이루어진 화평의 언약에 관한 내용을 다루고 있습니다. 하나님은 결국 선택한 백성들과 주님을 앙망하는 자에게 복된 소낙비를 내려주실 것입니다.

오늘의 말씀

1. 이스라엘을 거짓 목자들의 손에서 건져내리라(겔 34:1~10).

'목자'라는 말의 기본적인 의미는 '돌보다'입니다. 이는 '가축을 돌보는 사람'이라는 의미에서 나온 말입니다. 이처럼 목자는 양떼를 보살피고 인도하는 선한 일을 했습니다. 그렇기 때문에 하나님의 양떼, 즉 택한 백성인 이스라엘을 인도하고 돌보는 지도자들을 '목자'로 비유했습니다(사 44:28; 렘 2:8; 미 5:4~5). 그러나 거짓 목자들도 있었습니다. 그것은 ① 그들의 악행 때문입니다(2~6절). 그들은 자신들만 먹고, 살진 양을 잡아서 기름진 것을 먹고 양털 옷을 해 입었습니다. 그리고 양무리는 먹이지 않고 방치한 채 돌보지 않았습니다. ② 그들에 대한 하나님의 심판이 있을 것입니다(7~10절). 하나님이 그들의 손에서 건져주실 것입니다.

· 함께 읽어요 : 에스겔 34장 10절

"주 여호와께서 이같이 말씀하시되 내가 목자들을 대적하여 내 양 떼를 그들의 손에서 찾으리니 목자들이 양을 먹이지 못할 뿐 아니라 그들이 다시는 자기도 먹이지 못할지라. 내가 내 양을 그들의 입에서 건져내어서 다시는 그 먹이가 되지 아니하게 하리라."

2. 하나님은 선하신 참된 목자이십니다(겔 34:11~16).

하나님은 거짓 목자들을 심판하신 후에(7~10절), 친히 양무리의 목자가 되실 것이라고 선언했습니다. 참된 목자이신 하나님께서는 자신의 양무리를 다음과 같이 보살피십니다.

① 양을 찾고 찾으십니다. 선한 목자이신 하나님은 잃어진 양 한 마리라도 반드시 찾고 말 것입니다.

② 좋은 꼴을 먹이십니다. 참된 목자는 좋은 꼴을 찾아 떠납니다. 좀 더 좋은 것을 양에게 먹이기 위해 힘써 노력합니다.

③ 좋은 우리에 누워 있도록 하십니다. 양들에게 좋은 우리는 편안하고 안전한 곳을 말합니다. 그곳은 부족함이 없는 행복한 곳입니다.

④ 양무리를 정성껏 돌보십니다. 길을 잃고 헤매는 양을 제 길을 찾아 줍니다. 사나운 들짐승이 쫓아오면 목숨 걸고 지켜서 안전한 우리로 데려 옵니다. 가시에 찔리거나 돌부리에 걸려 넘어져 상처가 나면 싸매

줍니다. 병들면 치유하시고 온전하게 회복하도록 돌보아 줄 것입니다. 참된 목자이신 하나님께서는 자신의 양무리를 끝까지 지켜주시고 헌신적으로 보살펴 주실 것입니다. 항상 하나님을 사모하시기 바랍니다.

· 함께 읽어요 : 에스겔 34장 15절
"내가 친히 내 양의 목자가 되어 그것들을 누워 있게 할지라. 주 여호와의 말씀이니라."

3. 악의 세력을 물리치고, 복된 소낙비를 내리리라(겔 34:17~22).

성도 여러분! 선하고 참된 목자이신 하나님의 모습을 통해서(11~16절) 거짓 목자들의 죄악을 드러내고 심판할 것을 선언합니다(2~10절). 그 후 선지자는 양무리 속의 악한 양들에 대한 심판을 선언합니다. 이것은 이스라엘 백성들 사이에서 의로운 자와 불의한 자를 구별하겠다는 말입니다. 본문에서 에스겔은 이스라엘의 악한 양들, 즉 불의한 자들의 악행에 대해서 지적하고(18~19, 21절) 있습니다.

첫째로, 악한 양들에 대한 하나님의 심판을 선언합니다(20, 22절).

① 그들의 악행 때문입니다(18~19절, 21절). 남의 꼴을 발로 밟음, 남의 물을 발로 더럽힘, 약한 양을 어깨로 밀어뜨리고, 병든 양을 뿔로 받아 흩어지게 합니다. ② 그들에 대한 하나님의 심판입니다(20, 22절). 살진 양들, 곧 부요하고 강한 악한 양들을 힘없고 억압받는 파리한 양들로부터 구별합니다. 다시는 그들을 괴롭히거나 약탈하지 못하게 한다는 것입니다.

둘째로, 참 목자이신 메시야를 세우십니다(34:23~24절). 이상적인 목자, 즉 메시야이신 예수 그리스도를 가리킵니다. 여호와는 메시야를 우리의 왕이 되게 하시고, 세상의 빛이 되게 하사, 예수 그리스도를 통하여 사방에 복된 소낙비를 내려 축복하실 것입니다. 할렐루야!

· 함께 읽어요 : 에스겔 34장 26절
"내가 그들에게 복을 내리고 내 산 사방에 복을 내리며 때를 따라 소낙비를 내리되 복된 소낙비를 내리리라."

정리하는 말

여러분! 하나님께서 이스라엘의 거짓 목자들을 심판하시고(1~10절), 흩어진 양무리를 불러 모은 후에(11~16절), 악한 양들을 제거하시리라고 선포했습니다(17~22절). 이제 하나님께서는 남아 있는 양들을 위해서 한 이상적인 목자, 즉 참 목자를 세우실 것입니다. 선한 목자 되시는 하나님께서 때를 따라 복된 소낙비를 내려 주실 것입니다. 이 복된 나라에 하나님의 영광이 떠나시지 않도록 거룩한 하나님의 이름을 높여 찬양하시기 바랍니다.

평가와 결심

1. 선한 목자의 임무는 무엇입니까?
   (에스겔 34:1~10, 양 떼를 보살피고, 택한 백성을 보살피고 인도하는 일)
2. 참된 목자이신 하나님께서는 어떻게 하십니까?
   (에스겔 34:11~16, 양을 찾고, 좋은 꼴, 좋은 우리, 양무리 정성껏 보살핌)
3. 이상적인 목자, 참 목자는 누구이십니까?
   (에스겔 34:17~19, '메시야'이신 예수 그리스도이심)

주간 경건의 시간 <52> · 날마다 말씀과 함께

요일 / 내용	주일/월(Mon)	화(Tue)	수(Wed)	목(Thu)	금(Fri)	토(Sat)
찬송	89동 / 91동	432 / 462	441 / 498	461 / 519	494 / 188	535 / 325
성경	겔 29 : / 30 :	겔 31 :	겔 32 :	겔 33 :	겔 34 :	겔 35 :
적용	갈대 지팡이 / 애굽 심판	하나님의 동산	할례 받지 못한 자	파수꾼 나팔소리	살진 꼴	한을 품고

* 예술의 가장 고상한 승리는 가장 참되게 자연을 나타내는 것이다.
<나다나엘 파커 윌리스, 1806~1867, 미국 시인, 신문인>

제53과

새해마다 절기를 지켜라

찬송 / 240, 382, 353 / 통일 231, 432, 391
성경 / **에스더 9:11-32**
요절 / **에스더 9:21**
"한 규례를 세워 해마다 아달월 십사일과 십오일을 지키라."
목표 / 민족적인 생명의 회복과 희망의 날을 지켜 기념하는 태도를 기른다.

시작하는 말

대망의 새해가 밝았습니다. 새해에는 하나님의 은총 가운데 소원 성취하시기 바랍니다. 금년 한 해 새로운 마음가짐으로 시작하시고, 열심히 하나님을 섬기시기 바랍니다. 하나님은 여러분의 믿음을 보시고 축복하실 것입니다. 본문에 나오는 '부림 절기'는 유다 민족 전체가 죽음과 파멸 속에서 구원 받은 절기입니다. 그렇기 때문에 마음을 다잡고 살아가도록 이끌어주는 절기였습니다. 에스더 왕후를 비롯한 전 민족적인 기도는 새 역사의 희망을 열어주었습니다. 우리도 하나님이 주신 절기를 잘 지키고 충성 봉사하여 축복 받는 주인공이 되시길 바랍니다.

오늘의 말씀

1. 유다인들이 대적에게 원수 갚음을 했습니다(에 9:1-10).

하만의 조서가 반포된 두 달 열흘 후인 시완월(3월) 23일에 반포된 모르드개의 조서에 의해 유다인들을 다 처형될 지경이었습니다. 그러나 살아났습니다. 유다인들은 이제 꺼릴 것 없이 대적들에게 원수를 갚을 수 있었습니다. 다시 말해, 유다인을 미워하여 그들을 진멸하고자 계획한 대적들에게 마음대로 복수 할 수 있었습니다. 결국 아달월(12월)13일은 유다인 승리의 날이 되었습니다. 죽음의 문턱에서 기적적으로 살아났습니다. 유다인들이 자신들을 진멸하려던 그들에게 앙갚음을 하게 되었습니다. 대적들의 남겨진 재산도 유다인들이 손대지 않았으므로 모두 국가의 소유로 되돌아갔습니다. 하나님은 유다인들을 대신하여 대적들을 물리쳐 주셨습니다. 하나님은 지금도 살아 역사하심을 믿으시기 바랍니다.

· 함께 읽어요 : 에스더 8장 13절

"이 조서 초본을 각 지방에 전하고 각 민족에게 반포하고 유다인들에게 준비하였다가 그 날에 대적에게 원수를 갚게 한지라."

2. 유다인들을 죽이려던 자들이 죽음을 당했습니다(에 9:11-16).

첫째로, 유다인들을 대적하려던 자들이 죽임을 당했습니다.

① 도성 수산성에서 500명이 죽임을 당했습니다(11~12절). 국가의 중요한 일은 모두 왕에게 보고되어 나라의 역대 일기에 기록되는 바사의 관례에 따라 아달월(12월) 13일의 일, 즉 왕이 내린 두 개의 조서가 동시에 시행되는 그 날의 일도 왕에게 즉시 보고 되었을 것입니다.

② 에스더가 왕에게 두 가지 소원을 말함으로써, 더 연장하여 300명이 더 죽게 되었습니다(13~15절).

③ 바사의 각 도에서 75,000명이 죽었습니다(16절).

둘째로, 유다인들이 대적들에게 복수한 후에 잔치를 베풀고 즐겼습니다(9:17~19절).

바사의 도성인 수산에 살고 있는 유다인들은, 13절에 나타난 에스더의 특별한 요청과 왕의 허락에 따라 아달월 13일에 이어, 그 다음 날인

14일에도 함께 모여 대적들에게 원수를 갚았습니다. 그러고 나서 아달월 15일에 모두 쉬면서 기쁘게 잔치를 베풀었습니다.

· 함께 읽어요 : 에스더 9장 19절

"그러므로 시골의 유다인 곧 성이 없는 고을고을에 사는 자들이 아달월 십사일을 명절로 삼아 잔치를 베풀고 즐기며 서로 예물을 주더라."

3. 부림절이 제정되어 지키도록 했습니다(에 9:20-32).

모든 유다인들이 몰살당할 위기의 날에 그들은 오히려 대적들을 물리치고 크게 승리했습니다. 그래서 바사 땅의 모든 유다인들은 대적들에게 복수하고 죽음에서 구원받은 이 감격의 날에 기쁨으로 잔치를 베풀고 즐겼습니다. 도성 수산에서는 하루 더 연장하여 대적을 치도록 하락했습니다. 이렇게 13일과 14일에 모여 대적을 쳤습니다. 다음 날인 15일에 쉬면서 잔치를 베풀고 즐기면서 서로 예물을 주었습니다(9:17~19절).

첫째로, 모르드개가 부림절 제정하는 편지를 써 보냈습니다(9:20~28절). 유다인들이 모르드개의 보낸 글대로 '부림절'을 정하고 지키기로 작정했습니다(22~28절). 그 의미는 '브르=제비를 뽑다'라는 의미에서 왔습니다.

둘째로, 에스더가 부림절을 견고하게 했습니다(9:29~32절).

① 에스더가 둘째 편지를 써 보냅니다(29절).

② 화평하고 진실한 말로 편지를 써 보냅니다(30절).

③ 부림절에 금식할 것을 권합니다(31절).

④ 에스더의 편지가 부림절을 견고하게 합니다(32절).

· 함께 읽어요 : 에스더 9장 31~32절

"31정한 기간에 이 부림일을 지키게 하였으니 이는 유다인 모르드개와 왕후 에스더가 명령한 바와 유다인이 금식하며 부르짖은 것으로 말미암아 자기와 자기 자손을 위하여 정한 바가 있음이더라. 32에스더의 명령이 이 부림에 대한 일을 견고하게 하였고 그 일이 책에 기록되었더라."

정리하는 말

성도 여러분! 나라가 위기에 처할 때 기도하는 것은 크리스천의 사명입니다. 나라를 사랑하는 사람들의 기도는 헛되지 않고 참으로 소중한 것입니다. 유다인들이 하만의 계획에 따라 민족적인 위기에 처했을 때, 에스더 왕후와 유다 민족의 기도는 한 국가와 민족을 살렸습니다. 유다인을 민족적으로 살려주신 하나님의 놀라운 은혜는 역전승으로 이끌어 주셨습니다. 금년에도 특별한 절기를 지키면서 새로운 마음으로 새로운 한 해를 열어 가시고, 새로운 희망을 가지고 전진하시기를 축복합니다.

평가와 결심

1. 모르드개의 조서에 따라 유다인들은 어떻게 했습니까?
   (에 9:1~10, ① 담대히, ② 대적들을 쳐 죽였음)
2. 에스더 왕후의 특별한 호소를 따라 어떻게 했습니까?
   (에 9:11~16, ① 13일에 이어서, ② 14일에도 원수들에게 보복함)
3. 특별한 절기의 이름이 무엇이며 의미는 어디서 왔습니까?
   (에 9:17~32, ① 부림절, ② 제비를 뽑아 정한 날)

주간 경건의 시간 <53> · 날마다 말씀과 함께

요일 / 내용	주일/월(Mon)	화(Tue)	수(Wed)	목(Thu)	금(Fri)	토(Sat)
찬송	88동 / 89동	214 / 349	179 / 167	336 / 383	345 / 461	342 / 395
성경	에 6:1-14/7:1-10	에 8: 1-8	에 8: 9-17	에 9: 1-19	에 9: 20-32	에 10:
적용	모르드개 등극/ 하만의 몰락	유다 사람 살길 열림	즐거움과 기쁨	유다 대적 진멸	제비를 뽑아	모든 행적

* 상식은 사물을 있는 그대로 보는 재주이며, 응당 되어져야 할대로 일을 하는 재주이다.
< 캘빈 엘리스 스토우, 1802~1886, 미국 성직자>

13단원 교회절기 공과

제54과 고난절

예수, 십자가에 못 박히시다

찬송 / 217, 405, 546 / 통 362, 458, 399

성경 / **누가복음 23:8-38**

요절 / **누가복음 23:33**

"해골이라 하는 곳에 이르러 거기서 예수를 십자가에 못 박고 두 행악자도 그렇게 하니 하나는 우편에, 하나는 좌편에 있더라."

목표 / 예수 십자가의 고난이 대속인줄 이해 · 적용하는 태도를 가진다.

시작하는 말

우리가 예배시간마다 암송하고 있는 사도신경에서 우리는 "…빌라도에게 고난을 받으사 십자가에 못 박혀 죽으시고 …"라고 고백합니다. 본문 24절을 보면, "이에 빌라도가 그들이 구하는 대로 하기를 언도하고"라고 했습니다. 이사야 53장 5절에는 "그가 찔림은 우리의 허물 때문이요 그가 상함은 우리의 죄악 때문이라"고 그리스도의 고난 사건을 예언하고 있습니다. 불신자들과 구원 밖의 사람들에게는 그리스도의 고난이 관계가 없겠지만, 믿는 우리들에게는 우리 대속의 죽음을 죽으신 것이 분명합니다. 이를 하나님께 감사하며 영광 돌리시기를 바랍니다.

오늘의 말씀

1. 재판자 빌라도의 비겁한 행동을 봅니다(눅 23:13~16).

당시 유대의 총독인 빌라도는 그곳의 행정적, 재정적 관리자로서 로마 황제에 대신하여 직접적인 책임을 지고 있었습니다. 그는 행정과 정치적인 면에서 경험이 있는 유능한 사람이었습니다. 빌라도는 유다인들을 경멸했고, 유다인들 또한 빌라도를 경멸했습니다. 그가 유대의 통독이 되었을 때에 유대인들로부터 영원히 원망들을 만한 두 가지 일을 행했습니다. ① 그는 예루살렘에 공식 방문 시 깃대 끝에 독수리가 앉아있는 형상을 한 로마 군기를 앞세우고 입성했습니다. ② 그는 예루살렘을 위해 새로운 수로 공사를 착수했습니다. 그리고 공사 비용을 성전고(聖殿庫, 마 27:6)에 보관 중인 기물이나 예물로 조달하도록 했습니다. 유다인들로서는 생각할 수도 없는 일이 벌어진 것입니다.

· 함께 읽어요 : 누가복음 23장 15~16절

"[15]헤롯이 또한 그렇게 하여 그를 우리에게 도로 보내었도다. 보라 그가 행한 일에는 죽일 일이 없느니라. [16]그러므로 때려서 놓겠노라."

2.. 빌라도는 증거가 분명하나 타협하고, 굴복했습니다(눅 23:17-25).

빌라도는 이 사건 조사 결과에 잘못이 없는 예수를 이용해 자신을 보호하려 했습니다. 이 사실을 헤롯에게 보냈지만 헤롯도 예수님의 무죄를 확인했습니다. 예수님은 죽을 만한 죄룰 범한 일이 없었습니다.

빌라도는 명백한 증거가 있음에도 불구하고 진실을 버리고 타협하려고 했습니다.

그는 세상의 압력에 굴복하고 말았습니다.

① 그는 예수님의 무죄함을 알고 있었습니다(22절).

② 그는 예수님을 대적하는 백성의 큰 소리에 직면했습니다(23절).

③ 그는 세상적인 요구에 타협하고 양보했습니다(24절).

④ 그는 불의와 잘못과 죄가 집행되도록 허용하고 말았습니다(25절).

당시 최고 지도자였던 빌라도의 우유부단한 행동은 예수 그리스도를 십자가에 못을 박도록 내어주고 말았습니다.

· 함께 읽어요 : 누가복음 23장 24~25절

"[24]이에 빌라도가 그들이 구하는 대로 하기를 언도하고 [25]그들이 요구하는 자 곧 민란과 살인으로 말미암아 옥에 갇힌 자를 놓아주고 예수는 넘겨주어 그들의 뜻대로 하게 하니라."

3. 예수 그리스도를 십자가에 처형되도록 했습니다(눅 23:26-38).

여러분! 하나님의 아들 그리스도가 세상 법정에서 가장 극형인 십자가에 달리는 처형을 받았습니다. 예수 그리스도를 십자가에 못 박은 사건은 인류 역사상 가장 놀랍고 충격적인 사건이었습니다. 그것은 피조물인 인간이 그의 창조자를 죽인 사건이기 때문입니다.

첫째로, 구레네 시몬에게 그의 십자가를 지고 가도록 했습니다. 그는 유월절을 지키기 위해 온 순례자요. 힘겨워하시는 예수 대신 십자가를 지운 것입니다. 그는 알렉산더와 루포의 아버지였습니다(막 15:21).

둘째로, 예수님을 향한 애통하는 큰 무리들이 있었습니다(27절).

셋째로, 예루살렘 멸망에 대한 예언이 있었습니다(23:28~31절). 예수께서 범죄자들 같이 되셨으며, 죄인들 중 하나가 되신 것입니다.

넷째로, 십자가 처형은 죄와 사망의 절정이었습니다(23:33절). 세상에 계시면서 천국복음을 전파하셨습니다. 귀신들린 자들을 축사해 주셨고, 맹인들을 보게 하시고, 각종 질병에 시달리는 자들을 고쳐주셨습니다. 십자가에서 대속의 죽음, 고통을 받을 때 바위가 터지고 해가 빛을 잃었습니다. 그는 실로 우리의 질고를 지고 슬픔을 당하셨습니다. 그가 징계를 받음으로 우리는 평화를 누리고, 우리는 나음을 입은 것입니다. 십자가의 단회적인 사건으로 모든 믿는자가 구원에 이르게 된 것입니다.

· 함께 읽어요 : 이사야 53장 4절

"그는 실로 우리의 질고를 지고 우리의 슬픔을 당하였거늘 우리는 생각하기를 그는 징벌을 받아 하나님께 맞으며 고난을 당한다 하였노라."

정리하는 말

성도 여러분! 하나님의 아들이시며 천지의 주재이신 그리스도께서 피조물들의 손에 의해 십자가에 못 박혔습니다. 그의 죽음은 인간들을 구속하기 위한 대속의 죽음입니다. 그분은 살아계신 만왕의 왕, 만주의 주이신 그분을 세상은 조롱했습니다. 그러나 그분은 사망 권세를 이기시고 영광스러운 부활의 승리를 하셨습니다. 예수 그리스도의 발자국은 천국복음을 전한 발걸음이요, 그분의 손길은 만물을 새롭게 하셨습니다.

평가와 결심

1. 하나님의 아들 독생자가 누구에게 고난을 받으셨습니까?
   (눅 23:22~25, 로마 황제의 모든 권한을 대행한 빌라도에게)
2. 빌라도의 잘못이 무엇입니까?
   (눅 23:17~25, 예수의 무죄를 알고도 진실을 버리고 타협함)
3. 예수 그리스도의 십자가의 고난이 무엇을 의미하고 있습니까?
   (눅 23:26~38, 우리의 질고를 지시고 징계를 받음, 대속의 죽으심)

주간 경건의 시간 <54> · 날마다 말씀과 함께

요일 / 내용	주일/월(Mon)	화(Tue)	수(Wed)	목(Thu)	금(Fri)	토(Sat)
찬송	144동 / 146동	147 / 136	151 / 138	150 / 135	149 / 147	205 / 236
성경	마 26:1-30 / 31-46 :	마 26:47-75	마 27:1-26	마 27:27-66	눅 23:1-25	눅 23:26-56:
적용	마지막 만찬/ 겟세마네기도	세 번 부인	가룟 유다 최후	십자가 못 박히심	죄 없이 죽으심	기억 하소서

* 사랑이 적은 자는 기도도 없고, 사랑함이 많은 자는 기도도 많다. <성 어거스틴, 354~430, 힙포주교>

13단원 교회절기 공과

제55과. 부활절

예수 다시 사셨네!

찬송 / 161, 164, 165 / 통 159, 154, 155
성경 / 누가복음 24:1-12
요절 / 누가복음 24:6
"여기 계시지 않고 살아나셨느니라. 갈릴리에 계실 때에 너희에게 어떻게 말씀하셨는지를 기억하라."
목표 / 기독교가 생명의 종교임을 증명하는 부활을 전하는 태도를 기른다.

시작하는 말

부활주일은 기독교의 가장 큰 명절입니다. 왜냐하면 부활 없는 기독교는 있을 수 없기 때문입니다. 사도 바울은 부활장인 고린도전서 15장 14절에서 "그리스도께서 만일 다시 살아나지 못하셨으면 우리가 전파하는 것도 헛것이요, 또 너희 믿음도 헛것이며"라고 했습니다.

안식 후 첫날 새벽에 무덤에 찾아간 여인들은 깜짝 놀랐습니다. 장사지낸 예수님의 무덤이 비어 있었기 때문이었습니다. 빈 무덤의 발견이야말로 인류 역사상에 가장 감명 깊고 위대한 발견일 것입니다.

오늘의 말씀

1. 부활의 첫 증인들은 부활에 대해 증언하고 있습니다(눅 24:1-8).

사람이 살아가면서 눈을 의심할 때가 있습니다. 새벽에 예수님의 무덤을 찾아간 여인들이 바로 자신들의 눈을 의심하는 일이 벌어졌습니다. 예수님의 시신을 무덤에 묻고 큰 돌문으로 막아놓았던 사실을 분명히 보았기 때문일 것입니다.

첫째로, 그들은 예수님의 죽으심과 장사되심에 대한 실제적인 증인들이었습니다. 그들은 향품을 사서 예수님의 몸에 바르기 위해 갔습니다.

둘째로, 무덤 입구로부터 큰 돌이 굴려 옮겨져 있었습니다(24:2절).

셋째로, 무덤에는 예수님의 시신이 사라지고 없었습니다(24:3절).

넷째로, 두 천사에게서 메시지를 들었습니다(24:4~8절).

빛나고 눈부신 천사들은 "어찌하여 살아있는 자를 죽은 자 가운데서 찾느냐? 여기 계시지 않고 살아나셨느니라"라는 메시지를 줍니다.

· 함께 읽어요 : 누가복음 24장 6절

"여기 계시지 않고 살아나셨느니라. 갈릴리에 계실 때에 너희에게 어떻게 말씀하셨는지를 기억하라."

2. 본 여자들이 달려가 영광스러운 소식을 전했습니다(눅 24:4-8).

여자들은 살면서 깜짝 놀랄 일이 벌어진 사실을 감출수가 없었습니다. 그래서 제자들에게로 달려가 그들에게 빈 무덤을 본 사실대로 전했습니다. 이 소식을 들은 제자들은 하나같이 즉각적인 불신앙이었습니다. 그들은 회의와 불신의 영에 사로잡혀 있었습니다.

첫째로, 제자들에게는 변명의 여지가 없었습니다. 그리스도께서 자신의 죽음과 부활에 대해 여러 달 동안 그들에게 계속 반복하여 가르치신 바가 있기 때문입니다.

둘째로, 계속해서 베드로조차 불신앙이었습니다. 특별히 주님을 따랐던 베드로였는데 말입니다. 베드로의 마음은 그의 엄청난 실수에도 불구하고 여전히 주님께로 끌리고 있었습니다. 예수님의 시신이 없어졌다는 말을 듣자마자 무덤으로 달려갔습니다.

베드로는 무덤 안을 구푸려 살펴보았습니다. 예수님의 시신은 보이지 않고 세마포만 개켜져 한편에 놓여 져 있었습니다.

· 함께 읽어요 : 누가복음 24장 12절

"베드로는 일어나 무덤에 달려가서 구부려 들여다 보니 세마포만 보이는지라 그 된 일을 놀랍게 여기며 집으로 돌아가니라."

3. 제자들은 부활에 대해 마음의 눈이 닫혀있었습니다(눅 24:36~43).

엠마오로 내려가는 두 제자처럼 여전히 부활하신 주님을 마음으로 받아들이지 않고 있었습니다. 주님이 살아계셨을 때에 말씀하셨던 부활이 현실로 나타났을 때, 그들은 아직도 예루살렘 다락방 문이 닫혀 진 것처럼 그들의 마음 문은 닫혀져 있었습니다. 더욱 예수님의 빈 무덤을 확인하고 나서 더욱 더 그랬습니다. 두 제자가 엠마오로 내려가고 있었습니다. 주께서 동행하시나 깨닫지 못했습니다.

① 그들은 놀라고 무서워하여 그 보는 것을 영으로 생각했습니다.

② 예수님은 "어찌하여 두려워하며 마음에 의심하느냐"고 하십니다.

③ 손과 발을 보여 주며 구운 생선 한 토막을 드십니다.

④ 그리고 성경을 조목조목 설명하시면서 깨닫게 하십니다. 예수께서 그들을 데리고 베다니 앞까지 나가셔서 손을 들어 그들에게 축복 하실 때, 그들을 떠나 하늘로 올려졌습니다. 저자 누가는 데오빌로 각하에게 복음이 이루어진 사실들을 기록하여 보내고, 이어서 사도행전에서 "하늘로 올려지신 이 예수는 하늘로 가심을 본 그대로 오시리라"고 말씀하시며 하늘로 올려졌습니다. 예수 그리스도는 재림의 날에 그들이 본 그대로 이 땅에 오실 것입니다. 그 날을 기대하며 소망 가운데 살아가시기를 주님의 이름으로 축복합니다.

· 함께 읽어요 : 누가복음 24장 49절

"볼지어다. 내가 내 아버지께서 약속하신 것을 너희에게 보내리니 너희는 위로부터 능력으로 입혀질 때까지 이 성에 머물라 하시니라."

정리하는 말

성도 여러분! 현대 크리스천들이 제자들처럼 예수 그리스도의 가르치신 말씀을 잊은 채, 눈앞에 펼쳐지는 것들만 눈여겨보며 관심을 두고 있지는 않은지 생각해 보아야 합니다. 신구약 성경에서 가르친 교훈들은 눈에 보이는 그 이상의 메시지가 있습니다. 우리에게 부활과 영원한 생명을 주고 있습니다. 이 복음을 가정과 사회, 그리고 직장에서 살아계신 그리스도를 증거해야 할 것입니다. 오늘도 여러분들의 가정과 직장에 부활하신 그리스도의 교훈과 하나님의 영광이 충만하시기를 소원합니다.

평가와 결심

1. 예수 그리스도의 부활의 첫 증인들은 누구입니까?
   (눅 24:1, 예수님의 죽으심과 장사되심을 보고 새벽에 찾아간 여인들)
2. 첫 증인들이 제자들에게 전할 때 제자들의 반응은 어떠했습니까?
   (눅 24:4~8, 제자들 모두 불신앙이었음)
3. 부활하신 주와 동행하던 두 제자의 반응은 어떠했습니까?
   (눅 24:36~43, ①놀라고 ②무서워하여 ③영으로 생각함)

주간 경건의 시간 <55> · 날마다 말씀과 함께

내용 \ 요일	주일/월(Mon)	화(Tue)	수(Wed)	목(Thu)	금(Fri)	토(Sat)
찬송	86동 / 87동	161 / 159	164 / 154	254 / 186	165 / 155	167 / 157
성경	막 14:1-26 / 27-42	막 14:43-72	막 15:1-20	막 15:21-47	막 16:1-13	막 16:14-20
적용	향유 부음 / 겟세마네 기도	예수 잡히심	예수 심문 당하심	숨지시니라	부활의 첫 증인들	만민에게 복음전파

* 신앙과 열정은 어려서부터 자라야 그 사람의 일생을 지배하게 된다. <Joseph, Shin>

제56과 감 사 절

범사에 여호와께 감사하라

찬송 / 590, 588, 592 / 통 309, 307, 311
성경 / 시편 136:1-9
요절 / 시편 136:1
"여호와께 감사하라 그는 선하시며 그 인자하심이 영원함이로다."
목표 / 항상 하나님께 감사하는 태도를 가지고 살아가도록 한다.

시작하는 말

감사절은 감사를 가르치는 의미가 있습니다. 구약에서는 이스라엘 백성들이 1년에 세 차례 성전에 올라가 절기를 지키도록 했습니다. ① 애굽에서 나온 것을 기념하여 지키는 광복절과 같은 유월절, ② 보리농사를 거두어들이면서 처음 열매로 드리는 초실절 또는 맥추절, ③ 추수한 것을 거두어들이며 지키는 수장절 또는 장막절, 추수절입니다.

구약의 감사는 모든 시편마다 언급하고 있습니다. 감사는 하나님께 드려져야 합니다. 감사드림은 예배행위 중에 가장 중요한 요소입니다.

오늘의 말씀

1. 비길 데 없는, 창조주 하나님께 감사하라(시 136:1~9).

첫째로, 비길 데 없으신 하나님께 감사해야 합니다(시 136:1-3).

본 시편은 모든 구절들이 모두 다 두 부분으로 되어있습니다. 앞 부분과 뒷 부분이 서로 짝을 이루어 앞부분을 제사장 혹은 찬양대가 부르면, 뒷부분을 회중들이 답창(答唱)을 하는 형태의 시입니다. 명령적 교창(交唱)으로, 이러한 형식은 예배 시 매우 유용합니다. 전체적으로 이 시에는 이스라엘의 전형적인 신앙고백과 역사적 교훈을 담아 교육적인 의미도 있습니다. 교육의 주제와 내용은 비길 데 없이 높으신 하나님, 창조주 하나님께 감사해야 합니다. 큰 기사를 행하시는, 즉 하나님의 창조의 위대성과 인자하심을 찬양 드려야 합니다.

· 함께 읽어요 : 시편 136편 3~4절, 9절

"[3]주들 중에 뛰어난 주께 감사하라 그 인자하심이 영원함이로다. [4]홀로 큰 기이한 일들을 행하시는 이에게 감사하라 그 인자하심이 영원함이로다. [9]달과 별들로 밤을 주관하게 하신 이에게 감사하라 그 인자하심이 영원함이로다."

2. 역사의 주인이신 하나님께 감사하라(시 136:10~22).

창조와 섭리를 통하여 만물을 살리시고 구원하시는 창조주 하나님께서 역사의 주인이십니다. 하나님의 구원 역사는 창조의 위대한 행위와 연속성을 가집니다. 창조 행위와 그 운행을 통해 모든 만물에게 보편적인 은택을 주셨습니다. 이것을 일반은총이라고 합니다. 이런 감사는 감사의 중심 주제이며 감사의 큰 배경과도 같은 것입니다. 한편 특별한 하나님의 은혜 행위는 출애굽과 홍해 도하, 광야에서의 돌보심, 그리고 가나안 정복을 통해 나타납니다. 이 모든 사건들은 이스라엘 백성들이 몸소 겪은 것이지만 실상은 하나님의 특별하시고 위대하신 행위였습니다.

하나님께서 애굽과 가나안 왕들을 치신 것은 죄악에 대한 하나님의 공의로 볼 때 전혀 이상하지 않습니다. 이스라엘은 이 하나님의 사랑에 대해 감사하지 않을 수 없는 것입니다. 애굽과 가나안 왕을 심판하신 것도 하나님의 공의의 선하심을 만방에 보이신 것입니다. 그들에게만 심판이 국한된 것이 아니라는 것을 확실하게 보여 줍니다.

· 함께 읽어요 : 시편 136편 17절, 22절

"[17]큰 왕들을 치신 이에게 감사하라 그 인자하심이 영원함이로다. [22]곧 그 종 이스라엘에게 기업으로 주신 이에게 감사하라 그 인자하심이 영원함이로다."

3. 구원하시고, 베풀어 주시는 하나님께 감사하라(시 136:23~26).

시인은 창조의 역사와 구속의 장대한 극적 사건을 하나님의 선하시고 인자하심의 표증으로 엮어낸 후, 그 은혜의 성격을 다시 재조명합니다.

하나님의 은혜의 성격은 구원입니다. 우선 그것은 비천한 데서 건지시는 것입니다. 23절에 "우리를 비천한 가운데서도 기억해 주신 이에게 감사하라 그 인자하심이 영원하이로다." 이는 하나님께서 이스라엘의 비천함을 기억하신 것을 말합니다. 이는 그 백성에 대한 하나님의 끊임없는 관심과 신실성을 나타냅니다.

하나님께서는 모든 고난당한 자의 구원주시며, 인간의 역사를 구속하시는 분이라는 것입니다. 그리고 이러한 하나님의 은혜의 성격은 이스라엘 민족에 국한되지 않고 그를 믿는 모든 육체에게로 확대합니다.

하나님께서는 창조로부터 보편적 은혜의 하나님이심을 보여 주셨습니다. 이를 인식한 이스라엘 백성들에게 특별한 백성의 관계가 될 수 있도록 하셨습니다. 그 길은 택한 백성에게 지금도 열려 있습니다. 우리의 구원이시고 생명이신 하나님께 감사하시기 바랍니다. 비천한 가운데 기억해 주시고, 대적에게서 건져주신 하나님께 감사하시기 바랍니다. 하나님은 영원히 우리를 책임져 주시고, 영원히 인자하심으로 자비를 베푸실 것입니다.

· 함께 읽어요 : 시편 136편 23~26절

"[23]우리를 비천한 가운데에서도 기억해 주신 이에게 감사하라 그 인자하심이 영원함이로다. [24]우리를 우리의 대적에게서 건지신 이에게 감사하라. 그 인자하심이 영원함이로다. [25]모든 육체에게 먹을 것을 주신 이에게 감사하라. 그 인자하심이 영원함이로다. [26]하늘의 하나님께 감사하라 그 인자하심이 원함이로다."

정리하는 말

성도 여러분! 감사는 신앙 고백이며, 성도들의 믿음의 척도요, 표지라 할 수 있습니다. 감사의 생활화가 이루어져 여러분들의 가정에 교회에 하나님의 은혜와 복이 넘치시기를 축복합니다. “항상 기뻐하라, 쉬지 말고 기도하라, 범사에 감사하라, 이것이 그리스도 예수 안에서 너희를 향하신 하나님의 뜻이니라”(살전 5:16~18)고 했습니다. 하나님은 어제도, 오늘도, 내일도, 그리고 영원히 모든 만물의 은혜로운 공급자이십니다.

평가와 결심

1. 첫째로, 하나님은 어떤 분이시기에 감사해야 합니까?
   (시 136:1~3, 비길 데 없는 창조주 하나님)
2. 둘째로, 어떤 하나님에게 감사해야 합니까?
   (시 136:10~22, 역사의 주인이신 하나님)
3. 셋째로, 어떤 하나님이시기에 감사해야 합니까?
   (시 136:23~26, 구원과 공급의 하나님이심)

주간 경건의 시간 <56> · 날마다 말씀과 함께

요일 / 내용	주일/월(Mon)	화(Tue)	수(Wed)	목(Thu)	금(Fri)	토(Sat)
찬송	73동 / 74동	419 / 478	393 / 447	393 / 447	240 / 231	315 / 512
성경	시 135 : / 시 136 :	시 137 :	시 138 :	시 139 :	시 140 :	시 141 :
적용	송축하라 / 감사하라	시온의 노래	전심으로	주의 영을 떠나	변호해 주시며	나의 기도

* 참된 열심의 거룩한 불보다 더 아름답고 거룩한 것은 없다. 천국으로 가는 길은 그보다 더 많은데……. <Jean Baptiste Moliere>

13단원 교회절기 공과

제57과 성탄절1

그의 이름 임마누엘

찬송 / 101, 108, 126 / 통 106, 113, 126

성경 / **이사야 7:10-25**

요절 / **마태복음 1:23**

"보라 처녀가 잉태하여 아들을 낳을 것이요 그이 이름은 임마누엘이라 하리라 하셨으니 이를 번역한즉 하나님이 우리와 함께 계시다 함이라."

목표 / 임마누엘 하나님을 찬양하는 태도를 기른다.

시작하는 말

이사야의 예언의 말씀이 신약성경 마태복음 1장의 예수 그리스도의 탄생으로 성취되었음을 마태는 기록하고 있습니다. '임마누엘'은 인간 실존 속에 거하시는 하나님의 임재이십니다. 그것은 하나님을 찾고 의뢰하는 경건한 신앙인에게 힘과 도움이 됩니다. 헬라어로 임마누엘(*Eμμavouηλ*)은 '하나님이 우리와 함께 계시다'라는 뜻입니다. 신약에서 이 이름은 예수님의 이름과 동일시됩니다. 금년 성탄절에 여러분들의 가정에 '임마누엘'의 복이 임하시고 하나님이 함께 하시기를 축복합니다.

오늘의 말씀

1. '임마누엘'은 주의 사자가 현몽하여 가르쳐준 말씀입니다(마 1:23).

예수님의 육신의 아버지인 요셉이 마리아가 임신한 것을 알고는 가만히 결혼의 약속을 끊고자 생각했습니다. 그 때 주의 사자가 현몽하여 가르쳐준 말씀이 '임마누엘'입니다. 요셉이 스스로 오해하여 진실 되게 사랑하던 마리아를 버리고자 할 때, 하나님께서 천사를 통해 그의 잘못된 행동을 깨달을 수 있도록 하셨습니다. 인간은 하나님의 오묘하신 뜻을 잘못 오판할 때가 있습니다. 하나님께서는 요셉에게 주의 사자를 통해 하신 말씀처럼, '하나님이 우리와 함께 계신다'고 말씀하고 있습니다. 요셉에게 주신 하나님의 은총이 여러분들에게도 임하시길 축원합니다.

· 함께 읽어요 : 이사야 7장 14절

"그러므로 주께서 친히 징조를 너희에게 주실 것이라 보라 처녀가 잉태하여 아들을 낳을 것이요 그의 이름을 임마누엘이라 하리라."

2. 아하스 왕에게 임마누엘 징조로 안전할 것입니다(사 7:10~16).

암몬과 이스라엘 두 왕의 연합 공격으로 두려워하는 유다의 아하스 왕에게 사신을 보냈습니다. 하나님께서는 이사야와 그의 아들 스알야숩을 보내어, 그 두 나라의 도모가 성공하지 못할 것이니, 오직 믿음 안에서 굳게 서라고 하셨습니다. 그러나 아하스 왕은 그 말씀을 신뢰하지 못했습니다. 그래서 앗수르의 디글랏 빌레셋 왕에게 도움을 청해 위협에서 벗어나려 했습니다. 그 정황은 이러했습니다.

① 아하스 왕에게 징조를 구하라고 합니다(10~11절).

② 아하스 왕이 징조를 구하지 않겠다고 답변합니다.

③ 이사야가 아하스 왕을 꾸짖었습니다(13절).

④ 주께서 친히 임마누엘의 징조를 주셨습니다(14~16절). 주께서 주신 징조는 다윗 집에 주실 징조이니 "보라! 처녀가 잉태하여 아들을 낳을 것이요 그의 이름을 임마누엘이라 하리라"고 말씀하셨습니다.

이 예언은 동정녀에 의한 메시야의 탄생과 그분의 완전한 인성(人性)에 관해 말하고 있습니다(14~15절). 또한 이 예언은 당시 아하스 시대에 유다와 관련된 예언으로 북쪽 두 나라 아람과 이스라엘의 멸망을 이야기합니다(16절). 하나님의 예언은 반드시 이루어 질 것입니다.

· 함께 읽어요 : 이사야 7장 16절
"대저 이 아이가 악을 버리며 선을 택할 줄 알기 전에 네가 미워하는 두 왕의 땅이 황폐하게 되리라."

3. 군대의 침략으로 유다 국토가 황폐하게 될 것입니다(사 7:17-25).

유다를 공격했던 두 나라의 멸망에 이어, 이제 유다에 이루어질 일에 대해 예언됩니다.

첫째로, 앗수르 군대의 침략은 심각한 재앙을 초래할 것입니다(17절). 하나님을 의지하라는 말씀을 거절한 아하스와 유다 백성들에게 형벌이 가해질 것입니다.

둘째로, 애굽과 앗수르의 군대가 유다의 전국토를 짓밟을 것입니다(18~19절). 주께서는 '그 날에' 애굽과 앗수르의 군대를 부르실 것입니다.

셋째로, 앗수르 군대로 인해 큰 수치와 굴욕을 당할 것입니다(20절). 본문에는 애굽보다 앗수르가 더 위협적인 존재가 될 것이라고 합니다.

넷째로, 앗수르 군대의 침략으로 인구가 감소되고 궁핍해질 것입니다(21~22절). 본문은 계속해서 앗수르 군대로 인해 유다가 얼마나 황폐한 상황에 놓이게 될 것이며 인구가 감소하고 형편없이 궁핍해 질 것입니다.

다섯째로, 앗수르 군대의 침략으로 유다의 국토가 황폐하게 될 것입니다(23~25절). 비옥한 땅에서 곡식이 아니라, 찔레와 가시가 날 것이라는 말은 유다의 국토가 그렇게 황폐하게 될 것이라는 말입니다. 왕과 백성이 하나님을 의지하지 않는 죄로 형벌이 가해져, 유다의 국토가 황폐하게 될 것입니다. 우리의 생사화복의 하나님께 영광 돌리시고 충성하시기 바랍니다.

· 함께 읽어요 : 이사야 7장 24절
"온 땅에 찔레와 가시가 있으므로 화살과 활을 가지고 그리로 갈 것이요."

정리하는 말

여러분! 구약 이사야 시대의 예언이 놀랍게도 신약의 현실로 성취되었습니다. 하나님의 독생자의 탄생이 예언대로, 예수 그리스도를 통하여 '임마누엘'로 나타나신 것입니다(사 7:14절). 아하스 왕이 '임마누엘'의 징조를 구하지 않는다 해서, '임마누엘' 하나님의 탄생 계획이 취소되는 것도 아닙니다. 여러분들의 가정과 교회와 일터에 그리스도의 '임마누엘'의 축복이 임하셔서 하나님께 영광 돌리시기를 바랍니다.

평가와 결심

1. 주의 사자가 준' 임마누엘'이라는 말의 뜻은 무엇입니까?
   (마 1:23, 하나님이 우리와 함께 계시다는 뜻)
2. 아하스 왕이 징조를 구하라는 말에 무엇이라 대답했습니까?
   (사 7:11~12, 나는 구하지 않겠나이다. 여호와를 시험치 않겠나이다)
3. 앗수르 군대의 침략으로 유다는 어떻게 될 것입니까?
   (사 7:17~25, 큰 수치와 굴욕을 당하고, 국토가 황폐하게 될 것임)

주간 경건의 시간 <57> · 날마다 말씀과 함께

요일 / 내용	주일/월(Mon)	화(Tue)	수(Wed)	목(Thu)	금(Fri)	토(Sat)
찬송	122동 / 123동	108 / 113	109 / 109	104 / 104	126 / 126	125 / 125
성경	사 5 : / 사 6 :	사 7 :	사 8 :	사 9 :	사 10 :	사 11 :
적용	포도원 노래 / 그루터기	한 징조	함께 계획하라	평강의 왕	진노의 막대기	이새의 줄기

* 자기의 소망을 인간이나 피조물에 두는 것은 어리석은 일이다.
<토머스 아 켐피스, 1380~1471, 독일 학자, 성직자>

제58과 성탄절 2

그 이름을 예수라 하라

찬송 / 108, 122, 124 / 통 113, 122
성경 / **마태복음 1:18-25**
요절 / **마태복음 1:21**
"아들을 낳으리니 이름을 예수라 하라 이는 그가 자기 백성을 그들의 죄에서 구원할 자이심이라 하니라."
목표 / 그 이름 예수를 세상 만민에게 전하고, 찬양하는 태도를 기른다.

시작하는 말

마태복음 첫 부분에서 아브라함과 다윗의 자손 예수 그리스도의 계보를 소개합니다. 이어서 예수 그리스도의 나심을 소개하고 있습니다. 여기에 등장하는 인물은 예수의 어머니 마리아와 정혼한 요셉이 나옵니다. 특이한 역사적인 사실은 동거하기 전 마리아가 잉태되었다는 사실이 의로운 요셉에게는 큰 충격이요, 부담이 되었을 것입니다. 그러나 요셉은 지혜롭게 해결하기 위해서 가만히 끊고자했다는 것입니다.

인간 역사에 아기의 탄생은 큰 축복입니다. 하물며, 하나님의 아들의 출생이라는 것은 역사적 대 사건이고 참 기쁜 소식임에 틀림없으며, 우리 모두를 경이로운 세계로 이끌어 갑니다.

오늘의 말씀

1. 예수 그리스도의 탄생은 충격적인 소식입니다(마 1:18-25).

하나님의 아들 예수 그리스도의 탄생을 요한은 "말씀이 육신이 되어 우리 가운데 거하시매 그의 영광을 보니 아버지의 독생자의 영광이라" 고 표현했습니다(요 1:14). 예수님의 탄생은 성령으로 말미암았습니다(18절). 정혼한 요셉이 마리아의 임신 사실을 알게 되었습니다. 생물학적으로 보면, 큰 충격이요, 요셉을 배신한 것이나 다름없는 일이 벌어진 것입니다. 그럼에도 요셉은 마리아를 깊이 사랑하고 염려했습니다. 그는 오히려 마리아가 상처받지 않기를 바랐습니다. 그래서 그는 신중하게, 그리고 가만히 끊고자 하여 이제 실천에 옮기려 했습니다. 그러나 예수님의 탄생은 특별한 계시를 수반한 것입니다. 동정녀 탄생인 것입니다.

· 함께 읽어요 : 마태복음 1장 19절
"그의 남편 요셉은 의로운 사람이라 그를 드러내지 아니하고 가만히 끊고자 하여"

2. 예수님의 탄생은 특별한 계시를 수반합니다(마 1:20~21, 2:1~23).

요셉은 사리가 분명하고 신중한 사람입니다. "이 일을 생각할 때에" 이 구절에서 보듯이 그는 곤경에 처했을 때에, 혼자 고민하지 않고 하나님과 더불어 깊이 고민을 나누면서 기도했음이 엿보입니다.

신앙인들은 세상에서 불신자들과 같이 가정이나 일터에서 여러 가지 계획들을 세우고 실천하면서 사회생활을 하게 됩니다. 그래서 겉으로 보기에는 똑같아 보입니다. 그러나 위기에 처할 때, 그 행동 요령은 달라야 합니다. 심사숙고 하지 않으면 후회할 시간이 옵니다. 그러므로 항상 길이요 진리요 생명이신 주님의 지도를 따라야 합니다. 시편 기자는 "주의 말씀은 내 발에 등이요 내 길에 빛이니이다"(시 119:106절)라고 고백합니다. 시편 기자의 고백이 여러분의 고백이 되시기 바랍니다.

요셉이 이 일을 고민하고 생각할 때에 주의 사자가 현몽했습니다. 꿈에 나타나 보여 주셨습니다. 열심히 기도하는 자에게 고민이 깊어지고 신음할 때면 꿈에 보입니다. 기도가 없는 사람에게는 허무한 꿈일 수 있겠지만, 간절한 기도의 사람에게는 하나님의 지시하심일 수 있습니다.

요셉에게 뿐 아니라, 아기에게 예물을 드리고 돌아가려던 박사들에게도 미리 아시고 지시했기에 다른 길로 돌아갔습니다. 헤롯은 실패로 돌아갔다는 사실을 알고 그때를 기준하여 두 살 아래 영아들을 죽이라는 엄명을 내렸습니다. 그러나 아기 예수는 주의 사자의 지시하심을 받아 애굽으로 피난하여 헤롯이 죽기까지 거기 피신함으로 생명을 지켰습니다.

· 함께 읽어요 : 마태복음 2장 13절

"그들이 떠난 후에 주의 사자가 요셉에게 현몽하여 이르되 헤롯이 어기를 찾아 죽이려 하니 일어나 아기와 그의 어머니를 데리고 애굽으로 피하여 내가 네게 이르기까지 거기 있으라 하시니."

3. 예수님은 탄생 후에도 특별한 보호를 받습니다(마 2:1~23).

예수 그리스도는 탄생과 유아기나 어린 시절에 하나님의 특별한 보호가 필요했습니다. 하나님은 예수 그리스도의 탄생에서 자라기까지 숱한 대적의 공격에서 보호했습니다. 예수님의 공생애에서 성부 하나님과 성령께서 보호하시고 인도하심으로 천국복음을 전파하실 수 있었습니다. 주께서 구원의 사역을 감당하기까지 하나님의 섬세한 보살핌을 발견하게 됩니다.

하나님이 예수 그리스도께서 천국복음 전파하고 구속사역을 성공적으로 이루시도록 인도하시고 보호했듯이, 현재 여러분들의 신앙생활에서도 하나님의 보이지 않는 보호하심과 인도하심의 손길로 지켜주심을 믿으시기 바랍니다. 날마다 순간순간마다 주님과의 거룩한 영적 교통하심을 실천하시기 바랍니다. 그래야 신앙생활에 실패하지 않고 하나님께 영광 돌릴 수 있습니다. 항상 깨어 기도하시기 바랍니다. 주님 오실 때까지 선하신 주 하나님과 주 성령님의 인도하심을 갈망하면서 사시기를 소원합니다.

· 함께 읽어요 : 요한복음 14장 26절

"보혜사 곧 아버지께서 내 이름으로 보내실 성령 그가 너희에게 모든 것을 가르치고 내가 너희에게 말한 모든 것을 생각나게 하리라."

정리하는 말

여러분! 만왕의 왕 예수 그리스도께서 이 땅에 오셨습니다. 그것이 처음 오셨기에 초림입니다. 바로 첫 번째 성탄절입니다. 하나님의 아들이 오셔서 사탄 마귀의 계획을 다 무너뜨리시고, 십자가에서 대속의 죽음을 죽으신 후, 부활하심으로 사망권세를 물리치셨습니다. 승천하신 예수께서 있을 곳을 예비하신 후, 이 땅에 다시 오실 것입니다. 여러분! 예수님을 기다리면서 거룩한 삶으로 하나님께 영광을 돌리시기 바랍니다.

평가와 결심

1. 요한은 그리스도의 탄생을 어떻게 표현했습니까?
   (요 1:14, 말씀이 육신이 되어 오신 아버지의 독생자의 영광)
2. 예수 그리스도의 탄생은 우연이라고 생각하십니까?
   (마 1:20~21, 아니오, 하나님의 특별 계시를 수반합니다)
3. 세상에서 믿는 성도들이 누구처럼 어떤 도우심을 받습니까?
   (마 2:1~23, 아기 예수님처럼 특별한 인도와 보호를 받음)

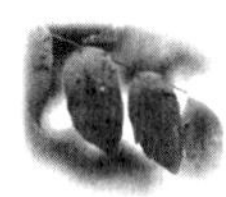

주간 경건의 시간 <58> · 날마다 말씀과 함께

요일 / 내용	주일/월(Mon)	화(Tue)	수(Wed)	목(Thu)	금(Fri)	토(Sat)
찬송	105동 / 104동	101 / 106	108 / 113	85 / 85	342 / 395	341 / 367
성경	마 1 : / 마 2 :	마 3 :	마 4 :	마 5 :	마 6 :	마 7 :
적용	예수님 계보 / 예수 탄생	예수 새례받음	시험 받으심	팔복	기도	비판하지 말라

* 인생에 있어서 가장 위대한 즐거움은 남을 사랑하는 것이다.

<윌리엄 템플 경, 1628~1699, 영국 정치인>

14단원 가정 예식

제59과 임종 예배

슬퍼하며 애통하다가

찬송 / 607, 608, 606 / 통 292, 295, 291

성경 / **창세기 23:1-20**

요절 / **창세기 23:2**

"사라가 가나안 땅 헤브론 곧 기럇아르바에서 죽으매 아브라함이 들어가서 사라를 위하여 슬퍼하며 애통하다가"

목표 / 슬퍼하고 애통하는 유족들에게 위로하는 태도를 가진다.

한 인간의 죽음이 가까우면 본인과 가족들은 마음을 준비하고 **임종예배**를 드려야 합니다. 임종예배를 드리고 나서 다시 살아나는 경우가 있더라도 운명하시기 전에 임종예배를 드리는 것이 바람직합니다. 목회자가 없다하더라도 당황하지 말고 구역장은 구역원·속회원 등 성도들과 임종 예배를 드려야 합니다. 임종예배에서는 **죄의 고백**과 예수 그리스도를 **믿음**으로 **용서**받음을 **확신**하게 해야 합니다. 이때에는 **부활신앙**과 내세관을 통하여 **죽음**을 **긍정적**으로 **받아들이도록 도와주는 것**이 중요합니다.

시작하는 말

함께 살아가던 가족이 세상을 떠났습니다. 여러분! 신앙인답게 슬픔을 삼키며 영원한 세계, 하나님과 함께 영원히 사는 세상이 우리 앞에 준비되어 있다는 것을 기억하고 위로를 받으시기 바랍니다. 우리 주님은 슬픔을 위로하시고, 눈물을 씻어주시고, 영생을 주신 분입니다.

오늘의 말씀

1. 아브라함의 처 사라가 세상을 떠났습니다(창 23:1~2).

죽음으로의 순례길은 모든 사람이 밟는 길입니다. 우리가 사랑하는 자들이 죽고 우리 역시 결국은 죽게 됩니다. 천년만년 살 것 같지만 우리의 생은 극히 짧습니다. 나이가 들수록 생이 짧다는 것은 우리 마음을 더욱 조급하게 만듭니다. 인생이 곧 끝난다는 것이 현실이요, 실제적인 것입니다. 우리는 우리의 몸이 연약해지고 기력이 쇠하여지며 결국은 죽게 됩니다. 이에 대해 우리가 할 수 있는 일은 아무것도 없다는 사실입니다. 모든 사람에게 죽음이 곧 닥쳐올 것입니다. 그러므로 전도자는 항상 그의 마음에 이 사실을 기억하라고 강조하고 있습니다.

· 함께 읽어요 : 전도서 7장 2절

"초상집에 가는 것이 잔칫집에 가는 것보다 나으니 모든 사람의 끝이 이와 같이 됨이라 산 자는 이것을 그의 마음에 둘지어다."

2. 아브라함은 지나치게 슬픔에 사로잡히지 않았습니다(창 23:3).

여러분, 어떻게 사랑하는 사람의 죽음을 대할 수 있겠습니까? 살아있는 사람은 살아있기에 죽은 사람과 함께 오래 머물 수 없고, 오래 머물러서도 안 됩니다. 아브라함이 일어나 아내의 시체에서 떠났다는 사실에 주목하십시오. 그는 그가 해야 할 일을 위해 갈 길을 갔습니다.

이렇게 하는 것이 어렵고 힘들겠지만 정신을 차려야 합니다. 아무도 그를 도울 수 없습니다. 요점은 아브라함이 지나치게 슬픔에 사로잡히지 않도록 그의 감정을 억제하고 절제했다는 것입니다.

우리는 사랑하는 사람의 죽음 앞에서 소망을 잃거나 정신을 잃어서는 안 됩니다. 사기가 지나치게 떨어지거나 당황하거나 망연자실하거나 좌절해서는 안 됩니다. 아브라함의 삶은 사라가 죽은 것으로 인하여 침체되지 않았습니다. 물론, 그 아픔은 그의 마음을 찔렀고, 그를 너무 아프게 했기에 그는 슬퍼하고 애통해 했습니다. 그러나 그는 슬퍼한 후 책임감 있게 행동했습니다. 그는 자리에서 일어나 장례준비와 자신이 해야 할 일을 잘 처리해 나갔습니다. 여러분! 죽은 자와 함께 슬퍼하고 애통하다가도 자리에서 일어나셔서 할 일을 찾으시기 바랍니다.

· 함께 읽어요 : 창세기 23장 3절
"그 시신 앞에서 일어나 나가서 헷 족속에게 말하여 이르되"

3. 아브라함은 영원한 집에 소망을 둔 나그네임을 알았습니다(창 23:4).

여러분! 어떻게 사랑하는 자의 죽음 앞에 흔들리지 않을 수 있습니까? 우리의 믿음, 즉 우리는 이 땅의 나그네요 우거하는 순례자입니다. 하늘에 있는 약속의 땅의 영원한 집에 대한 소망을 둔 자라는 믿음을 고백함으로써 극복 할 수 있는 것입니다. 믿음의 조상 아브라함은 그 자신이 가나안에서 땅을 소유하지 못했습니다. 오직 나그네요 우거하는 자라고만 고백했습니다.

그는 여호와 하나님께서 명령하시는 대로 장막을 치며, 인도하심을 따라 정처 없이 다니면서 살았습니다. 그는 이 땅에서 오직 나그네요 우거하는 자(외국인)였습니다. 그는 이 땅에서의 집을 소망하는 데서 한 발 더 나아갔습니다. 하나님과 함께하는 영원한 집을 사모했습니다. 아브라함의 집은 이 땅에 있는 것이 아니라 하나님과 함께 하늘에 있는 것을 믿으시기 바랍니다(히 11:8~10).

역사를 통해서 성경과 하나님의 사람들은 항상 자신들을 이 땅의 나그네요, 우거하는 자(순례자)라고 말했습니다.

사랑하는 성도 여러분! 진정으로 크리스천들은 우리가 이 땅에서 오직 나그네요, 우거하는 자라는 영광스러운 진리를 알고, 아브라함처럼 흔들리지 않는 견고한 믿음을 고백하면서 더 나은 본향을 사모하시기 바랍니다.

· 함께 읽어요 : 히브리서 11장 16절
"그들이 이제는 더 나은 본향을 사모하니 곧 하늘에 있는 것이라 이러므로 하나님이 그들의 하나님이라 일컬음 받으심을 부끄러워하지 아니하시고 그들을 위하여 한 성을 예비하셨느니라."

정리하는 말

성도 여러분! 세상에 죽음을 이길 장수는 없습니다. 우리 주 예수 그리스도만이 죽음을 이기시고 부활하셨습니다. 고인은 숨을 거두시고 말이 없으십니다. 그러나 유족들이나 여러분들에게 '걱정 마세요. 저 하늘나라에서 만나요' 라고 말하고 있을 것입니다. 우리가 믿는 예수님께서 사망 권세를 다 이기셨고, 영원히 갈 곳을 준비하셨기 때문입니다.

평가와 결심

1. 죽음이 왕 노릇하는 세상이지만 우리의 갈 곳은 어디입니까?
   (계 21:1, 주님께서 예비하신 영원한 새 하늘과 새 땅임)
2. 아브라함은 아내 사라가 죽은 후 어떻게 하였습니까?
   (창 23:3, 슬픔을 거두고 시신 앞에서 일어나 장례준비를 하였음)
3. 아브라함이 사람의 죽음을 통해서 얻은 깨달음이 무엇입니까?
   (창 23:4, ① 세상에서 나그네임 ② 거류자임 ③ 장지를 위한 거래의 명확성)

주간 경건의 시간 <59> · 날마다 말씀과 함께

요일 / 내용	주일/월(Mon)	화(Tue)	수(Wed)	목(Thu)	금(Fri)	토(Sat)
찬송	74동/ 73동	481 / 531	421 / 210	445/ 502	263 / 197	400 / 463
성경	창 21:/창 22:	창 23:	창 24:	창 25:	창 26:	창 27:
적용	이삭 낳음/ 번제로 드림	장지 막벨라 굴	리브가를 아내로	아브라함 죽음	이삭이 그랄 거주	야곱 축복

* 슬픈 새들이 당신의 머리 위로 날아가는 것을 막을 수는 없어도 당신 머리카락 위에 새집을 짓는 것은 막을 수 있다. < 중국 격언 >

14단원 가정 예식

제60과 입관 예배

주 안에서 죽은 자의 복

찬송 / 438, 445, 447 / 통일 495, 502, 448
성경 / **이사야 26:16-21**
요절 / **이사야 26:19**

"주의 죽은 자들은 살아나고 그들의 시체들은 일어나리이다 티끌에 누운 자들아 너희는 깨어 노래하라 주의 이슬은 빛난 이슬이니 땅이 죽은 자들을 내놓으리라."

목표 / 주 안에서 죽은 자들이 복이 있음을 믿고 위로하며 살아가도록 한다.

옛날부터의 관습은 시신을 입관시킬 때까지의 절차를 염, 습, 전, 반함, 졸습, 소렴, 대렴 등이라 하여 그 과정이 복잡하고 까다로웠다. 그러나 간소하고 정중한 예식을 위해 장의사나 전문가의 도움을 받는 것도 좋다. 그 순서와 요령은 다음과 같다. ① 인도자의 지시에 따라 시신의 좌우에 두세 사람이 나누어 앉는다. ② 시신을 덮었던 홑이불을 벗기고 붕대나 백지 등을 제거한다. 버선을 벗기고 허리띠를 끌러낸다. ③ 죽은 이가 남자면 남자상주가 여자면 여자상주가 앞가리개(곤포)로 가리며 하의를 벗기고, ④ 상의를 벗긴다. ⑤ 알코올이나 향수를 깨끗한 수건에 적셔서 몸을 닦아낸 후, 다시 마른 수건으로 훔친다. ⑥ 빗으로 머리를 빗기고 긴 손톱은 자른다. 머리카락과 손톱은 주머니에 넣거나 종이에 싸서 쟁반에 담아 두었다가 입관 때 관 속에 함께 넣는다. ⑦ 다음은 수의를 입힌다. ⑧ 이상의 일들을 마치면 홑이불로 시신의 머리부터 수족에 이르기까지 전신을 덮는다.

시작하는 말

본문은 고통의 체험을 통하여 진리를 깨달은 하나님의 백성들이 그 사실을 하나님께 고백하는 내용입니다. 즉 그들이 깨달은 진리는 구원과 생명은 오직 하나님께 있다는 사실입니다. 구원과 생명은 인간의 수고나 고통에 의해서가 아니라, 오직 메시야를 통해서 하나님께서 이루실 일인 것입니다. 오직 하나님만이 죽은 자라도 다시 살아나게 하실 수 있다는 놀라운 부활의 소망이 고백되고 있습니다.

오늘의 말씀

1. 사람은 고난을 겪을지라도 구원과 생명을 이루지 못합니다(사 26:16~18).

여기서 하나님의 백성들은 하나님께 징벌을 받아 고통 중에 있었을 때를 회상합니다. 그 때에 그들은 격심한 고통 속에서 하나님께 부르짖었습니다(16절). 그들의 극심한 고통은 '출산하는 여인의 고통'에 비유했습니다(17절). 이스라엘이 겪은 극심한 고통의 결과로 얻은 것은 구원이나 생명이 아니라 바람(wind)과 같이 허무하고 헛된 것뿐이었습니다. 이 같은 사실이 두 가지를 교훈해 줍니다.

첫째로, 구원과 생명은 사람의 고난에 있는 것이 아니라는 것입니다. 인간의 수고와 고통이 아무리 크다 해도 그것 자체가 구원이나 생명 그 무엇을 이루지는 못한다는 말씀입니다.

둘째로, 구원과 생명은 오직 하나님께 있다는 것입니다. 구원은 하나님만이 이루실 일입니다. 인간의 힘으로는 불가능하지만, 전능하신 하나님께는 모든 것이 가능하기 때문입니다.

· 함께 읽어요 : 이사야 26장 18절

"우리가 잉태하고 산고를 당하였을지라도 바람을 낳은 것 같아서 땅에 구원을 베풀지 못하였고, 세계의 거민을 출산하지 못하였나이다."

2. 오직 주의 빛난 이슬만이 생명을 베풀 수 있습니다(사 26:19).

구원과 생명이 오직 주께 있음을 확신한 자들은 이제 죽어서 티끌(흙)이 된 자들을 향하여 '깨어 노래하라'고 권면할 수 있습니다. 본문은 분명히 영생의 소망과 관련된 것으로, 당시로서는 아주 놀랄 만한 통찰력입니다. "티끌에 거하는 자들아 너희는 깨어 노래하라. 주의 이슬은 빛난 이슬이니 땅이 죽은 자들을 내놓으리로다." 생명을 살리는 하나님의 능력이 이슬(dew)에 비유되었습니다. 아침 이슬은 시든 풀들을 생생하게 합니다(호 14:5절). 19절에 보면 '주의 죽은 자'라는 말이 두 번 나옵니다. 여기서 강조하고 있는 점은 특히 '주의 죽은 자'(주 안에서 죽은 경건한 자)의 복(福)에 대하여 강조하고 있습니다. 성도는 세상에서 믿음생활을 잘하여 '주의 죽은 자'여야 합니다. 가족 및 성도 여러분들이 변함없는 믿음생활이 주님 오실 때까지, 경건함으로 계속되기를 소원합니다.

· 함께 읽어요 : 이사야 26장 19절

"주의 죽은 자들은 살아나고 그들의 시체들은 일어나리이다 티끌에 누운 자들아 너희는 깨어 노래하라 주의 이슬은 빛난 이슬이니 땅이 죽은 자들을 내놓으리로다."

3. 주의 백성들은 심판을 잠잠히 기다려야 합니다(사 26:20~21).

이사야 선지자는, 주의 백성들이 들어갈 구원의 견고한 성읍을 예고합니다. 심지어 주 안에서 죽은 자들까지도 후일에 새 생명을 얻고 다시 살아날 수 있다고 전했습니다. 구원과 생명(부활)의 소망을 전한(1~19절) 선지자는 그 날에 이르기까지 주의 백성들이 어떤 자세를 가져야 할지 가르쳐 주고 있습니다.

① 분노의 날에는 잠깐 숨어 있어야 합니다(20절). 믿는 자들에게 구원과 생명을 가져다주는 하나님의 목적이 성취되려면, 먼저 세상 사람들의 죄악에 대한 분노의 심판을 피해야 합니다. 하나님의 분노의 폭풍이 지나기까지 잠시 숨어있어야 합니다.

② 심판 때에 땅은 살해당한 자들의 피를 토해 낼 것입니다(21절). 인내와 관용의 시기가 끝나고 분노와 심판의 시기가 이른 것입니다.

· 함께 읽어요 : 이사야 26장 21절

"보라 여호와께서 그의 처소에서 나오사 땅의 거민의 죄악을 벌하실 것이라. 땅이 그 위에 잦았던 피를 드러내고 그 살해 당한 자를 다시는 덮지 아니하리라."

정리하는 말

성도 여러분! 세상 끝에는 하나님의 분노의 심판이 진행될 것입니다. 심판의 때에 땅이 살해당한 자들의 주검을 가려주지 않고, 모든 피를 들어낸다는 사실입니다. 무덤에 자던 자들이 일어날 것이고, 하나님의 백성들은 밀실에서 잠깐 숨었다가 나올 것입니다. 우리 믿음의 용사들은 두려워 할 것 없습니다. 오직 담대함으로 주님만 바라보시면 됩니다. 오늘, 여러분들에게도 복된 영광의 날이 펼쳐질 줄 믿고, 감사하며 살아가시기를 축원합니다.

평가와 결심

1. 이스라엘이 겪은 '산고'로 얻은 것이 무엇입니까?
   (사 26:18, 바람과 같이 허무하고 헛된 것)
2. '죽은 자들에게 생명'을 주는 것이 무엇입니까?
   (사 26:19, 주의 이슬 곧 빛난 이슬)
3. '주의 백성'이 어느 때까지 숨어야 합니까?
   (사 26:20, 분노가 지나기까지 잠깐)

주간 경건의 시간 <60> · 날마다 말씀과 함께

내용 \ 요일	주일/월(Mon)	화(Tue)	수(Wed)	목(Thu)	금(Fri)	토(Sat)
찬송	104동/ 93동	315 / 512	370 / 455	391/ 446	423 / 213	461 / 519
성경	사 22:/ 사 23:	사 24:	사 25:	사 26:	사 27:	사 28:
적용	환상 골짜기/ 두로 시돈 경고	땅을 벌하심	찬송	승리 주시리라	그날에	시험한 돌

* 사별한다는 것은 덜 악하다. 그러나 헤어진 후 다시 산다는 것은 참으로 더 없이 큰 고통이다. < 헨리 P. 랜드 다운, 1780~1863, 영국 정치가 >

제61과 장례(발인) 예배

영원한 삶의 문턱에서

찬송 / 606, 607, 610 / 통 291, 292, 289
성경 / 고린도전서 15:50-58
요절 / 고린도전서 15:52
"나팔 소리가 나매 죽은 자들이 썩지 아니할 것으로 다시 살아나고 우리도 변화되리라."
목표 / 장례예배는 참여하는 것만으로도 복된 것임을 깨닫고 참례한다.

• 장례 치름을 '치장'이라 일컫습니다. 치장은 3일 만에 행함이 보통입니다. 만약 상주가 먼 곳에 있어 미처 사흘 안에 돌아오지 못하는 가족을 위해서는 4일장 또는 5일장으로 해도 좋습니다. 장례방법은 토장, 수장, 화장 등이 있고, 토장은 예로부터 시행해 오고 있는 방법으로 지장(地葬)이라고도 합니다. 토장의 방법은 보통 다음 순서로 진행 합니다.

① **장지**(葬地: 선산이나 공원묘지)는 집안에 노인이 계시면 미리 준비해야 차질이 없습니다.

② 상을 당하면 호주나 동거 가족 또는 동거인이 서둘러 사망신고와 매장신고를 해야 합니다.

③ **사망신고**는 주민등록지의 주민센터나 시, 군, 구청 등 본적지의 공무원을 찾아가면 안내해 줍니다. 구비서류는 사망 진단서 2부(본적지 아닌 곳이면 3부), 의사의 진단서나, 시체 검안서(사고로 사망인 경우) 등을 첨부해야 합니다. ④ **매장(화장) 신고**는 주소지, 사망지, 매장지, 납골당 소재지의 관할 읍, 면, 동장에게 신고할 때 요즘은 인터넷에서 다운 받아 서류를 작성해 구비서류(사망진단서 또는 시체 검안서, 사설묘지의 경우는 묘지사용 승낙서, 성인 경우 주민등록증 휴대)를 첨부 주민센터에 신고 후 신고증을 교부 받습니다.

• 영결식 진행순서는 ① 개식사 ② 찬송 ③ 기도 ④ 성경봉독 ⑤ 설교 ⑥ 기도 ⑦ 고인 약력보고 ⑧ 조사나 조가 ⑨ 분향 또는 헌화 ⑩ 광고 ⑪ 찬송 ⑫ 축도 순으로 진행합니다. 가능하면 장례식순을 만들어서 함께 식순을 보면서 예식을 진행하면 전도에도 도움이 됩니다.

시작하는 말

여러분! 복음을 전하는 궁극적인 목적은 예수 그리스도 안에서 하나님과 사귐을 가짐으로 영생을 얻게 하자는 데 있었습니다(요 20:31절).

사도 요한 그의 성경 곳곳에서 '생명' 또는 '영원한 생명'이라는 말로 써 '영생'을 가르쳐 주고 있습니다(요한복음에서 36회, 요한일서에서 13회나 사용되고 있음). 예수께서는 "육으로 난 것은 육이요, 성령으로 난 것은 영이니"라고 말씀하셨습니다(요 3:6절). 또한 "살리는 것은 영이니 육은 무익하니라"(요 6:63절)라고 하시면서 우리가 구해야 할 본래적인 생명이 '영적인 생명', 즉 '영생'인 것을 보여주었습니다.

오늘의 말씀

1. 장례식이나 장례예배는 천국 문턱으로 보내는 절차입니다(마 19:29).

예수께서 부자와의 대화의 결론 부분에서 "또 내 이름을 위하여 집이나 형제나 자매나 부모나 자식이나 전토를 버린 자마다 여러 배를 받고 또 영생을 상속하리라"(마 19:29절)고 하셨습니다. 참 제자란 상속받은 땅과 가족으로부터 전적으로 떨어져 나와 불안정한 실존을 불연속으로 자신을 노출시키는 것인데, 이것만이 영원한 삶, 즉 '영생'으로 들어가는 문턱이 된다고 했습니다. 실제적으로 죽음이란 문턱을 지나야 '영생의 길'(통로)로 이어지는 것입니다. 말하자면 지금 영원한 천국으로의 환송식을 거행하고 있는 엄숙한 시간인 것입니다. 따지고 보면 인간의 몸은 '나서 늙고, 병들고 죽습니다.'(生老病死) 기계가 고장 나면 폐기하듯이 우리네 인간의 육신의 재료들도 쇠약해지고 소멸되고 기력이 다하면 마침내 한줌의 흙과 재가 되고, 영혼은 천국으로 들어가는 것입니다. 이 사실을 잊지 마시고, 천국에 입성할 수 있도록 하시는 구원의 열쇠, 예수 그리스도를 믿으시기 바랍니다.

· 함께 읽어요 : 마태복음 19장 29~30절
"[29]또 내 이름을 위하여 집이나 형제나 자매나 부모나 자식이나 전토를 버린 자
마다 여러 배를 받고 또 영생을 상속하리라 [30]그러나 먼저 된 자로서 나중 되고
나중 된 자로서 먼저 될 자가 많으니라."

2. 영생은 곧 이것입니다(요 17:1~5).

하나님 아버지께서 아들에게 주신 영생을 주게 하시려고 만민을 다스리는 권세를 아들에게 주셨습니다(요17:2절). '영생'은 곧 '유일하신 참 하나님과 그가 보내신 자 예수 그리스도를 아는 것'이라고 했습니다(요 17:3절).

모세의 글에서 보듯이 하나님은 죽은 자의 하나님이 아니라 산 자의 하나님이시라는 것입니다. 이것을 확신하면서 우리는 현재에도 영생을 소유하고 있기에 소망이 존재하는 것입니다. 우리가 우리의 생활을 하나님께 바칠 때, 하나님께서도 자신을 우리에게 주셨습니다. 하나님께서는 영원한 삶으로 보상하시어 영생을 주십니다. 세상을 떠나지만 영원한 천국으로 입성하도록 하셨습니다. 이것이 우리가 누리게 될 영생입니다.

· 함께 읽어요 : 요한복음 17장 3절
"영생은 곧 유일하신 참 하나님과 그가 보내신 자 예수 그리스도를 아는 것이니이다."

3. 영생은 이미 우리에게 임한 것입니다(요 1:1~18).

여러분! 영생은 하나님의 생명이며, 때에 관계없는 것입니다. 곧 전에 있은 것이며, 이제 있는 것, 그리고 미래 영원까지 있는 것입니다. 주 예수를 믿는 순간 구원 생명 '영생'이 함께 임하는 것입니다. 요한은 "영접하는 자 곧 그 이름을 믿는 자들에게는 하나님의 자녀가 되는 권세를 주셨다"고 합니다. 말씀이 육신이 되셔서 우리 가운데 거하시는 그분의 영광은 곧 '아버지의 독생자의 영광'이라고 했습니다. 오늘, 여러분들의 생애에 또 한 번 하나님의 생명과 함께 영생으로 이어지는 한 분을 천국으로 보내드리고 있는 것입니다. 그래서 장례, 발인 예배를 천국 환송예배라고도 합니다.

· 함께 읽어요 : 요한복음 1장 12절, 14절
"12영접하는 자 곧 그 이름을 믿는 자들에게는 하나님의 자녀가 되는 권세를 주셨으니 14말씀이 육신이 되어 우리 가운데 거하시매 우리가 그의 영광을 보니 아버지의 독생자의 영광이요 은혜와 진리가 충만하더라."

정리하는 말

여러분! 장례예배에 잘 오셨습니다. 죽음이란 세상과의 줄을 끊어주고, 천국 문턱에 보내드리는 환송의 순간인 것입니다. 예수 그리스도의 부활 사건이 있기에 우리에게 참 소망과 희망을 줍니다.

잠언에는 "지혜자의 마음은 초상집에 있으되 우매한 자의 마음은 혼인집에 있느니라"(잠언 7:4)고 했습니다. 장례예배에 참석한 여러분들에게, 그리고 오늘 말씀을 들으시는 유족 및 친족들과 여러분들 가정과 일터에 하나님의 영생의 복이 확실하게 임하시기를 축복합니다.

평가와 결심

1. 장례예식이나 장례예배는 무엇과 같다고 하였습니까?
   (마 19:29, 천국문턱에 보내 드리는 예식)
2. 영생이 무엇이라고 하였습니까?
   (요 17:3, 유일하신 하나님과 보내신 예수 그리스도를 아는 것)
3. 결국은 누가 천국에 들어가게 됩니까?
   (요 1:12, 영접하는 자 곧 그 이름을 믿는 자 곧 하나님의 자녀 된 자)

주간 경건의 시간 <61> · 날마다 말씀과 함께

요일 / 내용	주일/월(Mon)	화(Tue)	수(Wed)	목(Thu)	금(Fri)	토(Sat)
찬송	91동/ 89동	292/ 415	312 / 341	327 / 361	338 / 364	369/ 487
성경	고전10:/ 고전11:	고전 12:	고전 13:	고전 14:	고전 15:	고전 16:
적용	남의 유익 / 새 언약	성령의 은사	사랑	일만 마디 방언	그리스도의 부활	매주 첫날

* 모든 이별에는 죽음의 의미가 있다.<조지 엘리엇, 1819~1880, 영국 여류 작가>

14단원 가정 예식

제62과 안장(하관) 예배

생명의 부활에 참여하다

찬송 / 607, 438, 606 / 통 292, 495, 291

성경 / **요한복음 5:24-29**

요절 / **요한복음 5:29**

"선한 일을 행한 자는 생명의 부활로, 악한 일을 행한 자는 심판의 부활로 나오리라."

목표 / 입관 및 안장(하관) 예배에 참여만 하는 것도 복된 일임을 깨닫는다.

집안에서나 장례예식장에서 영원한 이별의 예식인 영결식(장례식, 발인예배)은 병풍을 치고 앞에 영정상과 향안을 배설하여 빈소를 설치하고, 남자 상제는 고인 상부에 여자 상제는 하부에 서서 집례목사의 집전으로 행합니다.

운구란 고인의 시신을 장지나 화장 장소까지 옮기는 것을 말합니다. 운구의 방법은 대개 장의사가 있어 영구차를 이용합니다. 영결예배가 끝나면 찬양대를 선두로 명정, 영정, 집례, 영구, 상제, 친척, 일반 조객의 순서로 찬양대의 찬송에 맞추어 제창하면서 서서히 따릅니다. 영구차에는 영정, 하관 제구들을 싣고 상제, 친척들을 태우고, 조객 차는 호상이 일반 조객에게 승차를 권면하여 함께 탑승하여 영결 장소나 장지로 떠납니다.

시작하는 말

사람은 나서 죽는 것이 정한 이치입니다. 그러므로 사람은 누구나 죽게 될 것입니다. 금수는 죽으면 끝이 나지만 사람은 그렇지 않습니다. 사람은 금수와는 달리 인격이 있고 영혼이 있기 때문입니다. 영혼을 가진 인생에게는 내세가 있습니다. 이 세상 마지막 날 예수님께서 다시 오신다고 약속하셨습니다. 이를 우리는 재림이라고 합니다.

오늘의 말씀

1. 한 사람의 '불순종'으로 인류에게 죽음이 왔습니다(롬 5:15~18).

우리는 여기서 사람이 왜 죽어야 하는지 알아야 합니다. 인류의 시조

아담에게 하나님이 먹으면 죽는다고 금하신 과일이 있었습니다. 이 금단의 과일을 성경은 '선악과'라고 부릅니다. 악마는 뱀을 보내어 사람에게 하나님이 먹으면 죽는다고 금하신 선악과를 먹으면 사람이 하나님같이 되므로 하나님이 먹지 못하게 하셨다고 유혹했습니다. 뱀의 유혹을 받은 인류의 조상, 아담은 하나님의 금법(禁法)을 어기고 선악과를 따 먹음으로 인간은 타락하게 되었습니다. 그래서 세상에 죄와 사망이 들어왔습니다. 아담이 선악과를 먹은 원죄(原罪)로 인하여, 모든 사람은 죄의 무거운 멍에를 매고 유한한 삶을 살다가 죽게 되었습니다.

· 함께 읽어요 : 로마서 5장 19절
"한 사람이 순종하지 아니함으로 많은 사람이 죄인 된 것 같이 한 사람이 순종하심으로 많은 사람이 의인이 되리라."

2. 한 사람의 순종함으로 생명의 부활이 왔습니다(요 5:24~27, 롬 5:19).

하나님 아버지께서 불순종으로 말미암아 죽었던 인생을 살려주시려고 독생자 예수 그리스도를 이 세상에 보내 주셨습니다.

예수님의 말씀을 듣고 예수님을 보내신 하나님을 믿는 자는 이미 영생을 얻었고, 심판에 이르지 아니합니다. 사망에서 생명으로 옮겼기 때문입니다. 아들 예수 그리스도의 음성을 듣고, 순종하는 자는 살아납니다. 예수님께서 재림 하실 때 인류 역사에 왔다가 간 모든 사람을 다시 부활하게 됩니다. 이 때 선한 일을 행한 자는 생명의 부활로, 악한 일을 행한 자는 심판의 부활로 다시 살아나게 됩니다. 선한 일이란 예수를 믿는 것을 의미합니다. 예수를 믿는다는 것은 '주 안에서 살고, 주안에서 죽는 것'을 말합니다. '주 안에서 죽는다는 것'은 무엇을 의미합니까? 그 말은 사람이 세상에 있는 동안 자신을 내려놓고, 말씀으로 '주 안에서 살았다'는 것을 의미합니다. 우리가 세상에 살았을 동안에 주 예수 그리스도를 믿으며, 마음과 삶을 다해서 주님께 헌신했음을 의미합니다.

· 함께 읽어요 : 요한복음 5장 26~27절

"[26]아버지께서 자기 속에 생명이 있음 같이 아들에게도 생명을 주어 그 속에 있게 하셨고 [27]또 인자됨으로 말미암아 심판하는 권한을 주셨느니라."

3. 성도 여러분! 생명의 부활에 참여합시다(요 5:28~29).

그리스도의 죽음과 부활은 결코 분리시킬 수 없는 사건입니다. 죽음이 없으면 부활도 없습니다. 부활이 없다면 죽음의 의미가 상실되는 것입니다. 그만큼 부활은 구원을 갈망하는 우리에게 소중한 것입니다. 예수 그리스도는 십자가에 못 박혀 죽으셨다가 다시 살아나셔서 사망의 근원을 정복하시고 우리에게 다시 생명을 주신 것입니다.

첫째로, 주님께서 재림하시는 날, 죽은 자들이 어떻게 다시 부활 합니까? 밭에 씨앗을 뿌리면 씨앗은 썩어지고 그 대신에 새싹이 납니다. 그런 것처럼 시신을 매장하면 흙처럼 되어지고, 화장하면 가루가 되며, 물고기의 장에서 녹아질 것입니다. 그러나 부활 때에는 본래의 원소들이 뼈와 힘줄 그 위에 살이 입혀져 다시 살아날 것입니다. 하나님의 전지전능하심이 그 부활의 날에 성취되고, 최절정의 사건으로 꽃피울 것입니다.

둘째로, 성도들은 그리스도의 부활처럼 신령한 몸을 입고 다시 살아날 것입니다. 우리의 시민권은 하늘에 있습니다. 모든 하나님의 성도들이 그리스도의 백성이기에 부활의 대열에 참여하게 될 것입니다. 그때, 거기로부터 구원하는 자 곧 주 예수 그리스도를 기다리며 신령한 노래로 찬양할 것입니다. 주님은 우리의 낮은 몸을 자기의 영광의 몸의 형체와 같이 변하게 하실 것입니다. 그 영광스런 부활의 대열에 참여하기를 축복합니다.

· 함께 읽어요 : 빌립보서 3장 21절

"그는 만물을 자기에게 복종하게 하실 수 있는 자의 역사로 우리의 낮은 몸을 자기 영광의 몸의 형체와 같이 변하게 하시리라."

정리하는 말

주 예수 그리스도께서도 무덤에 묻히셨습니다. 예수 그리스도의 부활 사건이 있기에 우리에게는 참된 소망과 희망이 있습니다. 안장(하관)예배는 바로 이 세상과의 줄을 끊어주는 행복한 예식이요. 천국 백성으로 등록되는 순간인 것입니다. 오늘 말씀을 들으시는 여러분들의 가족들과 성도 여러분! 모두 생명과 부활의 대열에 참여하시기 바랍니다. 그리하여 한 번 허락하신 복된 인생을 축복과 영광으로 결실하시기 바랍니다.

평가와 결심

1. 인류에게 어떻게 해서 죽음이 왔습니까?
   (롬 5:15~18, 한 사람(아담)의 불순종함으로)
2. 죄악으로 죽었던 인류에게 어떻게 소망이 임하게 되었습니까?
   (요 5:24~27, ① 한 사람(예수)의 순종함으로, ② 부활의 생명이 임함)
3. 주 그리스도와 함께 믿는 성도에게 주어질 사건이 무엇입니까?
   (요 5:28~29, ① 영생을 얻음, ② 사망에서 생명으로 옮겨짐, ③ 부활 참여)

주간 경건의 시간 <62> · 날마다 말씀과 함께

요일 / 내용	주일/월(Mon)	화(Tue)	수(Wed)	목(Thu)	금(Fri)	토(Sat)
찬송	36동 / 37동	74 / 74	151 / 138	180 / 168	179 / 167	277 / 335
성경	계 8 : / 계 9 :	계 10 :	계 11 :	계 12 :	계 13 :	계 14 :
적용	주의 날 / 처음 사랑을	네 행위 아노니	하늘의 예배	책과 어린양	일곱 봉인 심판	인 치심

* 나는 이별의 한숨을 지어보이는 것이 아니라 이별의 미소를 보내곤 한다.
<레티시아 엘리자베스, 랜든, 1802~1838, 영국 시인>

第63과 추모 예배 1

◐ 가·정·추·모·예·배 ◑

20 년 월 일 · 사회 : 장로(집사)
오전 · 오후 00 : 00 시 · 말씀 : 장로(집사)

◆ **추모(追慕)예배의 의의** ◆

추모(追慕)라는 용어가 바람직합니다. 추도(追悼)라는 용어는 죽은 이를 생각하며 슬퍼해 한다는 뜻입니다. 이 말속에는 다분히 불신자적인 인상이 짙습니다.
추모(追慕)라는 용어의 뜻은 죽은 사람을 기억하고 그리워함입니다. 이렇게 보면 기독교에서 사용되어야하는 바른 용어는 추모(追慕)가 되어야 할 것입니다.

(Prelude) ♬

1) 개 회 사 … ♪( )성도〈20 . . 소천〉( )주기… 사 회 자
이 시간 … ♪( )성도〈20 . . 소천〉( )주기를 맞아
하나님께서 사랑하는 우리 가족! 추모예배를 드리겠습니다.

2) 묵상 기도 …………<사도신경 신앙고백>……………다 같 이

3) 기 원 ……………………………………… 인 도 자

오늘도 살아계셔서 영생을 주시고, 천지만물을 선물로 주신 하나님! 크신 사랑과 은혜를 감사드립니다. 오늘 가족이 한 자리에 모여 추모예배를 드릴 수 있게 하심을 감사드립니다. 이 시간 우리의 기도와 찬송과 예배를 받으시옵소서. 예수님의 이름으로 기도드리옵나이다. - 아멘 -

4) 찬 송……[559장(통305), 478장(통78장)]……다 같 이

5) 신앙 고백 ……………………………………… 다 같 이

6) 기 도…………<기도문을 읽으면서 기도>………… 장로(집사)

하나님! 감사합니다. 아버지께서 사랑하시는 저희 가족들 오늘까지 지켜주시고, 베풀어주신 은혜 감사드립니다. 지나간 시간들을 되새겨 볼 때, 모든 것이 하나님의 은혜였습니다. 우리 가족들을 건강하게 하시고, 믿음을 지키게 하여 주시며, 오늘 이 시간 혈육들이 기쁨으로 만나 예배드리게 하심을 감사드립니다. 앞으로 여생을 주님 기쁘게 할 수 있게 하옵소서. 주님의 뜻을 헤아려 주님의 깊으신 뜻을 가정을 통해 이루게 하여 주옵소서. 아직도 우상을 섬기며 미신 숭배에서 헤어 나오지 못하는 동족을 불쌍히 여겨 주시고, 불신의 눈을 떠서 예수님을 믿고 의지하며 살아갈 수 있게 하옵소서. 우리의 형제, 자매와 혈·육간 화목을 이루게 하시고, 이 세상 살 동안 앞서 가신 부모 형제의 유훈을 따라 하나님의 은혜와 사랑을 나누며, 살아갈 수 있게 하옵소서. 예수님의 이름으로 기도드리옵나이다. - 아멘 -

7) 성경 봉독………………(시 28:6~9)…………………인 도 자

"[6]여호와를 찬송함이여 내 간구하는 소리를 들으심이로다. [7]여호와는 나의 힘과 나의 방패이시니 내 마음이 그를 의지하여 도움을 얻었도다. 그러므로 내 마음이 크게 기뻐하며 내 노래로 그를 찬송하리로다. [8]여호와는 그들의 힘이시요, 그의 기름 부음 받은 자의 구원의 요새이시로다. [9]주의 백성을 구원하시며 주의 산업에 복을 주시고 또 그들의 목자가 되시어 영원토록 그들을 인도하소서."

8) 설 교 ………영원하신 목자께 감사 찬송……… 설 교 자

9) 찬 송 …………… 386장(통찬 439장)………… 다 같 이

10) 축복 기도 ……………………………………… 다 같 이

11) 광 고…………<20 . . 성묘)…… 장로(권사)

<오늘의 말씀>

영원하신 목자께 감사 찬송

첫째, 기도와 간구를 들으시는 하나님이십니다(6절).

하나님께서 이스라엘의 목자가 되셔서 양무리의 필요를 따라 기도와 간구를 들어주십니다. 대적이나 위협이 닥칠 때 부르짖으면 구원해 주십니다. 바로 하나님께서 자기 백성들을 안전하게 보호하시며, 환난 중에 건져주십니다("환난 날에 나를 부르라 내가 너를 건지리니 네가 나를 영화롭게 하리로다." 시 50:15). 지혜를 구하면 지혜를 주십니다("너희 중에 누구든지 지혜가 부족하거든 모든 사람에게 후히 주시고 꾸짖지 아니하시는 하나님께 구하라 그리하면 주시리라." 약 1:5). 그분의 기르시는 양 된 우리 그리스도인들은 언제 어디서나 그분과 교통할 수 있으며, 그분과의 기도의 창구는 언제나 개방되어 교통할 수 있습니다. 세상에서 무거운 짐을 벗어버리고 영원한 목자께 감사 찬송하시기 바랍니다.

둘째, 도움과 능력이 되시는 하나님께 감사드립니다(7절).

본문 7절입니다. "여호와는 나의 힘과 방패이시니 내 마음이 그를 의지하여 도움을 얻었도다. 그러므로 내 마음이 크게 기뻐하며 내 노래로 그를 찬송하리로다." 다윗은 "여호와 하나님은 나의 힘과 방패이시라"고 고백합니다. 여호와 그분을 의지하여 도움을 얻었다고 했습니다. 그러기에 마음이 크게 기뻐하며 내 노래로 그분을 찬송한다고 했습니다. 분명히 다윗에게 함께 하신 분은 성도들의 목자시며 인도하시고 보호해 주시는 분이십니다. 능력의 하나님께 감사드리시기 바랍니다.

셋째, 복을 주시고 영원히 함께 하시는 하나님이십니다(9절).

본문 9절입니다. "주의 백성을 구원하시며 주의 산업에 복을 주시고 또 그들의 목자가 되시어 영원토록 그들을 인도하소서"라고 말씀하십니다. 이스라엘의 목자가 되셨던 여호와 하나님은 광야 40년 동안이나 이스라엘 백성들에게 만나로 먹이셨습니다. 그 하나님께서 오늘 우리에게도 때마다 일용할 양식 주심을 감사드려야 합니다. 때를 따라 풍성한 복을 얻게 하신 하나님께 감사드려야 합니다. 요한 웨슬리는 "성숙한 그리스도인의 모습은 감사하는데 있다"고 말했습니다. 가정마다 행복해지는 비결은 복을 주시고 영원히 함께 하시는 하나님께 감사하시는 것입니다. 어제나 오늘도, 내일도, 영원하신 하나님께 감사하며 살아가시기를 축복합니다. 영원한 목자께 영광과 찬양을 돌리시기 바랍니다.

제64과 중추절(추석) 추모예배 2

생활로 감사, 예배하자!

찬송 / 587, 588, 589, 590, 591/ 통찬 306, 307, 308, 309, 310
성경 / **시편 100:1-5**
요절 / **시편 100:3**
"여호와가 우리 하나님이신 줄 너희는 알 지어다 그는 우리를 지으신 이요 우리는 그의 것이니 그의 백성이요 그의 기르시는 양이로다."
목표 / 민속절기인 중추절 가정예배를 통해 범사에 감사하는 신앙태도를 기른다.

민속절기 중추절 감사예배(시편 100:1~5)

1. 개회사

추석을 맞아 온 가족이 한 자리에 모여 조상들의 은공을 기리며, 풍성한 가을을 주신 하나님께 다 같이 묵상기도를 드림으로 중추절 감사예배를 드리겠습니다.

2. 찬송은 592, 593, 590, 591/ 통찬 311, 312, 309, 310장 중 익숙한 찬송을 부릅니다.

3. 성시 교독은 찬송가 뒤 교독문 105번, 106번 감사절(1)(2)에서 선택하여 함께 교독합니다.

4. 다 같이 기도합시다(가족 대표 한 분이 기도를 인도합니다).

천지를 만드시고, 사계절을 주셔서 봄에 뿌린 씨앗을 이 가을! 풍성한 열매를 거둘 수 있는 복을 주시니 감사합니다. 민속명절인 '추석'을 주셔서 온 가족이 한 자리에 모여 기쁨으로 감사예배를 드릴 수 있게 해 주시니 감사합니다. 하나님의 말씀대로 순종하며 살게 하시고, 불안과 염려가 엄습해 온다 할지라도 늘 믿음으로 승리하게 해 주시옵소서.

앞서가신 어르신들의 교훈과 신앙을 추억하며 성실하고, 믿음생활 잘하면서 어떠한 어려움을 만나든지 우리의 영혼 속에는 늘 맑은 샘물이 솟아나게 하옵소서. 우리 가족 한 사람 한 사람을 늘 주님께서 인도해 주셔서 영 · 육간에 건강하게 하시고, 어려운 이웃들을 돕고, 형제간에 우애하며, 웃어른들을 공경하면서 화목한 가정을 이루게 하옵소서. 가시밭과 같은 세상을 헤쳐 나갈 때 지혜와 용기를 주시고, 실패의 순간에도 희망을 잃지 않게 하옵소서. 언제나 우리 가족을 인도해 주셨습니다. 감사하오며, 우리는 주님의 선한 일꾼임을 잊지 않게 하시고, 모든 사람들에게 유익한 사람이 되게 하옵소서. 한 해가 저물기 전에 믿음이 더욱 성숙하게 하옵소서. 말씀으로 주님과 함께 성전 중심의 신앙생활을 하게 하옵소서.

하나님의 성전에 정성으로 봉사하며, 주님을 뜨겁게 사랑하며 살아가게 하옵소서. "생활로 감사해야 합니다"라는 말씀을 기억하오니, 자녀들이 믿음도 사업도 풍성한 한 해가 되게 하여 주옵소서. 가족 한 사람 한 사람 지켜 주시되, 죄의 길로 빠질 때는 성령께서 바른 길로 인도해 주시옵소서. 감사와 영광과, 찬양을 주님께 기쁘게 드릴 수 있는 한 해 한 해가 되게 하여 주옵소서.

<예수님의 이름으로 기도하옵나이다. 아멘.>

5. 성경은 다음 성경구절 중에 한 곳을 읽습니다.

· 시편 23편, · 시편 100편, · 창세기 26:12-22, · 레위기 23:15-25, · 신명기 4:25-29; 8:1-3, · 요한복음 7:37-44, · 고전 10:23-33, · 빌립보서 4:2-9, · 살전 3:9; 5:16-24

6. 성경 본문을 읽고 말씀을 강론합니다(성경본문만을 읽어도 좋아요).

7. 찬송은 가족들이 즐겨 부르는 찬송가를 찾아 함께 부릅니다.

8. 축복 기도나 ♬ 주기도문 송 ♬을 부르거나, 주기도문을 함께 읽고서 예배를 마칩니다.

추석에는 가장이나 가족 중 한 사람이 예배를 인도하고, 예배가 끝난 후에는 사랑과 감사가 담긴 음식을 나누면서, 조상들의 교훈이나 추억담을 나누는 것이 좋습니다. 히브리 민족은 '오순절'이나 '장막절'을 지키면서 감사의 절기를 지켰습니다.

생활로 감사, 예배하자!

(시편 100:1~5)

"[1] 온 땅이여 여호와께 즐거운 찬송을 부를지어다 [2] 기쁨으로 여호와를 섬기며 노래하면서 그의 앞에 나아갈지어다 [3] 여호와가 우리 하나님이신 줄 너희는 알지어다 그는 우리를 지으신 이요 우리는 그의 것이니 그의 백성이요 그의 기르시는 양이로다 [4] 감사함으로 그의 문에 들어가며 찬송함으로 그의 궁정에 들어가서 그에게 감사하며 그의 이름을 송축할지어다 [5] 여호와는 선하시니 그의 인자하심이 영원하고 그의 성실하심이 대대에 이르리로다."

감사의 유일한 대상이신 하나님을 믿는 사람들만이 감사할 수 있는 것입니다. 진정한 감사의 대상 하나님께 드리는 감사가 참된 감사입니다.

믿는 사람에게 감사는 중요한 덕목이요, 신앙의 척도가 됩니다. 불신앙의 사람들이 지니고 있는 특성은 "하나님께 감사하지 아니하는 것"입니다. 본문에 "감사함으로 그의 문에 들어가며 찬송함으로 그의 궁정에 들어가서…"라고 말씀하고 있습니다. 참된 성도라면 '생활로 감사해야 합니다.'

1. 하나님께서 우리를 지으셨음을 감사해야 합니다(시편 100편 3절).

믿는 자가 지녀야 할 첫 번째 감사할 사실은 하나님께서 우리를 지으셨다는 사실입니다. 우주도 자연과 함께 하나님이 지으셨지만 인간은 특별히 자신의 형상을 따라 지으셨습니다. 시편 기자는 '그는 우리를 지으신 이요'라고 노래합니다. 생명의 근원을 모르는 인생이 삶을 사는 유일한 이유는 '그저 존재하기 위해서'가 될 것입니다. 비참한 일입니다. 그러나 제대로 믿는 신앙인이라면 삶의 근원을 알며, 이 땅에서 사는 이유를 알고, 소망과 기쁨으로 살아갑니다.

2. 우리가 하나님의 소유가 됨을 감사해야 합니다(시편 100편 3절).

시편 기자는 그가 감사하는 이유 중 또 다른 하나는 '우리는 그의 것이니'라고 노래합니다. 세상 사람들은 사탄의 소유가 되어져 사는 것입니다. 사도 바울은 "그 때에 너희는 그 가운데서 행하여 이 세상 풍조를 따르고 공중의 권세 잡은 자를 따랐으니 곧 지금 불순종의 아들들 가운데서 역사하는 영이라"(엡 2:2절)고 설명합니다.

이렇게 사탄의 소유가 된 사람들의 결국은 사망이요, 영원한 죽음입니다. 우리도 전에는 이와 같은 처지에 있던 사람들입니다. 본질상 하나님의 진노를 받아야 할 어둠의 자식들이었습니다. 그러나 하나님은 우리를 사랑하시므로 그리스도를 우리 대신 십자가에 달리시도록 하셨습니다. "[4]긍휼이 풍성하신 하나님이 우리를 사랑하신 그 큰 사랑을 인하여 [5]허물로 죽은 우리를 그리스도와 함께 살리셨고(너희는 은혜로 구원을 받은 것이라)"라고 성경은 증언합니다. 우리가 하나님의 소유가 되었음은 우리에게 구원이 이루어졌음을 의미하는 기쁜 소식입니다. 하나님은 그리스도의 피 값으로 우리를 소유하셨고, 이로 말미암아 우리는 구원함을 얻게 된 것입니다.

그러므로 하나님의 소유됨은 너무나도 귀한 복이요, 은혜입니다. 우리 믿는 사람들은 이 사실 때문에 항상 감사 찬송할 수밖에 없는 것입니다.

3. 하나님께서 우리의 목자가 되심을 감사해야 합니다(시편 100편 3절).

시편 기자는 '그의 기르시는 양이로다'라고 찬송합니다. 다윗은 "여호와는 나의 목자시니 내게 부족함이 없으리로다."(시 23:1절)라고 노래했습니다. 목자는 '양 무리를 푸른 초장과 쉴만한 물가로 인도'하십니다. 한 마리의 양이라도 곁길로 가지 않도록 바른 길로 인도해 주십니다.

하나님께서는 여러분들을 지으셨습니다. 그리스도를 대신 십자가에 내어주시고, 대속해 주셔서 당신의 소유로 삼으셨습니다. 그분은 우리의 목자가 되셔서 불꽃같은 눈으로 양들을 맹수의 위협으로부터 지키시며, 바른 길로 인도해 주십니다. 넘어지기 쉬운 연약한 인간의 마음을 공략하려 드는 사탄을 몸소 막아주시니, 감사함으로 그 문에 들어가야 합니다. 여러분이 할 일은 감사! 그것뿐입니다. 기도합시다. "오 하나님! 우리를 지으시고, 구속하셔서 소유로 삼아, 목자가 되어주심 감사합니다." 예수님의 이름으로 기도하옵나이다. 아멘.

하나님께 영광 돌리는 구역

구역부흥은 교회부흥

제 1 학기 출석부

번호	성 명	1월					2월					3월					계	
		1	2	3	4	5	1	2	3	4	5	1	2	3	4	5		
1																		
2																		
3																		
4																		
5																		
6																		
7																		
8																		
9																		
10																		
11																		
12																		
13																		
14																		
15																		
16																		
17																		
18																		
19																		
20																		

* **출석표 표기법** • 출석 / • 네모칸 왼쪽 : 주간, 주일 출석 참여 회수
• 네모칸 오른쪽 : 새벽예배 출석 참여 회수 - 각 교회 지침대로 기록하세요.

M/E/M/O 구역부흥은 교회부흥 M/E/M/O

제 2 학기 출석부

번호	성 명	4월					5월					6월					계	
		1	2	3	4	5	1	2	3	4	5	1	2	3	4	5		
1																		
2																		
3																		
4																		
5																		
6																		
7																		
8																		
9																		
10																		
11																		
12																		
13																		
14																		
15																		
16																		
17																		
18																		
19																		
20																		

* **출석표 표기법** • 출석 / • 네모칸 왼쪽 : 주간, 주일 출석 참여 회수
• 네모칸 오른쪽 : 새벽예배 출석 참여 회수 - 각 교회 지침대로 기록하세요.

M/E/M/O 구역부흥은 교회부흥 *M/E/M/O*

제 3 학기 출석부

번호	성 명	7월					8월					9월					계	
		1	2	3	4	5	1	2	3	4	5	1	2	3	4	5		
1																		
2																		
3																		
4																		
5																		
6																		
7																		
8																		
9																		
10																		
11																		
12																		
13																		
14																		
15																		
16																		
17																		
18																		
19																		
20																		

* **출석표 표기법** • 출석 / • 네모칸 왼쪽 : 주간, 주일 출석 참여 회수
• 네모칸 오른쪽 : 새벽예배 출석 참여 회수 - 각 교회 지침대로 기록하세요.

M/E/M/O 구역부흥은 교회부흥 M/E/M/O

제 4 학기 출석부

번호	성 명	10월					11월					12월					계	
		1	2	3	4	5	1	2	3	4	5	1	2	3	4	5		
1																		
2																		
3																		
4																		
5																		
6																		
7																		
8																		
9																		
10																		
11																		
12																		
13																		
14																		
15																		
16																		
17																		
18																		
19																		
20																		

* **출석표 표기법** • 출석 / • 네모칸 왼쪽 : 주간, 주일 출석 참여 회수
• 네모칸 오른쪽 : 새벽예배 출석 참여 회수 - 각 교회 지침대로 기록하세요.

M/E/M/O 구역부흥은 교회부흥 M/E/M/O

창세기와 출애굽기

" 모든 성경은 하나님의 감동으로 된 것으로....."
(딤후 3 : 16)

Kim Jongsuk, 1978.
alt.. Shin Soseop, 2012

BIBLE CONTENTS: 13 10. 13 12. 8 13. 11 10
Shin Soseop, 1978

• 설문지 : 독자 앙케이트 •

구역공과를 다루고서

〈각 교회에서 설문지를 그대로 보내주셔도 좋겠고, 통계치만 보내셔도 됩니다 〉

1. 구역공과를 다루고 나서 어떤 방법이 가장 좋았는가?
   ( ) 1 기존의 방법대로 구역장이 혼자 가르치는 것이 좋겠다.
   ( ) 2 문답지를 나누어주고 미리 풀어 오도록 하여 토론하는 것이 좋겠다.
   ( ) 3 성경 문제지를 나누어주고 그날 함께 풀어 가는 방법이 좋겠다.
   ( ) 4 문답지를 나누어주고 구역장이 설명해 가는 방법이 좋겠다.
2. 성경 공부 문제지를 다루는데 그 정도가 어떠했는가?
   ( ) 1 문제가 어려워서 손대기가 어려웠다.
   ( ) 2 문제지는 그런대로 쉬웠으나 묵상과 적용이 잘 안되었다.
   ( ) 3 문제지도 어려웠고 묵상과 적용도 어려웠다.
   ( ) 4 문제지는 보통이고 묵상과 적용도 할만했다.
3. 성경 공부 문제의 양이 어떠했는가?
   ( ) 1 문제가 너무 많았다.
   ( ) 2 문제가 너무 적었다.
   ( ) 3 문제가 적당했다.
4. 성경공부 진행 및 내용의 배열은 어떻게 하는 것이 좋겠는가?
   ( ) 1 시작하는 말, 오늘의 말씀, 정리하는 말, 평가와 결심의 순서대로가 좋겠다.
   ( ) 2 오늘의 말씀, 정리하는 말, 평가와 결심으로 줄였으면 좋겠다.
   ( ) 3 성경본문을 읽고 각자가 느낀 점을 이야기하고 적용하는 방식이 좋겠다.
   ( ) 4 성경 본문만 읽고 중보(합심)기도를 길게 하는 것이 좋겠다.
5. 구역 모임시간에 대하여 어떻게 했으면 좋겠는가?
   ( ) 1 찬송을 많이 불렀으면 좋겠다.
   ( ) 2 성경 공부에 중점을 두었으면 좋겠다.
   ( ) 3 합심기도에 시간을 많이 할애했으면 좋겠다.
   ( ) 4 구역원들 간에 이야기하는 시간을 많이 두어야 좋겠다.
6. 성도의 교제 시간 운영 방안에 좋은 방법은 무엇인가?
   ( ) 1 민속놀이를 했으면 좋겠다(윷놀이 등).
   ( ) 2 음식 나누어 먹기가 좋겠다.
   ( ) 3 가정을 위해 특별기도를 해주는 것이 좋겠다.
   ( ) 4 성경 퀴즈를 했으면 좋겠다.
   * 보기에 없으면 적 으시오( )
7. 구역공과교재나 교재출판위원회에 하고 싶은 이야기를 적으시오.

절 취 선

〈 보내주시는 교회 선물을 받으실 분 〉 (우편번호) 주소는 정확하게, 담임목회자 명	〈 보내 주실 곳〉 07010 서울 동작구 사당로 214(사당동) 도서출판 아가페문화사 교재편찬위원회 앞

그룹 및 셀 구역공과 편찬위원회

•

대표 신소섭 목사

판 권
소 유

세상을 변화시키는 52주 구역공과

하나님께 영광 돌리는 구역

2018. 10. 20 초판 인쇄

2018. 10. 25 초판 펴냄

지은이 교재편찬위원회

발행인 김영무

발행처 도서출판 아가페문화사

07010 서울 동작구 사당4동 254-9

전화 3472-7252, 7253 팩스 523-7254

등록 제3-133호(1987. 12. 11)

보급처 : 아가페문화사

07004 서울 동작구 사당3동 252-16

전화 3472-7252, 7253 팩스 523-7254

우 체 국 011791-02-004204 (김영무)

값 7,500원

ISBN 978-89-8424-155-8 03230

이 도서의 국립중앙도서관 출판예정도서목록(CIP)은 서지정보유통지원시스템 홈페이지(http://seoji.nl.go.kr)와 국가자료공동목록시스템(http://www.nl.go.kr/kolisnet)에서 이용하실 수 있습니다. (CIP 제어번호 : CIP 2018032149)